刑法学讲义

罗翔 著

云南人民出版社

果麦文化 出品

用良知驾驭我们之所学,
而不因所学蒙蔽了良知。

前 言
每一次学习都是为了追求智慧

这是一本写给非专业人士的法律书籍，很感恩能有这样的机会。

有人问我，为什么那么多人愿意学习刑法？是因为凶杀、暴力、色情的内容吸引眼球吗？也许有这个因素，但这绝非关键性的原因。

在我看来，包括刑法在内的每一门学科都可以引发人们严肃的思考，启迪人们对真理的向往，每一个人都有学习看似艰深的专业知识的能力。如果把人类的知识比作一棵大树，刑法不过是这棵大树中一根极小分权中的枝条。但这根枝条依然有对普遍真理的追求，正是这种对真理的追求拨动了人们的心弦。

法律要追求公平和正义，刑法更是如此，如果没有对客观真理的持守，法律必然沦为一种工具，技术主义的法学思维就可以为任何结论提供精致的论证，同时也以所谓的专业意见拒绝民众一切的意见与质疑。

人类的有限性，让我们无法获得对世界的整体性认识。我们对真理每一个面相的把握如同盲人摸象，任何知识都需要接受必要的怀疑，以摆脱知识的独断与傲慢。

但怀疑的目的是为了相信，是为了在追求真理的道路上稳步前行，而不是拒绝甚至虚无真理。我们的有限性决定了法律所追求的正义是有瑕疵的，但并不代表正义是不存在的。

大象是客观存在的，它并非人类的假设，虽然我们只能摸着它的一部分，但无数摸象的人也许能够尽量拼凑出象的整体。因此，永远不要在自己看重的立场上附着不加边际的价值，要接受对立观点的合理性。专业人士也必须俯下身段，倾听民众朴素的智慧。

作为学者，我们时常生活在一种幻象之中，认为真正的知识一定是高雅的，大众传播都是下里巴人，娱乐至死。但这是一种傲慢与偏见，甚至是另一种形式的不学无术。真正的知识一定要走出书斋，要影响每一个愿意思考的心灵。

每一个人都拥有学习的能力与权利，每一种学习从根本上都是对普遍真理的回应。因此，所有的专业都具有大众性，都可以从不同方面满足人们对真理的追求。

很高兴，我能走上普法的剧场，普及法治的观念。亚里士多德定义法治的基本内涵有二：良法而治、普遍遵守。法律永远要追求共性的良善，去真正满足每个人心灵深处的正义感。唯此，法律才可能获得普遍的遵守。

这种对正义的渴望本身就存在于民众的内心，我们只不过用专业的刑法语言去召唤、去共情、去倾听、去启发人们内心对正义的向往。

我们学习知识，是为了追寻它背后的智慧。在知识爆炸的今天，每个人都有一定的知识焦虑感。可是我们的生命是有限的，不可能追逐无限的知识。

这本书无法让你立刻成为刑法学专家，但能够为你提供相对完整的刑法体系，从犯罪论、刑罚论，再到具体罪名的定罪量刑，学会用法学思维去看待现实事件。我会在你熟悉的实际案例，甚至张三的犯罪故事中运用刑法学进行分析，有些观点很可能会颠覆你对于法律的认知，但这都能让你培养出独立、睿智的思维方式，启发你带着法律的智慧回归到日常生活和工作中去。

有人曾经问智者，智慧是什么？智者给了他三个锦囊，说这里有三种智慧，涵盖了人生中一切智慧的精华。

第一个锦囊中写着谦卑。

第二个锦囊中写着谦卑。

第三个锦囊中还写着谦卑。

苏格拉底说，承认自己的无知乃是开启智慧的大门。

作为一个刑法老师，我时常在与其他专业朋友的交流中发现自己的有限和愚蠢，自己的虚伪与虚荣。

我一直觉得，自己所得一切皆非所配。很多的荣光不过草船借箭，众人将我不该有的荣誉投射于我。既然登上普法的舞台，就希望能够演好给定的剧本，并从容接受下场的命运。

亲爱的朋友，让我们在每一次的学习中追求智慧，寻找人生的使命，对抗虚无与虚荣。

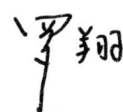

目 录

第一章 刑法基础知识

刑法：犯罪人的大宪章
　　001 刑罚的起源 ……………………………………………… 2
　　002 刑法是道德伦理的最低要求 …………………………… 6
　　003 不受约束的刑罚权，比犯罪更可怕 …………………… 10

刑法的基本原则
　　004 罪刑法定原则：对权力的严格约束 …………………… 13
　　005 空白罪状怎么填 ………………………………………… 17
　　006 罪刑相当原则：罪刑的标尺 …………………………… 20
　　007 刑法面前人人平等原则：并非多余的重复 …………… 23

刑法的解释
　　008 理解法律的关键：解释法律 …………………………… 26
　　009 刑法解释的范围与实质 ………………………………… 29
　　010 举轻以明重，举重以明轻 ……………………………… 33
　　011 刑法解释，朝着良善进行 ……………………………… 34

刑法的效力
　　012 刑法的空间效力 ………………………………………… 38
　　013 刑法的时间效力 ………………………………………… 42

第二章 犯罪

犯罪和责任
- 014 犯罪的概念和分类 …… 46
- 015 危害行为的作为与不作为 …… 49
- 016 见死不救，是否应该定罪 …… 53
- 017 刑法中的因果关系 …… 56
- 018 不知者无罪 …… 62
- 019 过失犯罪与无罪过事件 …… 68
- 020 目的与动机 …… 71

犯罪排除事由
- 021 正当防卫 …… 73
- 022 紧急避险 …… 82
- 023 责任排除事由 …… 85
- 024 刑事责任年龄需要下调吗 …… 89
- 025 法律认识错误 …… 93

未完成的犯罪
- 026 犯罪预备 …… 100
- 027 犯罪未遂 …… 102
- 028 犯罪中止 …… 105

共同犯罪
- 029 共同犯罪的概念 …… 111
- 030 正犯与共犯 …… 113
- 031 共同犯罪的中止 …… 117
- 032 中立的帮助行为 …… 119

第三章 刑罚

刑罚及种类

- 033 刑罚体系 122
- 034 主刑 126
- 035 死刑的存与废 128
- 036 附加刑 132
- 037 社区矫正 135

刑罚的裁量与消灭

- 038 量刑 139
- 039 自首 142
- 040 累犯和缓刑 145
- 041 刑罚的消灭：减刑和假释 147

第四章 危害公共安全罪

危险方法类犯罪

- 042 危险方法类犯罪 152
- 043 投放危险物质罪 156
- 044 以危险方法危害公共安全罪 159

事故犯罪

- 045 交通肇事罪 163
- 046 危险驾驶罪 169

第五章 破坏社会主义市场经济秩序罪

伪劣商品犯罪

047 生产、销售伪劣商品罪 ⋯⋯⋯⋯ 178
048 食品安全 ⋯⋯⋯⋯ 180
049 生产、销售假药罪 ⋯⋯⋯⋯ 182

走私与公司犯罪

050 走私罪 ⋯⋯⋯⋯ 188
051 妨害对公司、企业的管理秩序罪 ⋯⋯⋯⋯ 191

金融犯罪

052 贷款诈骗罪和骗取贷款罪 ⋯⋯⋯⋯ 194
053 洗钱罪 ⋯⋯⋯⋯ 196
054 非法集资犯罪 ⋯⋯⋯⋯ 199
055 集资诈骗罪 ⋯⋯⋯⋯ 201
056 信用卡诈骗罪 ⋯⋯⋯⋯ 203

其他经济犯罪

057 侵犯著作权罪 ⋯⋯⋯⋯ 207
058 合同诈骗罪 ⋯⋯⋯⋯ 210
059 非法经营罪 ⋯⋯⋯⋯ 211

第六章 侵犯公民人身权利、民主权利罪

生命健康

060 故意杀人 …………………………………… 218

061 自杀行为 …………………………………… 220

062 协助自杀 …………………………………… 223

063 故意伤害罪 ………………………………… 227

064 组织出卖人体器官罪 ……………………… 230

性自由权

065 强奸罪 ……………………………………… 234

066 性同意年龄 ………………………………… 237

067 强奸罪的加重情节 ………………………… 241

068 职场中交易与强奸 ………………………… 245

069 猥亵与强奸 ………………………………… 247

侵犯自由

070 非法拘禁罪 ………………………………… 251

071 绑架罪 ……………………………………… 254

072 拐卖妇女、儿童罪 ………………………… 256

073 收买被拐卖的妇女、儿童罪 ……………… 260

婚姻家庭类

074 婚姻自由 …………………………………… 263

075 虐待和遗弃 ………………………………… 266

076 家庭暴力 …………………………………… 269

077 侵犯名誉和民主权的犯罪 ………………… 273

第七章 侵犯财产罪

强制占有型的财产犯罪

- 078 财产及侵犯财产罪 …………………… 278
- 079 抢劫罪 …………………………………… 282
- 080 加重型抢劫 ……………………………… 285
- 081 抢夺罪 …………………………………… 288
- 082 敲诈勒索 ………………………………… 291
- 083 索赔是正当权利 ………………………… 294

平和占有型的财产犯罪

- 084 盗窃罪 …………………………………… 298
- 085 诈骗罪 …………………………………… 303
- 086 特殊的诈骗 ……………………………… 306
- 087 侵占罪 …………………………………… 309

第八章 妨害社会管理秩序罪

扰乱公共秩序罪

- 088 妨害公务罪 ……………………………… 314
- 089 招摇撞骗罪 ……………………………… 317
- 090 考试舞弊犯罪 …………………………… 319
- 091 虚假信息和虚假恐怖信息 ……………… 321
- 092 寻衅滋事罪 ……………………………… 324

妨害司法罪及卖淫罪

093 律师伪证罪 ················· 328

094 组织卖淫罪 ················· 331

第九章 贪污贿赂罪

贪污犯罪

095 贪污犯罪 ················· 334

096 贪污罪 ··················· 336

097 挪用公款罪 ················· 339

贿赂犯罪

098 受贿罪 ··················· 342

099 五种受贿类型 ················ 345

100 死刑能遏制贪腐吗 ·············· 349

101 行贿罪 ··················· 352

102 利用影响力受贿罪 ·············· 355

写在最后 ··················· 358

第一章

刑法基础知识

刑法：犯罪人的大宪章

001 刑罚的起源

刑法，是规定犯罪和刑罚的法律规范的总称。换言之，任何一部法要被称为刑法，一定有两个部分：一个是犯罪论，一个是刑罚论。

秦朝末年，刘邦进咸阳后，为了取得民心，将关中父老豪杰招聚一堂，约法三章，不论是谁，都要遵守三条法律：杀人者要处死，伤人者要抵罪，盗窃者也要判罪。约法三章的第一条"杀人者死"，就是一个非常典型的刑法规定，犯罪论的表述是"杀人"，刑罚论的表述是"死"。

神授说

刑法发展的一个重要方面就是刑罚演变的历史。对于刑罚的起源，古今中外，人们提出过无数假说，众说纷纭，仁者见仁，智者见智。

最古老的学说认为，刑罚起源于"天"，也称"神授说"。中国古人将"天"作为万物的起源，君主之权也出自天授，故称"天子"，刑罚权是君主权力的重要体现，自然也来源于天。统治者不过是代天行罚，刑罚源自"圣人因天讨而作五刑"。中国历史最古老的文献之一《尚书·甘誓》记载夏启攻伐有扈氏的檄文，这封檄文相当于战争动员令，在檄文中，夏启说自己奉上天之命令剿灭有扈氏，以"恭行天罚"。

《圣经》记载："在上有权柄的，人人当顺服他，因为没有权柄不是出于神的。凡掌权的都是神所命的。所以，抗拒掌权的就是抗拒神的命；抗拒的必自取刑罚。作官的原不是叫行善的惧怕，乃是叫作恶的惧怕。你愿意不惧怕掌权的吗？你只要行善，就可得他的称赞。因为他是神的用人，是与你有益的。你若作恶，却当惧怕，因为他不是空空的佩剑，他是神的用人，是申冤的，刑罚那作恶的。"（《罗马书》13:1-4）此处所说的"佩剑的权力"就是世俗政权对犯罪施加刑罚的权力。在西方世界，启蒙运动之前，刑罚来源于上帝的授予一直都处于通说地位。

战争说

我国传统的观点还认为刑罚起源于战争。古代不少学者认为，刑罚的产生与战争密不可分，《汉书·刑法志》记载："自黄帝有涿鹿之战以定火灾，颛顼有共工之陈以定水害。……夏有甘扈之誓，殷、周以兵定天下矣"。

刑起于兵、兵刑同一，最初的刑罚就是对在氏族战争中的战败者、叛乱者和违反军纪者的处罚。远古时期，兵刑并未严格区分，奴隶主用甲兵征讨异族，用刑罚来统治已被征服的氏族，兵与刑的区别是"刑外"与"刑内"的关系，如司马迁在《史记·律书》中就说：家庭不能废除教鞭，国家不能取消刑罚，天下也不可能没有战争。刑罚刑内，诛伐刑外。

社会契约理论

启蒙运动之后，人们开始不满足于对刑罚起源神秘性的讨论，纷纷提出了其他一些理论，比较典型的是社会契约理论和正义理论。

社会契约理论认为，国家与法的形成，起源于早期人们为了获得生存的社会保障，自愿转让本属于个人的一些自然权利而缔结的社会契约。为了保障自己的利益，缔约者同意如果自己侵犯了公众的利益，就应当接受惩罚。

意大利法学家贝卡利亚以此说阐明了刑罚权的起源，他说：在人类历史的某个阶段，为了争夺利益，人们相互残杀，朝不保夕，他们非常需要有种东西来"阻止个人专横的心灵把社会的法律重新沦入古时的混乱之中"，"正是这种需要迫使人们割让自己的一部分自由，而且，无疑每个人都希望交给公共保存的那份自由尽量少些，只要足以让别人保护自己就行了。这一份份最少量自由的结晶形成惩罚权"。[1]

正义理论

康德、黑格尔这两位如雷贯耳的德国哲学巨匠则是正义理论的倡导者。这种学说认为社会对犯罪处以刑罚是正义的当然要求。康德说："如果你诽谤了别人，你就是诽谤了自己；如果你偷了别人的东西，你就是偷了你自己的东西；如果你打了别人，你就是打了自己；如果你杀了别人，你就是杀了你自己。"因此国家处罚犯罪人，就是满足犯罪人"报复的权利"，而这样做正是对犯罪人人格的尊重。换言之，国家有义务对犯罪人施以刑罚，"如果不这样做，……是对正义的公开违犯"。[2]

黑格尔用否定之否定学说来为刑罚的正义理论背书：犯罪是对法的否定，刑罚是对犯罪的否定，所以刑罚不过是否定之否定，刑罚具有自在自为的正义，加于犯罪人的刑罚不但是自在正义的，因为这种刑罚同时是他自在地存在的意志，是他的自由的定在，是它的法，所以是正义的；不仅如此，而且它是在犯人自身中立定的法，处罚他，正是尊敬他是理性的存在。如果国家不对犯罪人处以刑罚，他就得不到这种尊重。[3] 通俗地说，惩罚犯罪人其实只是对他理性的尊重。

也许人类的理性很难准确解开刑罚起源的密码，但是上述关于刑罚起源的讨论至少可以给我们一些启发。尤其是社会契约理论和正义理论这两种近代有关刑罚起源的学说，直观地告诉我们为什么刑事立法应当遵循民主程序，以及刑罚有追求正义的内在要求。

1　[意大利]贝卡利亚：《论犯罪与刑罚》，黄风译，中国大百科全书出版社1993年版，第9页。
2　[德]康德：《法的形而上学原理》，沈叔平译，商务印书馆1991年版，第165—167页。
3　[德]黑格尔：《法哲学原理》，范扬、张企泰译，商务印书馆1961年版，第103页。

刑法是最严厉的部门法，它打击的犯罪是最严重的社会不轨行为，它所施加的刑罚也是最严厉的惩罚措施。我国法律体系由7大法律部门构成：宪法、民商法、行政法、经济法、社会法、刑法，以及程序法。它们都被称为部门法。而《治安管理处罚法》虽然也规定了强制方法，但其严厉程度一般都轻于刑罚。所以，它不属于刑法。很多人往往把《治安管理处罚法》规定的处罚措施看成刑罚，这是一种严重的误解，《治安管理处罚法》打击的是没有达到犯罪程度的治安违法行为，其措施也只是罚款、行政拘留等行政处罚措施，而不是刑罚。

刑法如此严厉，不到万不得已不应轻易使用刑法武器。刑法具有补充性，只有当一般部门法不能充分保护某种社会关系时，才由刑法保护。如果其他部门法不认为行为违法，那在刑法上也不应该构成犯罪。刑法是补充法，不可能出现不是违法行为，却是犯罪行为的现象。

一个非常经典的案件是帅某骗保案[1]，帅某虚构母亲年龄，为其母亲张某向某保险公司投保了康宁终身保险，死亡保险金27万元。根据康宁终身保险条款的规定，凡70周岁以下、身体健康者均可作为被保险人，由本人或对其具有保险利益的人作为投保人向保险公司投保本保险。经查，帅某将母亲户口年龄篡改，将当时已经77岁的老母年龄改小为54岁，使其符合投保年龄，并找他人代为体检参保。三年后被保险人因疾病身故，帅某向保险公司申请保险理赔，要求保险公司支付身故保险金27万元。保险公司发现有诈，遂向公安机关报案。这个案件从表面上看，符合刑法有关保险诈骗罪的规定，但当年的《保险法》第54条的规定，"投保人申报的被保险人年龄不真实，并且其真实年龄不符合合同约定的年龄限制的，保险人可以解除合同，并在扣除手续费后，向投保人退还保险费，但是自合同成立之日起逾二年的

---

[1] 帅某保险诈骗案。参考李兰英：《契约精神与民刑冲突的法律适用》，《政法论坛》2006年第6期。反对意见参考张明楷：《诈骗罪与金融诈骗罪研究》，清华大学出版社2006年版，第757页；张明楷：《无权处分与财产犯罪》，《人民检察》2012年第7期。

除外。"[1] 也就是说，按照《保险法》的规定，虚构事实的保险合同如果履行了2年以上，那就按有效合同对待，也就不是骗保，显然在刑法上也就不宜以犯罪论处。

想一想

神授说、战争说、社会契约理论、正义理论，你赞同哪种刑罚起源学说？

002 刑法是道德伦理的最低要求

从人类有刑法以来，刑法的目的是什么？刑法为了保护什么而存在？

历来有两种针锋相对的观点：一种认为刑法的目的主要是为了维护一定的伦理秩序，叫做规范违反说，犯罪违反了伦理规范，行为本身就是错误的，所以要对它进行惩罚。

与之针锋相对的观点，认为犯罪是对法律要保护的利益的侵犯，惩罚犯罪只是为了保护结果意义上的一种法律利益，这叫做法益侵犯说。

在绝大多数案件中，两种观点得出的结论是一样的：张三把李四捅死了，张三侵犯了李四的生命利益，因此要受到惩罚，此乃法益侵犯说。规范违反说则认为杀人行为本身就违反了伦理规范，是对禁止杀人这个最根本的铁律的违反，故要受到惩罚。

法律与正义

在哲学上，关于正义一直有道义论和功利论的争论。道义论关注行为正

---

[1] 2015年修正后的《保险法》第16条3款也保留了类似的规定：前款规定的合同解除权，自保险人知道有解除事由之日起，超过三十日不行使而消灭。自合同成立之日起超过二年的，保险人不得解除合同；发生保险事故，保险人应当承担赔偿或者给付保险金的责任。

义，功利论则关注结果正义，上述刑法问题的争论不过是哲学观念之争在法律中的延续。

行为正义最骄傲的表达就是即便天塌下来，正义也必须得到践行。其代表人物是康德，他的经典语录是"道德本来就不教导我们如何使自己幸福，而是教导我们如何使自己无愧于幸福"。1940年6月，德军兵临英吉利海峡，英国遭遇了史无前例的至暗时刻。面对强大的德军，抵抗可能导致英伦三岛千年积累的文明成果化为灰烬。但丘吉尔在演讲中鼓励大家战斗到底，玉石俱焚，在所不惜。与纳粹德国的战争，已经远非军事意义上的征服与被征服，而是文明意义上的存亡。屈服法西斯的代价，不是战败，而是文明社会的毁灭。如果抵抗导致英国灭亡，那就灭亡吧。

至于结果正义，最为人熟知的就是英国法理学家边沁的功利主义，判断行为对错的最终标准是看行为能否增进人的幸福快乐，法律的正义一定要体现最大多数的最大利益。

这两种观点，人类争论了几千年都没有争论清楚。任何一个问题都有正说、反说和折中说。折中说也许是最符合中道的一种观点。在决定是否发动刑罚权的时候，既要考虑结果正义，又要考虑行为正义。犯罪侵犯了法益，在结果上不正当。同时，犯罪行为也违反了伦理规范，在行为上也不正当。

入罪与出罪

首先，在入罪层面上必须考虑行为是否侵犯了法益，如果一种行为没有侵犯法益，那就不构成犯罪。某地曾有桩离奇的伪造货币案，崔某夫妇帮马戏团印制魔术道具货币，伪造的人民币上亿元，美元上千万元，涉嫌伪造的货币与真币有较大差距，纸质粗糙，背面上大多印有"魔术道具"的字样。刑法中何谓伪造货币？伪造货币就是伪造货币。这种直接的规定在理论上被称为简单罪状，因为太过简单，所以不必详细描述。因此，正确理解这些罪名所侵犯的法益就显得尤其必要。

伪造货币罪所侵犯的法益是货币的公共信用，即货币作为一般等价物给人们提供的交易信心。如果市面上假币很多，民众就不敢使用货币，会动摇民众对货币的信心。但如果伪造的货币无法动摇货币的公共信用，那就不能理解为刑法意义上的假币。比如伪造根本不存在的货币，伪造面额250元的假币；又如某村委会为抵消在饭店内的开支，将人民币复印，按其面值盖上村委会公章在该村内部使用假币的行为。假币虽然被制造、发行，甚至在一定范围内进入流通领域，但是民众并不会因为这些假币的存在就不敢使用真币，这种行为显然没有侵犯货币的公共信用，自然不构成伪造货币罪。至于印有"魔术道具"货币字样的货币，当你拿在手上，是觉得可怕还是可笑呢？这不可能侵犯货币的公共信用，所以检察机关撤销了对这个案件的起诉。

基于法益侵犯说，一种行为被规定为犯罪，是因为它侵害了一定的法益。法益理论是对刑罚权在实质上的限制，它使得一个表面上符合法条的行为并不能理所当然被视为犯罪，司法者必须积极加以证明它侵害了一定的法益，否则行为就不构成犯罪。

其次，在出罪层面上必须考虑伦理道德的需要。一种侵犯法益的行为也不一定是犯罪，除非它是伦理道德所谴责的，对于伦理所容忍所鼓励的行为，没有必要发动刑罚权，这是对刑罚权的第二层限制。某女生遭遇张三的性侵，女生拼命反抗，把张三踹到河里面，张三后溺毙而亡。从表面上看，女生符合故意杀人罪的构成要件，同时，从法益侵犯说的角度，行为也不正当。她为了保护她的性权利牺牲了张三的生命权。生命权显然要大于性权利。因此，单纯从法益侵犯说的结果正义立场，女生的行为构成犯罪。但是，这并不符合我国刑法关于正当防卫的规定。对于正当防卫这个法条能够提供完美解释的就是规范违反说，女生的行为虽然侵犯了张三的生命权，但是这种行为在伦理道德上并不值得谴责，甚至是值得鼓励的。正当防卫制度的一个重要立法价值就是鼓励民众和不法侵害做斗争。

法律只是一种平衡的艺术

伦理道德当然不能作为入罪的直接依据，刑法只是对人最低的道德要求，不能通过刑法来推崇道德完美主义，否则看似善良的愿望往往会把人类带向人间地狱，用道德取代法律的积极道德主义是刑法要拒绝的。但是刑法也不能和道德相抵触，对于伦理道德所容忍和鼓励的行为，自然没有必要处罚，伦理道德可以作为出罪的依据，用道德来减缓法律的刚性的消极道德主义是合理的。

我国刑法其实就是一种折中说，同时用法益侵犯说和规范违反说两种理论来支撑刑法的正当性，法益作为入罪的基础，而伦理作为出罪的依据，一个表面上符合刑法的行为，不能理所当然被认为是犯罪，除非它侵犯了法益，这是对刑罚权的第一道限制；一个侵犯法益的行为也不必然是犯罪，除非这种行为是伦理道德所谴责的，这是对刑罚权的第二层限制。刑法既考虑法益侵犯说，又考虑规范违反说，在这两者之间寻找一种平衡。法律其实只是一种平衡的艺术，试图在诸多对立观点中，寻找一种折中，但是永远没有最完美的折中，只有一个相对完美的折中。

行为正义和结果正义在人类历史上已经争论了数千年，古希腊哲学家柏拉图就试图调和这两种矛盾。柏拉图认为正义就是行为本身是正当的，而且通常能带来好的结果。比如，人为什么要诚信，因为诚信本身是对的，而且都能带来好的结果。当然，柏拉图把好的结果拉到了永恒的维度。也就是说即便你现在看不到这个好的结果，但是在永恒中必将看到好的结果。但是现代人很多不再相信永恒，以致行为正义和结果正义始终处于冲突之中。

大家都知道数学中的平行线，但是谁能画出真正意义上的平行线呢？无论你用何种仪器画的平行线，最终都会相交于一点。也许行为正义和结果正义就是人类画的两条平行线，只要足够长，我们所画的平行线依然会相交于一点。

想一想

你赞同行为正义，还是结果正义呢？

003 不受约束的刑罚权，比犯罪更可怕

刑法规定了犯罪和刑罚，刑罚是对犯罪的惩罚，而刑法则是对刑罚的约束。

从表面上看，"刑"字从刀，拿人开刀，把开刀的依据合法化就叫刑法，但是如果只是为了惩罚犯罪，真的需要刑法吗？

有一位女士网上发帖，说有两个同村的村民，在她小学7岁的时候就强暴她，现在她才敢出来向公安机关举报。这两个男子在公安机关也承认有过强奸行为，但这个案件已经过了21年，公安机关会处理此案吗？

如果没有刑法，该案能够打击吗？当然可以，法官拍案而起，下令把这种人渣拖出去，犬决。但有了刑法，该案却无法处理，因为现行刑法规定追诉时效最长是20年，只有可能判死刑和无期徒刑的犯罪才可以报最高人民检察院核准追诉。而本案并不属于可以核准追诉的情节，按照刑法规定，它的追诉时效是15年。

可见，如果只想惩罚犯罪的话，根本没必要制定刑法，刑法往往束缚了国家打击犯罪的手脚。

另外一个更经典的案件是1998年深圳的邓某驹案。邓某驹年轻有为，30多岁就当上了深圳沙井农村信用合作社主任，不到3年贪污公款2.3亿，包养了5个情妇。凭借我们朴素的情感，对邓某驹应该判处什么刑？

你可能想到了死刑，不杀不足以平民愤。但是邓某驹是农村信用合作社主任，按照刑法规定，他不属于国家工作人员，不构成贪污罪，只能构成职务侵占罪，而职务侵占罪的最高刑是15年有期徒刑，最终邓某驹也确实被判处了15年有期徒刑。

你觉得，刑法是惩罚了邓某驹，还是保护了邓某驹？

刑法，不仅惩罚罪犯，也保护罪犯

刑法的机能不是一元的，而是二元的。刑法既要实现惩罚犯罪的保护机能，也要恪守保障罪犯人权的保障机能。

古话说，"刑不可知，威不可测，则民畏上也"。如果刑法的使命只是打击犯罪，其实没有必要制定成文刑法。它只需存于统治者的内心深处，一种秘而不宣的刑法较之公开明示的法律，更能打击一切所谓危害社会的行为。刑法理论也是简单明快的：因为你实施了危害社会的行为，所以你犯罪了，那么你就要接受包括死刑在内的一切刑罚，至于具体处何刑罚与你无关，这要看法官的心情。这样的话，一切有关谁应该构成犯罪，谁不应该构成犯罪，也就只能依赖于权力者的个人偏好。正如有学者指出，一个国家对付犯罪并不需要刑事法律，没有刑法并不妨碍国家对犯罪的有效打击和镇压。而且没有立法的犯罪打击可能是更加灵活、有效、及时与便利的。如果从这个角度讲，刑法本身是多余和伪善的，它除了在宣传上有美化国家权力的作用外，反而束缚了国家机器面对犯罪的反应速度与灵敏度。

那么，人类为什么要有刑法？这个问题在300年前，欧洲启蒙思想家们作出了回答：刑事法律要遏制的不是犯罪人，而是国家。也就是说，尽管刑法规范的是犯罪及其刑罚，但它针对的对象却是国家。[1]

刑杀之权是一种由国家垄断的暴力。权力导致腐败，绝对权力导致绝对腐败。无论哪种政治体制下的国家权力，都有滥用的可能，至善至美的权力只存在幻想之国，世俗的任何权力都不可能没有瑕疵。

莫须有的岳飞案

南宋绍兴十一年（1141）除夕，年仅39岁的岳飞被宋高宗赐死，罪名为"谋反"。岳飞被捕时，有人劝他向高宗求情，为岳飞所拒。他说："上苍有眼，就不会陷忠臣于不义，否则，又能往哪里逃呢？"同为抗金名将的韩世忠一改往日的圆滑与世故，面诘秦桧，认为谋反一事子虚乌有。秦桧支吾其词："其事体莫须有。"韩世忠怒斥道："莫须有三字，何以服天下？"岳飞父子后均被处死，遇害之前，岳飞手书八个大字"天日昭昭，天日昭昭"！

---

[1] 李海东：《刑法原理入门（犯罪论基础）》，法律出版社1998年版，第3—4页。

在不受约束的国家权力面前，公道正义多么苍白无力。岳飞父子行刑之日，杭州城凄风苦雨，天下冤之，无数人为之泪下。但有冤，又往何申？

如果刑罚权不受法律约束，极度膨胀如利维坦，虽然某些重犯可被处极刑，满足人们刹那的快意，但从此却埋下了一颗定时炸弹，无数良善公民都有可能遭受刑罚，无端罹祸。

欲加之罪，何患无辞，这是一个民族用血和泪换来的对刑法使命的经验总结。岳飞的冤屈告诉我们，比犯罪更可怕的是不受限制的国家权力。在所有的国家权力中，刑罚最为可怕，它直接针对公民的人身、财产和自由，甚至生命，如果这种权力腐化滥用，后果不堪设想。如培根所言，一次犯罪不过是污染了水流，而一次不公正的司法却是污染了水源。在法治社会，刑法不再是刀把子，而是双刃剑，一刃针对犯罪，一刃针对国家权力。

德国法学家拉德布鲁赫，最初是法律实证主义者，认为法律就是人定的规则，不要讨论虚伪缥缈的正义。但是他后来慢慢抛弃了最初的观点，因为他经历了德国第三帝国，也就是纳粹。他深刻地意识到恶法非法，严重偏离正义的人定的规则不能算是法律。他反思刑法，最后留下一句话："自从有刑法存在，国家代替受害人施行报复时开始，国家就承担着双重责任：正如国家在采取任何行为时，不仅要为社会利益反对犯罪者，也要保护犯罪人不受被害人的报复。现在刑法同样不只反对犯罪人，也保护犯罪人，它的目的不仅在于设立国家刑罚权力，同时也要限制这一权力，它不只是可罚性的缘由，也是它的界限，因此表现出悖论性：刑法不仅要面对犯罪人保护国家，也要面对国家保护犯罪人，不单面对犯罪人，也要面对检察官保护市民，成为公民反对司法专横和错误的大宪章。"[1]

想一想

罪大恶极就一定要判处死刑吗？

1　[德]拉德布鲁赫：《法学导论》，米健、朱林译，中国大百科全书出版社1997年版，第96页。

刑法的基本原则

004 罪刑法定原则：对权力的严格约束

法无明文规定不为罪，法无明文规定不处罚，这是法治国家最重要的刑法原则。

1948年，联合国大会通过的《世界人权宣言》规定："任何人的任何行为或不行为，在其发生时依国家法或国际法均不构成刑事罪者，不得被判为犯有刑事罪。刑罚不得重于犯罪时适用的法律规定。"历经不断的进化和试错，罪刑法定原则逐渐发展壮大，并席卷至整个文明世界。

罪刑法定的本质

罪刑法定原则的本质是限制国家的刑罚权，重要的理论来源是权力分立学说。

权力分立学说来源于西方政治哲学对人性幽暗面的洞察。人性中那些天然的良善和道德，时刻面临着各种严酷的试探和特权的侵蚀，并且事实无数次证明，我们的人性最终无法抵制这些致命的诱惑。英国前首相威廉·皮特说："不被限制的权力倾向于腐化那些拥有它之人的灵魂"。这也印证了阿克顿勋爵的至理名言："权力导致腐败，绝对权力往往导致绝对腐败。"

孟德斯鸠认为自由只存在于权力不被滥用的国家中。限制权力的最好办法，就是用权力制约权力。国家的立法权、司法权和行政权这三种权力应当分立以制衡。当立法权与行政权集中在一个人或机构手中，自由就不存在了，因为这个人或机构可能制定暴虐的法律并暴虐地执行这些法律。如果司法权不同立法权和行政权分离，自由也会不存在：如果立法权同司法权合而为一，法官就是立法者，他就会对公民的生命和自由实施专断的权力，而如果司法权和行政权合而为一，法官就掌握了压迫的力量。如果三权集中，那一切都完了。[1]

根据权力分立学说，只有立法者才能制定法律，行政机关和司法机关都没有造法权；司法者只能根据法律去判定行为是否构成犯罪，不能超出刑法规范类推定罪。

法家与中国古代法律

一个非常有趣的问题是，中国古代是否有罪刑法定思想？

对此问题，向来不乏争论。在肯定说中，有学者以法家作为罪刑法定原则的集大成者，如法家《慎子》所言的"事断于法，是国之大道也"。

法家是罪刑法定的代表吗？

这必须从罪刑法定的精神说起。罪刑法定反对罪刑擅断，使公民免受任意刑杀的恐惧，它必须体现限制国家权力，保障公民自由的基本精神。而法家，无一不是绝对君权论者，主张专制君主拥有立法、司法、行政等一切权力。既然君主权力不受任何限制，又怎能说是罪刑法定呢？[2]

当然，如果撇开中国古代的政治背景和文化环境，语词上的"罪刑法定"的确是存在的，如韩非所说的"法不阿贵，绳不挠曲，法之所加，智者弗能辞，勇者弗敢争，刑过不避大夫，赏善不遗匹夫"，《唐律》规定的"诸决罚不如法者，笞三十；以故致死者，徒一年"。

1　[法]孟德斯鸠：《论法的精神》（上册），张雁深译，商务印书馆1996年版，第153页。
2　陈兴良：《罪刑法定的当代命运》，《法学研究》1996年第2期。

然而，语词中的"罪刑法定"并非真正的罪刑法定。罪刑法定所肩负的限制国家权力，保障公民自由的基本精神在中国古代丝毫没有存在的土壤。

中国古代所谓的"罪刑法定"是扩张君权的体现，它与真正的罪刑法定主义完全背道而驰。君主口含天宪，随意造法毁法，任意突破法典，隋文帝就曾发怒下令将触犯他的人即时"决杖"。大理寺少卿赵绰进谏：季夏之月，天地成长庶类，不可以此时诛杀。儒家强调"天人感应"，所以法律规定，立春后秋分前不决死刑。但文帝咬牙切齿地说道，六月虽是万物生产，此时必有雷霆，天道既于炎阳之时震其威怒，我择天而行，有何不可？仍坚持将该犯当场处决。明确道出法外用刑缘由的是唐高宗，当时将军权善才因毁昭陵之树，虽依律只是罢官免职，但高宗硬要将其处死，而且毫不隐讳地说："善才情不可容，法虽不死，朕之恨深矣，须法外杀之。"

至于法家，强调富国强兵，短期之内立竿见影，"法"只是纯粹的工具，没有独立价值。法家好重刑，严刑峻法，残酷寡恩。《史记·商君列传》记载，商鞅变法，十家编成一什，五家编成一伍，互相监视检举，一家犯法，十家连带治罪。鼓励百姓互相告发，不告发者腰斩，告发者有赏。法家的"法"不可能为个体提供庇护，在重刑的阴影下，治下民众无不战战兢兢，即便富贵如太子老师者，也在商鞅变法时因不遵新法而劓鼻、黥墨。

商鞅的个人下场可谓法家的注脚，秦孝公去世，太子即位。曾被割鼻的太子老师公子虔告发商君谋反，派人逮捕商君。商君逃跑到边境关口，欲住客栈。店主不知道他是商君，言："商君之法，住店之人无证件店主要连带受刑。"商君长叹："新法之弊竟到这种地步！"商君离开秦国逃往到魏国。魏国人怨恨他曾不讲信用欺骗魏国，大败魏军，拒绝收留，并将商君遣送回秦。[1] 后秦惠王对商君行车裂之刑，五马分尸，示众天下，以儆效尤，让人

---

[1] 商鞅曾带兵攻魏，魏国派公子卬领兵迎击。两军对峙，商鞅派人给公子卬送来一封信，写道："我当初与公子相处很快乐，如今两军对垒，不忍相攻，可与公子当面相见，订立盟约，乐饮而罢兵，让秦魏两国相安无事。"魏公子卬信以为真。会盟结束，饮酒之时，商鞅埋伏的士兵突然袭击并俘虏魏公子卬，趁机攻打他的军队，彻底打垮魏军后，押着公子卬班师回国。

毋学商鞅谋反，商君全家被诛。欲加之罪，何患无辞，法家之"法"何尝能给个体提供免于恐惧的自由，商君变法之初，是否能料想此等下场。

一个是"刻薄少恩"推行专制的法家，一个是保障自由限制权力的法治，两者虽一字之差，但却谬之千里。

从"法家"到"法治"

罪刑法定起源于1215年英国《大宪章》。当时，英王约翰横征暴敛、穷兵黩武，侵夺贵族权利，贵族遂联合起来反抗。当贵族联军兵临城下，约翰王内外交困，被逼无奈，签署了《大宪章》。宪章虽然是权力斗争的副产品，但是它体现的"王权有限，法律至上"和保护公民权利的精神却影响深远。该宪章主要内容是贵族和教会的权力不受国王的侵犯。宪章规定："凡自由民非经依其贵族依法判决或遵照国家法律的规定，不得加以拘留、监禁、没收其财产、剥夺其法律保护权或加以放逐、伤害、搜索或逮捕。"罪刑法定这一伟大思想宣告诞生。

而在古老的神州，1215年，北京城为蒙古铁骑攻破。忽必烈诞生，偏安一隅的南宋王朝覆灭在即，改朝换代，天命更替不可逆转。但皇权至高至上理念并无任何变化，它还将在新的朝代以相似方式继续延续。

600多年后，清末修律，罪刑法定思想才进入中国。光绪三十四年（1908），清廷颁布《宪法大纲》，规定："臣民非按法律规定，不加以逮捕、监察、处罚。"此后，宣统三年（1911）颁行的《大清新刑律》明确地规定了罪刑法定原则——法律无正条者，不问何种行为，不为罪。[1]虽然《大清新刑律》颁布不久，清朝即土崩瓦解，罪刑法定原则根本没有真正付诸实施，但这毕竟种下了罪刑法定的种子。从此，罪刑法定虽命运多舛，但却顽强地蛰伏于中土大地，期待着春暖花开的那天。

从"法家"到"法治"，这一字之距，我们走了千年，仍然道阻且长，

---

[1] 陈兴良：《刑法哲学》，中国政法大学出版社2000年版，第508页。

法治伊人,仍在水中央。

想一想

罪刑法定原则,限制了司法权、行政权、立法权中的哪几项权力?

005 空白罪状怎么填

刑法只能由最高立法机关制定,行政机关不能制定有关犯罪与刑罚的规定,这是对行政权本身的限制。

但是,不可能指望刑法规定出犯罪成立要素的方方面面,刑法不可能明确规定"传染病的范围",也不可能把需要保护的"濒危野生动植物"的具体种类在法条中写明,所以不可避免地要参照其他法律法规。这就是所谓的空白罪状,也即在刑法中对于某个犯罪要素留白,需要参考其他法律法规。比如刑法规定:"违反国境卫生检疫规定,引起检疫传染病传播或者有传播严重危险的,处三年以下有期徒刑或者拘役,并处或者单处罚金。"在确定行为人是否构成此罪时,必须要援引有关国境卫生检疫的行政法规。

空白罪状

空白罪状是否符合罪刑法定原则?这存在绝对主义和相对主义的争论。

绝对主义来源于启蒙运动对于权力分立的严格遵从,在贝卡利亚看来,法官如机器一般,只能严格执行立法者的命令,不允许进行任何法律解释[1]。至于行政权更是不能对立法权和司法权有任何染指。但这种教条式的罪刑法定很有可能走向自由保障的反面。

---

1 [意大利]贝卡利亚:《论犯罪与刑罚》,黄风译,中国大百科全书出版社1996年版,第13页。

绝对的罪刑法定原则非常害怕罪刑擅断,所以对司法权进行了严格的约束。这导致司法能动性的彻底丧失,司法沦为立法者的仆役,无法对立法者的不足进行任何修正,机械司法无法避免。而当立法权一股独大,自由也就岌岌可危。

因此,罪刑法定原则开始从绝对走向相对。一方面从完全否定司法官员对刑法的解释,到有限地允许解释,司法可以对立法的不足进行填补,司法机械主义应当转变为司法能动主义;另一方面,空白罪状被有限承认,行政也可以对立法的滞后进行补足。

相对主义的立场不仅在理论上可行,也具有现实合理性。在今天这个快速变化的社会,想要通过刑法来明确一切犯罪构成要素是不可能完成的任务。因此,在刑法中留白,允许援引其他法律法规是合理的。但是如果完全放手由其他法律法规规定犯罪构成,那显然也与罪刑法定要求的法律专属性原则相去甚远。

法律永远是一种平衡的艺术,刑法一方面不允许其他法律法规来规定一种全新的犯罪类型,只能对刑法规定的某种犯罪的个别要素进行填补;另一方面也对可以填补空白的行政机关层级有一定的限制。

刑法规定:"本法所称违反国家规定,是指违反全国人民代表大会及其常务委员会制定的法律和决定,国务院制定的行政法规、规定的行政措施、发布的决定和命令。"换言之,刑法中的空白罪状所援引的其他法律法规,至少也要是国务院制定的行政法规及其他规范性文件,而不包括部门规章和地方性法规。

明确的法律是自由的关键

刑法关于犯罪和刑罚的规定应当尽量明确,否则就无法实现法律的指引功能,让公民形成对未来的合理预期。

孟德斯鸠在《论法的精神》一书中曾对火诺利乌斯的法律进行了批评,该法规定:把一个脱离奴籍的人当作奴隶买回家的人或使这个脱离奴籍的人忧虑不安的人,要被处以死刑。孟德斯鸠指出:此法不应该使用"忧虑不安"这样一种含糊不清的表达方式,因为使一个人忧虑不安,完全取决于这个人的敏感程度。[1]

模糊的法律很难避免司法官员根据自身偏好进行选择性执法,任意出入人罪。在某种意义上,它赋予了执法机关以绝对的权力去任意解释。从政策角度来看,模糊性条款的价值取向是为了社会稳定,"刑不可知,威不可测",模糊的法律会让人无所适从,从而规规矩矩,但其代价却是彻底牺牲了公民个人的尊严、权利与自由。

这里最典型的例子就是1979年《刑法》中规定的流氓罪。当时的《刑法》规定:聚众斗殴,寻衅滋事,侮辱妇女或者进行其他流氓活动,破坏公共秩序,情节恶劣的,处七年以下有期徒刑、拘役或者管制。流氓集团的首要分子,处七年以上有期徒刑。随后,又出台了特别刑法,将此罪的最高刑提高到死刑。由于流氓罪包含了太多具有道德色彩的词汇,所以无论最高司法机关的司法解释多么详细,都很难区分它与一般违反道德行为的界限,加上"其他流氓活动"这个包容性极大的"口袋",导致流氓罪的打击面过宽。当时有种说法"流氓罪是个筐,什么都可以往里装",几乎一切社会生活的不轨行为都可以论以流氓。

四川泸州纳溪一王姓小伙,与同伴打赌,亲了一过路女孩,结果因流氓罪被判死刑;一位男青年为其女友拍了一些穿着较为暴露的照片,因此男青年被判处死刑,女青年论以共犯,被判有期徒刑;还有一青年因酒醉路边小便,结果也被定为流氓罪,处刑15年,送往新疆劳动改造。[2]

1997年3月14日,新的《刑法》通过,流氓罪这个曾经无所不包的"口袋"终于被取消。原来司法解释中某些仅属道德范畴的生活作风行为被除罪化。相关刑法规定及司法解释有关流氓罪的内容被分解为聚众斗殴罪、寻衅滋事罪、聚众淫乱罪和引诱未成年人参加聚众淫乱罪、盗窃罪等,新分解出

1　[法]孟德斯鸠:《论法的精神》(下册),张雁深译,商务印书馆1996年版,第339页。
2　杨清林:《流氓罪,那只被打击过狠的麻雀》,《辽宁法制报》2008年7月11日。

的罪名全部废除了死刑和无期徒刑。

历史的教训告诉我们，只有明确的法律才能保障公民的合理预期，而这是自由的关键，"所谓绝对的奴役，就是一个人根本无从确定所要做的事情；在这种情况中，今晚绝不知道明天早上要做何事，亦即一个人须受制于一切对他下达的命令"（哈耶克语）。当法律模棱两可，人们无法预知行为后果，司法者适用法律，任凭主观好恶随意解释。欲加之罪，何患无辞，也就无法避免。

想一想

你觉得法律中的空白之处，会越来越多，还是越来越少？

006 罪刑相当原则：罪刑的标尺

刑罚的轻重，应当与犯罪分子所犯罪行和承担的刑事责任相适应。这就是罪刑相当原则，也即重罪重刑，轻罪轻刑，无罪不刑。

相比杀害1人，杀害5人一定罪重吗？

在刑法理论中，曾有过应受惩罚的是行为还是行为人的争论。前者关注客观行为，认为刑罚应当与行为在客观上的危害性相适应，越重的行为应当受到越重的惩罚，杀5个人和杀1个人哪个刑罚重？当然是杀5个人。这种立场被称为刑事古典学派。

但是，随着19世纪工业化的进程导致犯罪率的激增，累犯、少年犯、惯犯等问题层出不穷，人们开始对古典学派的观点产生了质疑，认为惩罚应该主要关注行为人的人身危险性，人身危险性越高的人越是要受到更重的惩罚。同样是盗窃财物5000元，初犯和惯犯在客观行为上是一样的，但是惯犯的人身危险性更高，所以刑罚也应该越重。这种立场被称为刑事社会学派。

显然两种立场关于罪刑标尺看法并不相同,古典学派的罪刑标尺是完全客观的,对于所有人一视同仁,不搞特殊化。但是社会学派则认为千人千面,刑罚应该根据人的不同特点区别对待。

在传统的古典学派看来,人之所以犯罪是由人的自由意志决定的,每个人都有同样的自由意志,因此刑罚无须考虑个性,只需要考虑共性的外在行为。但社会学派却反其道而行之,认为人之所以犯罪根本不是自由意志的决定,很多时候是外在环境、成长背景甚至基因决定的。

耸人听闻的天生犯罪人

沿着社会学派逻辑脉络,出现了一种惊悚的理论——天生犯罪人学说,犯罪人只是基因的奴隶。该学说的首创者是意大利刑法学家龙勃罗梭,他早年曾是军队的一名医生,由于职业关系,经常负责对士兵进行身体检查,于是开始对士兵的体质差异进行研究,他发现好坏士兵的差异往往是后者有文身的癖好,于是推测犯罪与文身有很大关系。

后来,龙勃罗梭又成为监狱的一名医生,他对几千名犯人做了人类学的调查,并进行了大量的尸体解剖。1870年12月,一个阴雨连绵的上午,意大利帕维亚监狱,龙勃罗梭受命对著名的大盗维莱拉的尸体进行解剖。此人70多岁,但行动仍然非常敏捷,身轻如燕,行走如猿。当打开维莱拉的头颅,龙勃罗梭惊奇地发现此人头颅枕骨部位有一个明显的凹陷处,它的位置如同低等动物一样,恰在枕骨中央,属于真正的蚓突(vermis)肥大。

龙勃罗梭望着这奇怪的畸形物,一下醍醐醒脑,豁然开朗。他认为犯罪者与犯罪的神秘帷幕终于被揭开了,他得出一个惊世骇俗的结论:犯罪的原因就在于原始人所具有低等动物的特征必然要在我们当代重新繁衍。

在此基础上,他提出了天生犯罪人理论。为了论证自己的观点,龙勃罗梭做了大量的解剖研究,最后在《犯罪人》一书中,他激动地指出:原始人是天生犯罪人的原型,在原始人类中,犯罪是一种常态,因此犯罪人并非是对法律规范的违反,而只是一种特殊的人种,他们是人类的亚种,犯罪人就是生活在现代社会的原始人。

既然犯罪是遗传或变异所决定的,那么他们实施犯罪就是必然的。犯罪人只是基因的奴隶,犯罪是不可避免的。刑罚不再是对犯罪的惩罚,而只是为了保护社会,这也就是所谓的社会防卫论。龙勃罗梭举了一个通俗的例子,野兽吃人,根本不用管它是生性使然,还是故意为恶,只要人见了,为了自卫就要击毙之。在龙勃罗梭看来,既然犯罪是不可避免的,犯罪人就是无可救药的,刑罚也不可能对天生犯罪人产生任何威吓性的效果,刑罚只能是改造或消灭犯罪人肉体的手段。甚至当他们还没有开始犯罪,只要携带犯罪基因,社会就可以对其进行惩治。

龙勃罗梭的天生犯罪人理论蕴含着巨大的风险,他本人并未意识到,他的理论不仅开创了刑法学研究的新思路,也在某种意义上打开了潘多拉的魔盒。虽然龙勃罗梭晚年并不认为遗传是犯罪的决定性因素,转而认同遗传和环境共同作用,但其所指出的遗传与犯罪人的某种联系还是受到很多人的关注,进而发展成一门独立的学科——犯罪生物学。早期犯罪生物学的研究极为武断,并不严谨,他们恣意将许多未经严格证明的生物遗传特征武断地界定为犯罪特征,一如龙勃罗梭最初所为。不幸的是,这种研究成果与优生学一结合,就为种族优越理论大开方便之门,造成了20世纪最大的人间惨剧。

罪刑相当需要主客观考量

当然,社会学派认为刑罚应当考虑行为人特殊的人身危险性也不能说毫无道理。夜黑风高下杀人跟光天化日下杀人,后者的刑罚当然应该更重。但是,无论如何忽视客观行为,仅仅因为行为人主观上具备人身危险性就可以发动刑罚权,这风险太大,极有可能造成权力的滥用。

我国法律在客观说的基础上采取了折中的立场,刑罚的轻重既要考虑罪行客观上的危害性,又要考虑行为人的特殊情况。如果没有客观行为,一个人无论多么危险都不能施加刑罚。即便某人出生后,数位命相大师认为此人日后必成为大奸大恶,也不能对其施以惩罚。但是如果行为人实施了犯罪行为,则可以根据人身危险性不同增减刑罚。

罪刑相当原则有两点考量,一个是客观相当,二个是主观相当。

客观相当，即在客观方面，刑罚与犯罪行为的社会危害性相适应，社会危害性越大，刑罚也应越重，因此犯罪结果越重，犯罪数额越大，其刑罚也应越重。例如，故意杀死2人一般重于故意杀死1人的刑罚；犯罪既遂一般重于犯罪未遂的刑罚；盗窃1万元一般要重于盗窃5000元的刑罚。

主观相当，即在主观方面，刑罚与犯罪人的人身危险性相适应，人身危险性越大的罪犯，其刑罚也应越重。例如，直接故意一般重于间接故意的刑罚；对未成年人犯罪应当从宽，因为他们的人身危险性较之成年人要相对更小些。刑法中的自首、立功、假释、减刑、缓刑等制度都是罪刑相当原则的体现。

想一想
蓄意杀人和冲动杀人，哪种行为更恶劣？

007 刑法面前人人平等原则：并非多余的重复

刑法面前人人平等原则，你可能觉得这条有点多余，为什么刑法要特意规定呢？正是因为刑法面前不平等现象在历史上比比皆是，所以要以法律的形式来规定这个原则，希望在立法、司法和刑法执行层面能够尽可能平等。

平等可以分为分配正义和矫正正义。前者是指根据每个人的功绩、价值来分配财富、官职、荣誉等，相同之人给予相同东西，不同的人给予不同东西。后者是指当分配正义遭到破坏时，按照均等的原则予以重建或恢复。比如某人侵害了他人的利益或财产，矫正正义就要求侵害者偿还属于受害者的财产、权利。

刑法的平等是规则的平等

刑法的平等是矫正正义的平等。矫正正义主要是在物品交换过程中形成的一种契约式的正义原则，又称为交换正义。可见，只有在契约文化高度发达的社会，矫正正义才能真正实现。在中国古代，由于长期奉行重农抑商的政策，契约文化极不发达，也就很难孕育法律面前人人平等的观念。19世纪英国法学家梅因指出，进步社会的运动，到现在为止，是一个从身份到契约的运动。

首先，刑法上的平等一定不是结果上的平等。结果平等，在大多数情况下仅仅反映了弱者对强者的嫉妒。这种平等只是为了把强者拉到与弱者同等的程度，而不能真正达到平等。人们越是致力于争取结果平等，就越可能陷入等级和特权的泥沼。

《动物农场》中，最经典的吊诡之处就是动物最初反抗人类统治时，口号是所有动物一律平等，但后来，理想堕落了，猪凌驾于其他动物之上，新的口号仍然是所有动物一律平等，但有些动物更为"平等"。刑法面前的平等是一种规则的平等，也就是刑法的规则对所有人同等适用，无论富人穷人，尊贵卑弱，每个人都拥有生命权、健康权、财产权等各种为人的基本权利都为法律同等保护。

其次，刑法面前人人平等要反对特权。中国古代虽然有"王子犯法，与庶民同罪"的美丽故事，但这种美丽只如昙花。在漫长的历史过程中，特权思想从来都与刑法如影随形。大家都知道"刑不上大夫"。这个原则最初由西汉的贾谊提出，他认为：大臣有罪，鉴于其身份、地位，不能像百姓一样，实施刺字、割鼻、弃市等当众侮辱人格的刑罚，这样才能维护皇帝的尊严。为了说明这个道理，他还举了一个"投鼠忌器"的例子，"鼠近于器，尚惮不投，恐伤其器，况于贵臣之近主乎"。打老鼠时都怕弄坏旁边的贵重物品，对于皇帝身边的臣子，在处罚时就更要慎重了。

最后，刑法面前人人平等还要反对歧视，这其实是反对特权的另一面。只要一方有特权，另一方就必然被歧视。反之，一方被歧视，另一方也就必然享有特权。特权侧重于权利的不当膨胀，它是处处高人一等，歧视是权利的不当剥夺，处处低人一等。多数人往往只注重对特权的抨击，而不够重视反对歧视。和反对特权一样，反对歧视也来源于人们对自我的尊重，歧视将极大地伤害人们的尊严，妨碍人作为主体性地位的实现，所以美国学者博登海默会说："当那些认为自己同他人是平等的人在法律上得到了不平等的待遇时，他们就会产生一种卑微感，亦即产生一种他们的人格与共同的人性受到侵损的感觉。"[1]

前提平等，过程平等，结局平等

刑法面前人人平等要贯彻在刑事立法、司法和行刑的全过程。

首先，立法平等是司法和行刑前提，如果立法本身不平等，司法、行刑上的平等只能恶化这种不平等的结果。试想，如果两个正常人同时赛跑，让一人先跑，一人后跑，无论在过程中，跑步的竞赛规则如何平等，其最终结果也必然是不平等的。起点的不平等必然导致结果的不平等。作为矫正正义的刑事立法，在分配刑罚的时候，最起码的就是要做到起点的尽量公平。

其次是司法上的平等，无论是定罪还是量刑都应反对特权与歧视，行为人职位的高低、权力的大小、财富的多寡都不能影响定罪与量刑。某地曾有一栋公寓楼着火，火灾至少导致58人罹难，熊熊燃烧的大火击碎了这座城市的骄傲，当时有13名犯罪嫌疑人被拘捕，其中包括最早被刑拘的无证电焊工，也有涉嫌贪腐的地方官员。

最后，刑法上的平等还必须体现在刑罚执行上，在减刑、假释、保外就医等诸多执行制度上，都不因权势地位而区别对待。前提平等，过程平等，而最后的结局不平等，这种平等只能是一种走过场。

想一想

"刑不上大夫"是在哪个环节不平等？

---

1 [美]E.博登海默：《法理学：法律哲学与法律方法》，邓正来译，中国政法大学出版社1998年版，第288页。

刑法的解释

008 理解法律的关键：解释法律

英国法学家梅因说，法律一经制定，就已经滞后。因此，理解法律，最重要的是学会如何解释法律。

首先，需要明确的是，刑法和民法的解释方法是不同的。民法是私法，调整的是平等主体间的财产关系和人身关系。因为当事人双方的法律地位是平等的，当双方出现民事纠纷必须通过法律定纷止争。所以，民法的解释是可以根据法律的精神比照最相类似的条款进行解释。在民法没有明文规定的情况下，也应该寻求民法以外的法理、习惯等作为裁判的依据。但是，作为公法的刑法则不一样，因为刑法是最严厉的法律，轻则剥夺人的财产，重则剥夺人的自由甚至生命，所以，刑法的解释必须遵循严格解释的方法。

主观解释和客观解释

关于刑法的解释原理，存在主观解释论和客观解释论。

主观解释论认为解释法律一定要探究立法者的原意；客观解释论则认为，立法者的原意根本就是子虚乌有的假设，时过境迁，立法者的原意也无法还原，因此没有必要拘泥于立法原意，完全可以根据客观生活的实际需要去进行解释。

法律永远是一种平衡的艺术，刑法解释既要考虑主观解释论，又要采纳客观解释论。首先，解释法律必须尊重立法者所规定的语言，不能突破语言的极限，因为法无明文规定不为罪，法无明文规定不处罚；其次，在语言的范围之内，当然也要根据社会生活的实际需要进行解释。

1997年立法者在规定"破坏计算机信息系统罪"的时候，可能做梦都想不到有一天会出现智能手机。1997年大家普遍使用的是BP机、大哥大，而且当时人们使用大哥大还需要办证，当时的计算机特指电脑。

如果完全按照主观解释论，智能手机就不能算作计算机。但今天的智能手机跟计算机在功能上其实没有本质的区别。所以，到底什么叫计算机？你可能会发现，每一个法律概念都有模糊的地方，乍看来很清晰，仔细一看又迷雾重重。从人们对计算机的通常理解，计算机是做文字处理、上网的机器，如今的智能手机早就可以实现这些功能了。所以根据社会的实际需要是可以把智能手机解释为计算机的。当然，这其实既符合主观解释论又符合客观解释论。一方面，智能手机没有超越计算机这个词语的极限，这是对立法语言的尊重；另一方面，也没有拘束于立法者当时的想法，按照当前对计算机的理解，把智能手机解释为计算机也并不离谱。

形式解释与实质解释

第二种有关解释的理论之争就是形式解释与实质解释。

所谓形式解释就是探究语言的形式界限进行解释，而实质解释则是探究条文背后的法律精神来解释。当前，主流的立场依然是折中说，在形式基础上追求实质：一方面我们的解释不能突破语言的形式界限，否则就违反了罪刑法定原则；另一方面我们又不能拘泥于法律的形式表达，而要去探究它背后的精神。

比如抢劫罪，基本刑是3至10年有期徒刑，如果有8种加重情节则可以处10年以上有期徒刑、无期徒刑直至死刑，其中有款加重情节叫做"冒充军警人员抢劫"。某地曾发生这样一个案件，某女深夜被抢，次日到警局去报案，结果吓了一跳，因为接待她的民警居然就是昨晚抢劫之人。

那么，问题来了，真警察抢劫属不属于冒充军警人员抢劫？

从实质来看，冒充军警人员抢劫，要判10年以上有期徒刑。那真警察抢劫，是不是更应该处10年以上呢？但从形式上看，"冒充军警人员"这个语言无法包含真警察抢劫，如果把真警察解释为冒充警察，司法机关就不是在适用规则，而是在创造规则。所以真警察抢劫，不属于冒充军警人员抢劫，只属于普通型抢劫，只能认定在3到10年有期徒刑中量刑。

还有一个更为奇怪的例子，登载于最高人民法院《刑事审判参考》。某女遭遇张三性侵，事后女方报警，公安机关发现一个特别的现象，女方是双性人，有两套生殖系统，但染色体是XY，也就是在生物学上是男性。那张三还构不构成强奸罪的既遂呢？

如果把被害人解释为男性，张三主观上想强奸女性，但客观上被害人是男性，那张三就只构成强奸罪的未遂。如何去解释法律，是采取生物学说还是第二性征说？

如何在刑法意义上理解性别，这显然也是丰富多样的社会生活对法律人提出的问题，为了方便大家思考，先看一个相似的案件。张三强奸了李四，后来发现李四是个变性人，他虽然生而为男，但觉得投错了胎，于是做了变性手术，成为一名女性，染色体依然是XY。那这位变性人在法律上属于男性还是女性呢？我想大家应该有了答案，虽然在生物学上他是男性，但在解释的时候，完全可以把她看成为女性。这种解释就是在形式上考虑实质的需要，根据被害人的第二性征和社会属性进行解释，同时也没有超越女性这个词语的极限。

所以，权威判例认为，张三案构成强奸罪的既遂。

想一想

小美想买一部新手机，在学校看到有收购"卵子"广告，于是卖了一颗卵子，获款2万元，收购者构成组织出卖人体器官罪吗？

009 刑法解释的范围与实质

在解释刑法时，应当在形式解释的基础上，考虑实质解释的需要，这是罪刑法定原则的要求。首先要考虑刑法条文字面可能具有的含义，然后再去探究法律的精神进行实质解释。

刑法的解释必须遵循严格解释的方法，只能去探究刑法条文规则的内涵，而不能创造新的规则。解释是司法活动，而非立法行为。因此，形式解释论是首要的，它划定了刑罚权的范围。如果突破刑法条文形式上的限制，仅从社会生活需要对刑法进行实质解释，就会破坏刑法的稳定性和明确性，侵害公民的合理预期。但是，在形式解释的基础上，需要考虑实质解释论的要求，否则法律就会太过僵化。

文理解释和论理解释

在刑法中，有两种基本的解释方法，一是文理解释，二是论理解释。

所谓文理解释，就是对法律条文的字义，包括词语、概念、标点符号等从文理上所做的解释。在解释法律的时候，首先要尊重立法者的语言表达，所以文理解释是首选的解释方法。

比如《刑法》对故意杀人罪的规定是"故意杀人的"。从文理上来看，故意杀人的对象可以是他人，也可以是自己，自杀至少在文理上构成故意杀人罪。康德也认为自杀是违法的，因为人只能是目的，不能是纯粹的手段，自杀者是把自己当成了纯粹的手段。与故意杀人罪的法条表述不同，《刑法》对故意伤害罪的规定是"故意伤害他人的"，因此自伤就不符合故意伤害罪的构成要件。

但把自杀解释为故意杀人我们都会隐约觉得不太合理。当文理解释的结论不合理或产生多种结论，就必须进行论理解释。论理解释就是按照立法精神来阐明刑法条文的真实含义。

比如从文理上来说，婚内强奸都可以被认定为强奸，毕竟《刑法》关于强奸罪的规定是"强奸妇女的",并未特指强奸妻子以外的其他妇女。但是从社会生活的角度,把婚内强奸一律认定为强奸并不合理。比如丈夫和熟睡的妻子发生关系,这种行为都归为强奸就不太合适。所以,在司法实践中,对强奸罪采取了限制解释,认为婚内强奸不能一律构成强奸罪。判例认为只有当婚姻关系不稳定的情况下,婚内强奸才是强奸。比如说夫妻正在离婚诉讼期间,丈夫强行和妻子发生关系就可以认定为强奸。

扩张解释和缩小解释

论理解释是按照法律精神去探究法条的内涵,它有两种效果,一是缩小解释,二是扩张解释。

缩小解释是在语言的核心含义之内再进行缩小,就像故意杀人罪,如果认为自杀不构成故意杀人罪,那么就是把法条上的"人"缩小到本人以外的他人。

扩张解释是将刑法规范可能蕴含的最大含义揭示出来,是在一定限度内的解释极限化。从形式上来看,扩张解释是在语言的核心含义之外,语言的最大射程之内所做的一种解释。从实质上来看,扩张解释是为了正确适用法律,它并不产生新的规则,没有超越公民的合理预期。

最容易和扩张解释相混淆的概念是类推,两者的区别是不容回避的,因为罪刑法定原则禁止不利于行为人的类推,但允许扩张解释。

类推又称比附援引,它是在出现法律漏洞的时候,比照最相似的条文定罪判刑,作为一种技术手段,比附援引在中国古代很常见。类推在本质上不是解释,而是造法,它将刑法规范本身没有包含的内容解释进去,是解释的过限化,产生了新的规则,也就超越了公民的合理预期。

武则天长安四年(704)二月,宰相苏味道因父亲去世,回到家乡赵州栾城安葬父亲。武则天下令让地方供给他丧事所需的东西。但苏味道太过张狂,侵毁乡人的墓田为父亲修建陵墓,而且超过标准使用民力。后被监察御史萧至忠弹劾。当时的法律规定:凡盗耕他人墓田者,杖一百。法律并未规定苏味道的行为如何定性。但当时的法官认为,法律虽然没有明文规定此类行为如何处理，但依势侵毁他人墓田而营建其父的陵墓，性质等同盗耕他人墓田。苏味道的行为据此定罪，按律可处杖刑。

在其他部门法中，类推是一种经常使用的司法手段，它可以弥补立法的不足。但是在刑法中，类推是被禁止的。因为刑罚权恣意扩张可能导致灾难性后果。如果允许类推，司法机关就可创造新的规则，也就拥有事实上的立法权。这是司法对立法的僭越，明显违背三权分立的基本理念。故此，罪刑法定最重要的派生原则就是禁止司法类推。

然而，扩张解释是罪刑法定原则允许的。任何语言都有一个核心含义，但同时还有一个发散范围。扩张解释就是在语言的核心含义之外，发散范围之内所做的解释。比如，《刑法》规定的破坏交通工具罪："破坏火车、汽车、电车、船只、航空器，足以使火车、汽车、电车、船只、航空器发生倾覆、毁坏危险"的行为。如果破坏农用手扶拖拉机导致车毁人亡，死伤惨重，能否构成破坏交通工具罪呢？这就涉及能否将拖拉机解释为汽车的问题。从字面来看，汽车与拖拉机不同，但是考虑到"汽车"的这个用语的发散范围，将拖拉机解释为汽车的一种，也不算太离谱。按照《辞海》的说法："汽车是一种能自行驱动，主要供运输用的无轨车辆。原称'自动车'，因多装用汽油机，故简称汽车。"可见，这种解释并没有超越语言的极限，它可以看成一种扩张解释。

更为经典的案例是南京的李某组织卖淫案，这一度让法官非常纠结。2003年1月至8月，被告人李某以营利为目的，伙同他人，采取张贴广告、登报的方式招聘"公关先生"，在其经营的酒吧内将"公关先生"介绍给同性嫖客，由同性嫖客带至酒店从事同性卖淫活动。后李某以组织卖淫罪被提起公诉。

此案争议的焦点就是同性之间的性交易是否构成卖淫。在庭审过程中，控辩双方针锋相对。辩护人从罪刑法定出发，认为刑法及相关司法解释对同性之间的性交易是否构成卖淫无明文规定，故李某的行为不构成犯罪。公诉人同样依据罪刑法定，认为李某的行为构成犯罪。

那么，李某的行为构成组织卖淫罪吗？从语言的核心含义来看，卖淫是女性为了获得财物而向不特定男子出卖肉体的行为，但是从"卖淫"这个词语的最大范围来看，将男性之间的性交易解释为"卖淫"并未超越语言的最大射程。另外，从实质上看，"卖淫"是指性与金钱的交易，同性间的卖淫与异性间的卖淫虽然存在主体性别上的差异，但对法益的侵害没有实质上的区别。其实，现行《刑法》规定的组织卖淫罪，所使用的语言是"组织他人卖淫"，而非"组织妇女卖淫"。可见，将男性性交易解释为"卖淫"并未突破法律规定，没有创造新的法律规则。

相似的一个案例是出租充气娃娃"卖淫"案。据报道，某地繁华地段出现一种新的情色行业，店老板提供各种充气娃娃，有的娃娃仿造当红女明星的体貌特征，并提供房间为顾客服务。此类行为能够构成组织卖淫罪吗？如果将出租充气娃娃解释为"组织卖淫"，就比较离谱了，明显超越了"卖淫"这个词语的极限，无论如何，卖淫都是"人"出卖身体。这种解释就创造了新的规定，是罪刑法定所禁止的类推适用。

当然，扩张解释和类推适用并不是泾渭分明的，有时很难区分。比如，1997年《刑法》曾有一项盗窃、侮辱尸体罪。将尸块解释为尸体你应该不会觉得有问题，但如果把骨灰解释为尸体，可能就有点过界了，这是一种典型的类推适用。但是，你觉得尸骨能否解释为尸体呢？这就见仁见智了。但是，其实无论是盗窃尸体、尸骨还是骨灰，社会危害性都是相同的，所以2015年在刑法修正的时候，立法者干脆把原来的盗窃、侮辱尸体罪修改为盗窃、侮辱尸体、尸骨、骨灰罪，彻底弥补了这个漏洞。也许，英国大法官丹宁勋爵说的一句话可以给予启发："如果当衣服上出现皱褶，司法机关可以用熨斗把它熨平，而如果当衣服上出现一个大洞，这个织补工作是立法机关的事。"

想一想
缩小解释一定符合罪刑法定原则吗？

010 举轻以明重，举重以明轻

一条路因为修整，禁止牛马通过。张三牵了一头骆驼，是不是也不能通过？从实质上来看，骆驼通过比牛马通过性质更恶劣，但在形式上骆驼能够为牛马这个词语所包容吗？

这就要提到刑法中的当然解释了。从现有法条中自然而然推导出来的解释叫做当然解释，虽然刑法条文没有明确规定，但它其实已经包含于法条的意思之中。

举轻以明重

当然解释表现为入罪和出罪两个方面：入罪时举轻以明重，当轻的行为构成犯罪，那重的行为更应是犯罪；出罪时举重以明轻，当重的行为不构成犯罪，那轻的行为就自然不是犯罪。

对于入罪，标准应当尽可能地严格，但出罪，标准没有必要过于严苛。

因此，举轻以明重的当然解释，必须要同时具备两个条件才符合罪刑法定。一个是形式上的当然，一个是实质上的当然。实质上的当然很简单，就是举轻以明重的意思，当轻的构成犯罪，重的更应该构成犯罪，就像骆驼通行比牛马通行危害性更大，故更应被禁止。但关键是形式上的当然，只有当轻的行为在逻辑上可以包容重的行为，才符合罪刑法定。骆驼显然超越了牛马这个词语的极限，所以把骆驼解释为牛马就是一种类推适用了。

类似的例子不胜枚举。比如危险驾驶罪，刑法规定醉酒驾驶机动车构成危险驾驶罪。那吸毒后驾驶是否也构成危险驾驶罪呢？表面上看，毒驾比醉驾社会危害性更大，但是毒驾显然不能被醉驾这个概念所包容，因此不构成危险驾驶罪。

那什么情况下的举轻以明重才符合罪刑法定呢，"人肉搜索"是否构成侵犯公民个人信息罪？刑法规定，向他人非法出售或者提供公民个人信息，是侵犯公民个人信息罪的客观行为方式之一。只要向他人提供个人信息就可能构成侵犯公民个人信息，通过信息网络的人肉搜索方式发布公民个人信息，是一种更为严重的提供行为，自然构成此罪。

举重以明轻

还有一种当然解释是举重以明轻，当重的不构成犯罪，那轻的更不构成犯罪。这是有关出罪的解释，标准就没有必要像入罪那么严格。只要在实质上符合举重以明轻的要求就可以出罪，并不必须同时符合形式上的要求。即便认为这种解释属于突破了语言的形式界限，但这种类推对行为人有利，可以限缩刑罚权，也是符合罪刑法定原则的。

比如自首的法律定义是犯罪后自动投案，如实供述，那在犯罪过程中和警察对峙，经警察劝说，放弃犯罪，缴械投降，这属于自首吗？从形式上看，犯罪中肯定不属于犯罪后，但是从举重以明轻的法律，连犯罪后投案都可以成立自首，那么较之性质更轻的犯罪中投案，也可认为是自首。

想一想

刑法规定了劫持汽车、船只罪，但没有规定劫持火车罪。劫持火车在事理上比劫持汽车、船只的社会危害性更大。可以把劫持火车定为劫持汽车、船只罪吗？

011 刑法解释，朝着良善进行

某省有一个惊悚案件，一位女士上访，手段极端。她的儿子被人杀害，到公安机关报案，公安机关不立案，结果她把儿子的人头剁了下来，提着人头进京上访，你想一想，把人头往信访工作人员面前一摆，多么可怕。

问题在于，她构成侮辱尸体罪吗？

侮辱尸体罪，是指以暴露、猥亵、毁损、涂划、践踏等方式损害尸体的尊严或者伤害有关人员感情的行为。

从形式上来说，她无疑构成了侮辱尸体的构成要件。但要成立犯罪，还需要证明她实质上侵犯了法益。

盗窃尸体罪侵犯的法益是尸体的利益，还是遗属的尊严？当然是后者。

这个母亲把儿子人头给剁下来，是出于对儿子的仇恨还是出于对儿子的爱？是爱，虽然这是一种极端的爱，但这种爱并没有践踏遗属的尊严，所以这种行为是法律应当宽赦的，不构成犯罪。

这个案件提醒我们在进行刑法解释时，一定要朝着刑法的目的去进行，法益作为入罪的基础，伦理作为出罪的依据。一个表面上符合法条的行为不再理所当然被认为是犯罪，除非它侵犯了法益；一个侵犯法益的行为也不是想当然地被视为犯罪，除非它违反了伦理道德，如果一种行为是伦理道德所鼓励的，那它绝对不是犯罪。

法律与道德的冲突

与割头上访案类似，有一个水葬母亲案。28岁的农民工王某，其母猝死于出租房。拮据不堪的他，无力负担上千元的火化费，含泪将遗体装在麻袋，沉尸"水葬"。王某后以涉嫌侮辱尸体被刑拘。[1]

如果你是司法人员，忍心这么定罪吗？法律不是机器，判决要符合法律，更要符合天理人情。法律跟道德的冲突其实没有我们想象的那么严重，因为我们可以通过合理的刑法解释，来弥补法律跟道德良知的矛盾。法律一定要追求公平和正义，所以解释要朝着良善去解释，而不是朝着邪恶去解释。

正义真的存在吗

有一个基本性的问题：这个世界上存在正义吗？正义是人的发明还是人的发现？正义是主观的还是客观的？

---

[1] 盛翔：《水葬母亲令人心酸，怎能让贫穷成为一种罪？》，《新京报》2008年11月30日。

有人认为正义是主观的，只是人类的一种设计。如果你持这种观点，或许你就根本性地取消了正义这个概念。

"人类社会有没有正义"这是人类历史上最古老的争论，早在古希腊柏拉图的年代就探讨过，在《理想国》一书中有三派鲜明的立场。

第一派，柏拉图假苏格拉底之口认为正义是客观存在的。

第二派，色拉叙马霍斯认为正义只是相对的。没有绝对的对，也没有绝对的错，强权即真理。

第三派持怀疑论，不知道有没有正义，也许有，也许没有，一直处于怀疑之中。

在《理想国》中柏拉图以非常严谨的逻辑，彻底地驳斥了相对主义。我认为正义一定是客观存在的，至少从逻辑上，从经验上，从类比上。

首先从逻辑上，当你认为一个事情不正义的时候，一定在逻辑上有一个反对面叫正义。如果没有正义，那么你所说的不正义毫无意义。在逻辑上，相对主义所谓的没有绝对的对，也没有绝对的错，是自相矛盾的，因为它的主张本身就是绝对的。

其次是经验论，我们每个人都会经历一些不正义的事情，我们每个人的内心深处是不是渴望正义概念的存在？大家注意到，人的所有感觉一定有所投射的客观对象，我渴了，所以一定有水的存在；我饿了，所以也有食物的存在；甚至包括我有性欲也一定有欲望所指向的对象。那么人类为什么有对正义的感觉，因为一定存在一个正义所指向的对象，否则这种感觉从何而起？

最后是类比论，如果我们将正义类比为完美的圆。圆这个概念是主观的还是客观的？是客观的。虽然人所画的所有圆都并非完美的圆，用任何仪器也画不出一个完美的圆。但是"圆"这个概念是客观存在的。我们虽然看不到正义，但不代表"正义"这个概念不存在，它依然是我们前进的方向。法律要追求公平和正义，公平和正义是客观存在的，它不断挑动着法律人的心弦，让我们虽不能至，心向往之，这就叫做正义。

抛开逻辑论、经验论、类比论，还有很多立场说明正义的客观存在，比如认识论，很多人陷入了一种怀疑主义，认为这个世界上可能没有正义。

那我想邀请你来思考一个问题，大家的认识论来源于理性还是来源于相信？

怀疑主义当然有理性的成分，任何理论都要接受质疑，但是彻底的怀疑主义则是理性时代的诅咒，我们大多数人没去过南极洲，但自然认为南极洲客观存在。你也无法回到秦朝，但你会认为秦朝是存在的。如果你坚持一种彻底的怀疑主义立场，你所有的认识论都是不稳固的。理性不是唯一的认识论依据，我们人类所有的思考其实都是建立在相信的基础上。人类所有的知识都来源于对权威的相信，我们相信存在正义，而正义一定是客观存在的。看见的不用相信，看不见的才用去相信。

对于怀疑主义，有一个问题值得反思：你用以怀疑的怀疑本身是否也值得怀疑呢？

想一想

携带火柴进入电影院，能不能解释为携带易燃性物品进入公共场所？

刑法的效力

012 刑法的空间效力

任何法律都有适用的范围，刑法也不例外，刑法的空间效力就是要解决刑法在什么地方对什么人有效力的问题。空间效力和国家主权是联系在一起的，主权的范围有多大，刑法的空间效力也就有多广。

犯强汉者，虽远必诛

在中国传统法律观念中，没有主权概念，普天之下，莫非王土，率土之滨，莫非王臣。传统的国家概念是宇宙之国，宇宙最中央谓之中国。自秦始皇建立统一帝国以来，封建帝王一直以天朝上国自居，皇帝自然也就是天下共主。当乾隆皇帝接见英使马嘎尔尼时，倨傲地说："大皇帝君临万国，恩被四表，无论内地外夷，均系大皇帝百姓。"当时几乎所有人都认为，大清朝以外的地方都是蛮夷藩属，世界上不可能存在一个和中国平起平坐的国家。在这种世界观念下，刑法在理论上具有普世性，可以适用于普天之下的一切人。这就像西汉元帝时期，陈汤出征攻伐西域，大败郅支单于，将单于一家老小屠杀殆尽，悬首示众，还义正词严地说"犯强汉者，虽远必诛"！

然而当时，在地球的另一端，却诞生了与清朝完全不同的世界观念。1577年，法国人吉恩·布丹出版了《论共和国》，在该书中首次提出主权概念,并把其定义为"国内绝对的和永久的权力"。随后,被誉为国际法奠基者的荷兰法学家格劳秀斯也认为主权属于国家,主权是国家的最高统治权,主权国家之间是平等的。在这种世界体系之内,除殖民地之外,国与国之间也就是一种主权国家之间平等交往关系。作为主权的一种体现,刑事管辖权自然也就只能在主权的范围内发生作用。

外国人犯法,刑法也能管

在现代刑法中,主权的范围有多大,刑法就能鞭及多广。每个国家都有不同的刑法,这些刑法并非放之四海而皆准,它只能适用于一定的地方一定的人,这也就是刑法的空间效力。刑法的空间效力主要有四个原则:属地管辖、属人管辖、保护管辖和普遍管辖。而管辖权的具体实现,有时又必须依赖于引渡制度。

我国刑法在空间效力上以属地原则为主,兼采属人和保护,并有保留地采取普遍管辖原则。看起来比较复杂,其实属地管辖又称领土管辖,它是有关刑法空间效力最基本的原则,在领土范围内,无论是本国人,还是外国人犯罪,都应适用主权国的刑法。我国刑法规定,只要发生在中华人民共和国领域内的犯罪,本法都可以管,除法律另有规定的除外。

2007年9月,英国公民阿克毛携带4030克海洛因抵达新疆乌鲁木齐,后被乌市中院判处死刑。阿克毛提出上诉,二审法院驳回上诉。判决引起英国朝野上下抗议,但最高法院依然核准了死刑。2009年12月29日,阿克毛被注射执行死刑,成为过去50年在中国被处死的唯一欧盟公民。

属地管辖原则,有两个派生性的原理,旗国主义与遍在地主义。

旗国主义,就是登记在中国的船舶或航空器也属于中国领土。一个法国人在越南买了一艘船登记在中国,这艘船开到任何海域都算是中国领土。在这艘轮船上犯罪就相当于在中国领土上犯罪。

遍在地主义,只要行为或结果有任何一项发生在中国都属于在中国犯罪。张三在广西境内朝越南开枪,打死了越南境内的一只金丝猴。行为地在中国,自然可以受到我国刑法管辖。一个越南人在越南打死了中国境内的一只金丝猴，中国刑法也可以对该案进行管辖，毕竟结果地发生在中国。

随着网络技术的发达，领土管辖原则面临新的问题，虚拟空间是否属于领土？想象一下，他国黑客在国外利用网络潜入中国某银行系统，盗走大量的金钱，这是否可以适用领土管辖原则。一种有力的观点认为，领土的范围在一定程度上应当包括虚拟空间，只要这种虚拟空间有任何一个连接点发生在实体的领土之中，比如犯罪人所用的网络设备、服务器在中国、网上作案所侵入的局域网系统、终端设备在中国。[1]关于这个问题，仍未有定论。

国人在外国犯法，刑法也能管

属人管辖是属地管辖原则的补充，它针对在领土以外的本国公民。有一句法谚说"法粘在骨头上"，意思是只要你拥有某国国籍，那么不论你在天涯海角，你的犯罪行为，该国刑法就有管辖权。比如一位中国公民在国外故意伤害致人死亡，由于害怕当地严厉的刑罚以及对当地司法制度的不信任，逃回国内，后被外国相关部门在国外通缉，对此案件，中国就可追究。

舆论反响极大的江歌案，陈世峰杀害江歌，最后日本法律判其20年有期徒刑。当陈世峰在日本服刑结束，回到中国，我国的司法机关还能不能审判他？当然可以。只是从人道主义考虑，因为他在日本已经受过刑了，所以法律规定可以对他免除或减轻处罚。

从实践的角度看，国内的公安机关一般不会主动调查此类案件，毕竟司法资源是有限的。但如果国外的司法机关向我国相关机构请求司法协助，中国自然也应启动刑事追诉程序。否则根据对等原则，如果你不管别国的事情，到时自己遇到同等问题，也很难指望他国会予以配合。

属人管辖显然会和他国的属地管辖原则有冲突，所以要进行一定的限制，即相对重罪管辖，刑法规定，法定最高刑在"3年以下"的犯罪行为，可以不予追究。

1　屈学武：《因特网上的犯罪及其遏制》，《法学研究》2000年第4期。

强大的国家能够捍卫每个国民的利益

如果外国人在国外侵害了本国或本国国民的利益,本国对此行为也有刑事管辖权,这就是保护管辖原则。保护管辖原则包括两个层次的内容,一种是对国家利益的保护,另一种是对国民个体利益的保护,两者都可以看成是主权观念的体现。对于主权的捍卫,不仅要求国家对抽象的国家利益进行保护,更重要的是,应对主权的真正拥有者——国民——的利益加以维护。

但是,传统中国并没有这种主权在民的观念,护国不护民,虽然对于胆敢冒犯帝国天威的异域他邦,屡兴讨伐,"虽远必诛",但它所维护的只是抽象的帝国声誉,而对身处外邦的小老百姓,不仅不提供庇护,反而认为他们自弃父母之邦,对其生死概不过问,国人很少能够享受强大帝国带来的荣耀。

1740年10月,爪哇巴达维亚(今雅加达)的荷兰殖民者欲将华人迁往锡兰,被拒后屠杀了上万华人,华人的鲜血将河水染红,史称"红河事件"。次年,荷兰人怕清朝报复,特意派人到北京谢罪,结果乾隆皇帝不仅不生气,反而对此大加赞赏,"天朝弃民,不惜背祖宗庐墓,出洋谋利,朝廷概不闻问""内地违旨不听召回,甘心久住之辈,在'天朝'本应正法之人,其在外洋生事被害,孽由自取"。[1]

当时的清朝不可谓不强大,但是如果强大的帝国不尊重每个个体的利益,那这种强大又有什么用处呢?我从来认为,只有捍卫每个国民的利益的国家才是真正强大的。2007年初,5名中国工人在尼日利亚南部的尼日尔河三角洲地区遭到武装分子绑架。此事引起中国政府的极大关注,我国驻尼日利亚大使馆与绑架地点政府部门取得联系,经多方努力,最终使得被绑工人安全获释。获释之后,被解救的工人感言,在劫持期间,他们虽然有过惊恐和失望,但始终坚信国家一定会全力营救他们,营救的成功让他们感到了祖国的强大。[2]

1　李长傅:《中国殖民史》,商务印书馆1937年版,第171页。
2　《获释中国工人感言:感受到祖国的强大》,中国新闻网,2007年1月20日。

对于境外的本国公民提供必要的保护，是政府的职责所在；因为这是主权在民观念的必然延伸。既然国家的主人是民众，那么无论他身处何方，国家都有义务为他们提供相应的法律保护，只有这样，才能让民众真正为自己的国家感到自豪。

有必要一提的是，保护管辖原则有可能与别国的主权和刑事管辖权发生冲突，因此这种管辖往往要受到更为严格的限制。一方面，必须尊重别国的主权，因此必须是本国和他国法律都认为构成犯罪，才有管辖权。另一方面，只有对重罪才可管辖，轻微的犯罪就可以放他一马，没有必要睚眦必报，我国《刑法》规定，只有当法定最低刑在"三年以上"的犯罪，才可以适用我国刑法。

想一想

美国人在法国拐卖男性去希腊做奴隶，后此美国人到中国旅游，我国能否处理本案？

013 刑法的时间效力

法律的适用范围，不仅包括空间范围，还包括时间范围。

刑法的时间效力即刑法在何时生效、在何时失效以及对其生效前的行为有无追溯效力。其中最主要的是刑法的溯及力问题。我国现行《刑法》从1997年10月1日生效，对它生效以前的行为采取从旧兼从轻原则。

新法律面对旧案子

新的法律没有溯及力，此乃从旧。如果能用新的法律惩罚之前的行为，那么民众就会丧失合理预期，不知行为合法非法的边界，惶惶不可终日。

合理预期是动物的基本天性。科学家做过一个试验，铁笼中养着一只白鼠，左右各开一小门，左边放着一根通电的棍棒，右边放着一块蛋糕，科学家用木棍驱赶老鼠，经过几次训练，白鼠习惯了右跑，一看到木棍，就会主动往右跑。此时，试验者把食物和棍子对调，白鼠往右跑时，等待它的变成敲打鼻子的痛苦，慢慢地它又学会向左跑，试验者再次对调食物与棍子。几次对调，试验者发现，不论用什么刺激白鼠都不愿再跑——它已经疯了。

老鼠之所以发疯，是因为失去了对未来的合理预期，它不知道世界为什么突然变了。对未来的合理预期，是所有生物存活的基本条件。作为万物之灵的人类更是需要合理预期，法律必须保障人们的这种需要，让人免于恐惧。因此，禁止溯及既往是对权力的基本约束。

如果新法对行为人有利则可以溯及既往，此乃从轻。这是对从旧原则的微调，有利于行为人的规则可以溯及既往这也符合罪刑法定的限制权力的精神。比如，2019年12月1日正式生效的《药品管理法》对何为假药、劣药，做出重新界定。最令人瞩目的就是进口国内未批的境外合法新药不再按假药论处，这种立法明显回应了民众的呼声和舆情的需要，"我不是药神"式案件的被告人终于迎来了曙光。如果这些被告人销售"假药"的行为发生在2019年12月1日之前，无论是否被抓，只要案件还未审结，二审判决还未生效，法律就可以溯及既往，被告人应当一律释放。

司法的温度

已经定罪量刑的"药神"们还能因为法律的变更申诉改判吗？

从法律的层面来说，这非常困难。《刑法》规定："本法实行以前，依照当时的法律已经作出的生效判决，继续有效。"同时，司法解释也规定："按照审判监督程序重新审判的案件，适用行为时的法律。"

有些国家认为有利于行为人的法律溯及力高于裁决的既判力。如意大利刑法规定："行为后法律变更为不处罚者，其行为不为罪；其已判决者，终止其刑之执行及效力。"还有一些国家采取折中的立场，认为新法的除罪化规定高于裁决的既判力，对已生效的裁决有溯及力，但新法的弱化刑罚规定低于裁决的既判力，对于已生效的裁决没有溯及力。如法国刑法规定："新刑法的即行适用不影响依据旧法完成法律行为的有效性。但是已受到刑罚宣判之行为，依判决后之法律不再具刑事犯罪性质时，刑罚停止执行。"

"折中说"试图在维护法律尊严和保障个人自由之间寻找平衡。新法的除罪化规定表明服刑人的社会危害性和人身危险性已经消除，因此对他们惩罚的依据已经消失。如果继续维持以前的判决，可能不符合惩罚的正义。更重要的是，这种缺乏正当性的惩罚也很难获得服刑人员的认可，他们很难安心"改造"，甚至会激化他们对社会的愤懑和仇恨，导致出狱之后"再次"实施犯罪。法律的一个小小的弯路，毁掉的可能是一个人的一生。有温度的司法应该在法律变更之后，积极补救，而不是铁石心肠。

据载，宋朝欧阳观（欧阳修之父）做判官时，经常独自一人夜里审案。一次，夫人听到他唉声叹气，便问何故。他回答道：这又是一桩被判死刑的案子。我想从案卷中给这个人找一线生机，却总是找不到。夫人问道：为犯死罪的人找生机，这能行吗？欧阳观说：我尽力去找，又实在找不到，做到这步，死者和我就都没有遗憾。我总是想方设法为被判死罪的人寻找生路，而世上的官吏却千方百计要置他们于死地，这实在可叹！他怕夫人不理解，又说：我不是想为那些真正该判死罪的人开脱，我是担心有草菅人命或者误判的情况发生，让一些普通老百姓冤沉海底。

刚性法律也有柔软的一面。它不应是《悲惨世界》中沙威式的非黑即白，执守"黑暗的正直"，而要体会人性的软弱，慰藉被误伤的心灵，带给人们对正义与良善的盼望。

想一想

2013年甲行贿400万，行贿时的司法解释确定行贿情节特别严重的标准为100万，2016年新的司法解释确定行贿情节特别严重的标准为500万，如果行为人2017年被抓，应当适用何时的司法解释？

第二章

犯罪

犯罪和责任

014 犯罪的概念和分类

学习刑法，首先要知道什么是犯罪，我国刑法对犯罪有一个很长的定义。

一切危害国家主权、领土完整和安全，分裂国家、颠覆人民民主专政的政权和推翻社会主义制度，破坏社会秩序和经济秩序，侵犯国有财产或者劳动群众集体所有的财产，侵犯公民私人所有的财产，侵犯公民的人身权利、民主权利和其他权利，以及其他危害社会的行为，依照法律应当受刑罚处罚的，都是犯罪，但是情节显著轻微危害不大的，不认为是犯罪。

归纳起来，我们可以发现犯罪有三个特征。

1.犯罪的形式特征，它在形式上违反了法律的规定，一种行为构成犯罪，必须是刑法规定的。法无明文规定不为罪，法无明文规定不处罚。形式特征是对刑罚权的第一层约束。

2.在实质上，这个行为具有社会危害性，所以要对它进行惩罚，如果一种行为社会危害性不大，那它就不被认为是犯罪。实质标准是对刑罚权的第二层限制。

在考察实质标准上，既要考虑法益，又要考虑伦理。刑法关于犯罪的定义中有一个但书条款——危害行为情节显著轻微危害不大的，不认为是犯罪。可见，社会危害性必须达到比较严重的程度才能以犯罪论处，仅有轻微的社会危害性，是不构成犯罪的。比如性侵犯罪中青梅竹马的辩护理由，一般说来，只要和不满十四岁的幼女发生性行为就构成犯罪。但是司法解释也规定："十四岁以上不满十六岁的男少年，同不满十四岁的幼女发生性行为，情节显著轻微，危害不大的……不认为是奸淫幼女罪，责成家长和学校严加管教。"所以，甲男（15周岁）与乙女（13周岁）系同学，两人恋爱后发生过两次性关系。这种情况就属于情节显著轻微危害不大，甲的行为不认为是犯罪。

3.在后果上，它是应当受到刑罚惩罚的行为，这叫应受刑罚惩罚性。应受刑罚惩罚性将犯罪和刑罚联系在一起。犯罪是刑罚的前提，刑罚是犯罪的应然后果。所以，只需受治安管理处罚的行为就不能算是犯罪。

犯罪的理论分类

为了更好地理解不同的犯罪行为，我们会对犯罪进行分类。一种是理论分类，另一种是法定分类。

理论上的分类有以下两种。

1.重罪和轻罪。重罪就是3年以上有期徒刑，轻罪就是3年以下。比如属人管辖原则，中国人在国外犯罪，如果属于轻罪，一般不予追究。

2.自然犯和法定犯。自然犯就是违反伦理道德的犯罪，任何文明国家都会认为构成犯罪的那些行为，杀人、放火、抢劫、强奸，没有一个文明社会不认为是犯罪；但是还有一种犯罪是法定犯，表面上并不违反人类的基本伦理道德，只是由于国家法律的规定而成为犯罪，比如走私罪，某人从美国带东西到中国，偷逃税额数额较大，构成走私罪，这就是法定犯，因为法律的规定才成为了犯罪。

我们都听过"不知者无罪"，区分自然犯和法定犯最重要的意义就是辨识当事人法律认识错误的问题。自然犯不可能出现法律认识错误，即便野人也知道"杀人偿命"这种朴素的道德伦理。但是法定犯就有可能出现法律认识错误，比如一个中国小伙子住在中缅边境，女朋友住在缅甸，两家距离250米，他一天去她家80次，每去1次就构成了1次犯罪，但是他有可能真的不知道偷越国边境是犯罪，这种认识错误导致的犯罪是有可能豁免罪责的。

犯罪的法定分类

法定分类就是法律本身做出的分类。

1.身份犯和非身份犯。身份犯就是以特定的身份作为定罪量刑的依据。例如，国家工作人员是受贿罪的主体身份，非国家工作人员不能单独构成受贿罪。

关于身份犯的身份认定，刑法采取在形式上考虑实质的方法，不能只进行形式解释。比如，大学老师利用期末考试收钱，每提高一分收费100元，大学老师是事业单位工作人员，改卷评分属于公权力吗？不属于，这只是一种技术性权利，所以老师不构成受贿罪，但可能构成非国家工作人员受贿罪。换一种情况，如果大学老师在研究生入学考试中收受贿赂，就应该认定为受贿罪，因为老师代行的是教育部门招生的行政职权。

2.亲告罪和非亲告罪。从字面上就可以理解，刑法中的亲告罪就是亲自告诉才处理的犯罪，我国刑法中有五种亲告罪，分别是侮辱罪、诽谤罪、暴力干涉婚姻自由罪、虐待罪、侵占罪。除此以外的犯罪，都是非亲告罪。

除了侵占罪以外，其他四种亲告罪都有例外的规定，在特殊的情况下可以变成非亲告罪，比如侮辱、诽谤严重危害社会秩序和国家利益的，就不再是亲告罪；侮辱诽谤导致被害人自杀或精神失常，就不再遵循告诉才处理，应该由司法机关提起公诉。

当前，一个突出的问题就是网络侮辱、诽谤，一律按照亲告处理，被害人其实很难收集证据。所以，2015年通过的《刑法修正案（九）》就增加了一个条款，认为这类案件虽然还是亲告罪，但可以请求公安机关协助收集证据。通过信息网络实施第1款规定（侮辱、诽谤）的行为，被害人向人民法院告诉，但提供证据确有困难的，人民法院可以要求公安机关提供协助。

想一想

足协裁判收受财物"吹黑哨"，该当何罪？

015 危害行为的作为与不作为

任何犯罪都必须要有行为，如果没有行为就不是犯罪。一个人的思想再邪恶但只要没有表现出行为，就不应该进行惩罚。在刚过去的一分钟，可能每个人脑海中都会闪现出一些邪恶的念头，但只要这些邪恶的念头没有变成行为，就不值得处罚。

现代刑法理论认为，思想是绝对自由的，如果没有行为，多么异端邪恶的思想都不能进入刑法评价。孟德斯鸠在《论法的精神》中举了个例子：古罗马时期，一个叫马尔西亚斯的臣民梦见自己割断了国王狄欧尼西乌斯的咽喉。国王万分恼火，决定处死他。国王说，日有所思，夜有所梦，白天不这样想夜里就不会做这样的梦[1]。用孟德斯鸠的话来说，这是大暴政，因为即使马尔西亚斯曾经这样想，但并没有实际行动。无行为，无犯罪，这是惩罚的底线。

作为与不作为

在刑法中，危害行为是一个关键性的概念。我打开水杯喝了一杯水，这显然是行为，而不属于危害行为；但是我发现上课有人在睡觉，我打开水杯，直接把开水朝他头上浇过去，这就叫做危害行为。

"危害"是一种价值判断，不包括社会生活中允许的惯常危险行为。比如张三夜观星象，觉得明天飞机可能会掉下来。第二天，张三就帮李四全家购买了头等舱，请他们坐飞机。最后飞机果然坠机，李四全家罹难。张三在主观上有恶意，但是请人乘坐飞机并非危害行为，因为飞行危险是社会生活中允许的危险。

危害行为可以分为两类，一类是作为，一类是不作为。区分作为和不作

1　[法]孟德斯鸠：《论法的精神》（上册），张雁深译，商务印书馆1996年版，第197页。

为的关键就在于违反的是命令规范还是禁止规范。如果违反的是禁止规范，不当为而为之，这就是作为；如果违反的是命令性规范，当为而不为，那就是不作为。

我看到张三走在路上，他瞅了我一眼，我说"你瞅什么"，他说"我就瞅"，我一刀就把他给捅伤了。显然，我违反了"禁止伤人"的禁令，是一种作为。

一位妻子，刚生完孩子就发现丈夫出轨，十分抑郁。她不给孩子喂奶，想把孩子给饿死。这种行为违反的是命令性规范，母亲应当抚养孩子，拒不抚养显然是一种不作为。

不作为犯可能会受到罪刑法定原则的挑战，因为刑法中规定的绝大多数规范都是禁止规范，而非命令规范。比如故意杀人罪，从法条看来是典型的禁止性规范——禁止杀人。但如果母亲不给幼子喂奶以惩罚出轨的丈夫，这却是通过不作为的方式实施了一种本来应该由作为所构成的犯罪。于是在刑法理论中，就要考虑不作为与作为的等价值性问题，也就是说必须要确立不作为犯的成立条件，避免纯粹的道德治罪。

你可以思考如下问题：张三看到路人倒在血泊之中，但扬长而去，没有救助；李四看到他人在水中呼救，正好他手头有一个救生圈，但他无动于衷，他人溺亡；王五妻子腹痛难忍，让其送医，王五拒绝，妻子身亡。张三、李四、王五的行径都如鼻涕虫一样令人恶心，但是刑法只是对人最低的道德要求，到底哪个鼻涕虫必须受惩罚呢？

这里涉及作为义务的问题，作为义务包括法律法规明确规定的义务、职务或业务行为所导致的义务、法律行为（如合同关系、自愿接受）所引发的义务以及先前行为所导致的义务。丈夫对妻子有扶助义务，这是一种法定义务，因此三人中只有王五的行为构成犯罪。

警察看到路人掉入粪坑，嫌臭不救，警察的职责有救助义务，故构成犯罪；出租车司机发现乘客发病，将其遗弃，导致乘客死亡，司机和乘客有合同关系，也会引发救助义务，故构成犯罪；甲乙两人系恋人关系，分手后，男方怀恨在心，购买硫酸，放在玻璃杯中，准备泼向女方脸部。当双方会面，男方还没泼，女方口渴，将玻璃杯中的"凉水"拿起喝下，男方自始至终没有阻止，女方重伤。在法庭上，男方辩解称是女方自己造成的重伤，与己无关。这种辩解是苍白的，当男方将硫酸拿到女方面前，这种先前行为已经给女方的身体健康权造成了一定的危险。他有排除危险的义务，却并未履行这种义务，反而放任结果发生，自然构成故意伤害罪。

警察没有制止歹徒，一定是不作为犯罪吗

甲警察接到某人报案，有歹徒正在杀害其妻。甲立即前往现场，但只是站在现场观看，没有采取任何措施。此时，县卫生局副局长刘某路过现场，也未救助被害妇女。结果，歹徒杀害了其妻。甲和刘某都是国家机关工作人员，但警察在工作期间有捉拿歹徒的义务，不能袖手旁观，而其他国家工作人员则无此义务。所以前者成立渎职罪，而后者不构成犯罪。

如果北京的警察到三亚去旅游，穿着便装。路上发现歹徒在行凶，警察本欲制止，妻子制止说"你在休假，别多管闲事"。警察构成犯罪吗？

权利跟义务是对等的。如果警察在休假期间也有制止义务的话，那就意味着警察身着便装也有权搜查民众。从这个意义而言，在休假期间的警察没有制止犯罪的义务。法律不能够对人做过高的道德要求，刑法只是对人最低的道德要求。

同样，医生有救助患者的义务吗？张三被车撞了，满身是血。好心人把他送到医院门口就走了。护士出来问他疼不疼，他疼得直叫。护士又问他带没带钱，张三回答没带。护士安慰张三好好休息，转身离去。结果张三死在医院门口。护士构不构成犯罪？

很多人认为医护人员有救死扶伤的义务，但救死扶伤只是一种道德义务，不是法律义务。医护人员只有在形成医疗合同的情况下才具有法律上的救治义务。

我曾在飞机上碰到这样一幕，觉得很暖心。机长广播说有一位乘客突发疾病，如果有乘客是医生的话，请施以援手。结果坐我旁边的一个女孩，马上站了起来，对患者进行诊治。所幸乘客没什么大事，就是血压稍微升高了一点。

现在我们知道，我身边这名医生乘客履行的是一个道德义务，主动救治是在做好事，不救治也不能进行惩治，最多只能进行舆论谴责。

最后又出现了另一幕，让我感到更温暖。航空公司乘务人员找到这位女孩，要给她酬劳，作为感谢。这个结局就让人很开心，法律不能强人所难，但是法律要创造条件让人积极行善，要免除大家行善的后顾之忧。

后悔捐献骨髓构成犯罪吗

曾经有一个令人悲伤的案件。某女得了白血病，她的两个哥哥都配型成功。哥哥们也同意捐献骨髓，结果在临捐献前，两个哥哥悔捐。妹夫跪在两个哥哥脚下，也无济于事。哥哥说"我也很想救，但是你嫂子她不同意。"这两个哥哥构成犯罪吗？

法律不能强人所难，哥哥救妹妹只是一种道德义务，悔捐不构成犯罪。即使是父母，也没有法律义务把自己的器官捐给生病的子女。

还有另外一起案件。一个善良的女大学生，参加了骨髓捐献计划。有一天医生告诉她骨髓配型成功，有一个6岁的小姑娘等待骨髓移植。这个大学生很开心，终于可以助人为乐了，最后关头她却悔捐了。但她悔捐的时间点比较特殊，6岁女童在接受骨髓捐献之前，首先要进行化疗摧毁她的造血系统，然后才可以接受新的骨髓捐赠。结果女童的造血系统被化疗药品摧毁后，大姐姐悔捐了。

这个时间点的悔捐就不仅仅是一种违反道德的行为，而应该以不作为犯罪论处。在刑法理论中，这属于法律行为中的自愿接受所导致的救助义务。好事要么就不做，要做就做到底。当他人的安危已经为你所支配，你就必须负责到底。

类似的案件如张三捡到弃婴，收养一段时间后又嫌弃弃婴有残疾，遂将弃婴扔回原处。张三的行为成立遗弃罪。刑法理论对此有两种解释：一种是"情况更糟理论"，行为人在没有救助义务的情况下，对危险状态的他人进行救助，后又中途放弃，放弃的行为使得他人的处境比不救前更为糟糕。你给了别人一根救命的稻草，又活生生地把这根稻草抢走，让人看到了生的希望，又把希望粉碎，这太过残忍；另一种是"机会剥夺理论"，自愿救助使得他人丧失了接受其他人救助的机会。因此救助者要对这种机会的丧失承担责任。

责任的概念是如此沉重。如果你负不起责任就不要"玩火"，一旦点着了火，你就要负责到底。当然，在你还没有点火之前，比如张三看到弃婴，抱在手上琢磨是否收养，最后还是觉得责任太大，放下了弃婴。这个时候的放弃并不能对张三施加法律上的责任。

想一想

监察委张主任的老婆是财政局局长。有一天，他回到家发现老婆正在收钱，张主任没有制止，请问监察委主任构不构成犯罪？

016 见死不救，是否应该定罪

当看到路人处于危难之中，你只需简单地施以援手就可以救其一命，但是却冷漠地走开了，最后路人死亡。按照现行刑法的规定，路人并无法律上的救助义务，因此不构成犯罪。但是，是否需要在立法上规定"见死不救罪"，以匡扶摇摇欲坠的道德秩序呢？

对此问题，在世界范围内有《好撒玛利亚人法》《坏撒玛利亚人法》两种做法。

这对奇怪的法律名字来自《圣经》的典故。

有一个犹太的律法师想找耶稣的麻烦，假装请教耶稣问题，其中一个问题是"爱邻舍如同自己"中的"邻舍"意指何人。

耶稣回答说："有一个人从耶路撒冷下到耶利哥去，落在强盗手中。他们剥去他的衣裳，把他打个半死，就丢下他走了。偶然有一个祭司从这条路下来，看见他，就从那边过去了。又有一个利未人来到这地方，看见他，也照样从那边过去了。唯有一个撒玛利亚人行路来到那里，看见他，就动了慈心，上前用油和酒倒在他的伤处，包裹好了，扶他骑上自己的牲口，带到店里去照应他。第二天，拿出二钱银子来交给店主说：'你且照应他，此外所花费的，我回来必还你。'你想，这三个人哪一个是落在强盗手中的邻舍呢？"他说："是怜悯他的。"耶稣说："你去照样行吧！"

撒玛利亚人和犹太人是死对头，祭司是犹太人中的宗教领袖，利未人则是宗教精英，但是最后施以援手却是为他们所极为不齿的外邦"杂种"。想象一下，二战期间，一个中国士兵倒在地上，国军将领从旁边经过，爱国学生也行经此地，但都没有施救，最后救助士兵的是一个日本人。这个故事会不会让你震惊。

《坏撒玛利亚人法》

有人考证，在故事中，从耶路撒冷到耶利哥的路途非常危险，匪徒出没频繁，也有许多"专业碰瓷"。所以，祭司和利未人着急赶路，没有救助同胞其实也情有可原。因为这个典故，出现了《坏撒玛利亚人法》和《好撒玛利亚人法》两种处理"见死不救"的立法风格。

所谓《坏撒玛利亚人法》（Bad Samaritan law），也即要求公民在他人遭遇人身严重危害的时候，如果施以援手对自己没有损害，就应该积极救助，否则要承担相应的法律后果。这种立法最早出现在19世纪的葡萄牙，随后的一百年，至少为包括德国、法国在内的15个欧洲国家的刑法典所采纳。英语国家很少采取类似的立法，在美国50个州，当前只有明尼苏达、威斯康星、佛蒙特少数几个州制定了这种法律。当时，促使美国出现这类立法的一个著名案例是发生在纽约的邱园案。一天深夜，一位名叫科迪·吉洛维斯（Kitty Genovese）的女子被刺伤，躺在路上奄奄一息，拼命地向周围的邻居呼救，呼叫了半个多小时，周边的38个住户，居然无动于衷，甚至连个报警电话也未曾拨打，大家从窗户上看到一切，听到了一切，却眼睁睁地看着邻居惨死街头。

随后，美国有个别州出台了相应的法案，要求公民在类似情况下必须履行一定的救助义务。比如遇到像杀人、强奸等恶性刑事案件，如果无力制止，至少应该报警，如果无动于衷就可能构成犯罪。但对这种犯罪属于轻罪（misdemeanor），处理通常是点到为止，以佛蒙特州为例，其刑罚不过罚金100美元。与此形成鲜明对比的是欧陆的立法，比如法国对此行为的处刑，最高可达5年监禁。

《好撒玛利亚人法》

在英语国家常见的是《好撒玛利亚人法》（Good Samaritan law），或称《志愿者保护法》（Volunteer Protection law），通过法律来鼓励善举。这种法律的主要精神在于免除见义勇为者的后顾之忧，如果一个人本着善意无偿施救他人，在救助过程中，即使出了纰漏（只要不是故意或重大过失），也不应承担责任。这样人们就不用担心行善反遭恶报，从而见死不救。比如医生偶遇路人心脏病突发，可能会担心救治失败而惹上麻烦，该法就可以消除医生的顾虑，让他放心行善。

从社会效果来看，《好撒玛利亚人法》明显要强于《坏撒玛利亚人法》，鼓励人行善比强迫人行善要容易得多。当前，为什么这么多人见死不救，也许不单单是道德滑坡的问题，而是绝大多数人心存顾虑，害怕惹上麻烦。善遭恶报，以至行善成为例外，冷漠却是常态，在这种背景下，设立见危不救罪，也不一定能起到实际效果。

在我看来，见死不救罪没有设立的必要性和可行性，否则就会混淆法律和道德的界限，使惩罚失去必要的约束。如果规定见死不救罪，谁构成犯罪？岂不是所有看客、所有路人都要受刑事追究，总不能说谁离伤者最近、谁最富有，谁就应该履行救助义务，如果这样，定罪量刑岂不成了抓阄式的司法儿戏。

法律不可能激进地改变社会现实，唤起人们的道德意识也不是一朝一夕之事。在很多制度都不健全的情况下，贸然在法律中设立见死不救罪，它又能有多少作为？

重建道德，要靠各种制度的齐头并进，法律能做的其实非常有限。法律只是对人的最低道德要求，它不可能也不应该强人所难。我们不可能期待每个人都能像康德哲学所提倡的那样，不计利害遵守道德戒律。虽然这伟大的教导时常萦绕我心：道德本来就不教导我们如何使自己幸福，而是教导我们如何使自己无愧于幸福。

在当前的社会背景下，法律所能做的，只能是尽量减少善行人的后顾之忧，鼓励而不是强迫见义勇为，从这个角度来说，《好撒玛利亚人法》值得借鉴。

想一想

你会支持法律要规定"见死不救罪"吗？

017 刑法中的因果关系

危害行为会引起危害结果，刑法中的因果关系就是指两者之间合乎规律的引起与被引起的联系。

条件说和相当说

因果关系，主要就是一种经验性的常识判断。它历来有条件说和相当说两种学说。

条件说认为，没有前者就没有后者，前者就是后者的条件。按照这种推理逻辑，张三杀人，其母也与杀人行为有因果关系。如果她没有生这个儿子，杀人凶手也就不会出现，自然不会为祸人间。在现代刑法理论中，条件说显然处罚太广，必须对其有所限定。

因果关系其实有两个维度，一是事实上的因果关系，二是法律上的因果关系。条件说筛选出的只是事实上的因果，在这个基础上，还要筛选出法律上的因果关系，这就是相当说。只有在经验法则上，行为当然或盖然性地，也就是高概率会导致结果发生的，才能认为具备法律上的因果关系。

可见，相当说就是在条件关系的基础上，对结果的发生有具体重要促进作用的条件，才能认为与结果具有刑法上的因果关系。要说明这个问题，首先就要明白刑罚惩罚的正当性根据。

惩罚的根据是报应，而不是预防，是对已然之罪的报复，而不是对未然之罪的防控。如只以预防作为惩罚的导向，那么为了威慑犯罪，司法机关就可随意抓一个替罪羊顶罪，以树立司法机关凡案必破，法网严密的光辉形象，威慑普罗大众。但是，这显然是错误的，违反了无罪不罚这个最基本的常识。

因果关系涉及的是已经发生的危害行为与结果之间的关系，因此评判它的依据自然也是报应。只有那些严重伤害人们正义情感的行为，才可认为它与危害结果存在刑法上的因果关系，绝对不能因为预防的需要来设定因果关系。比如劫匪劫持人质，警察出于恶意故意将人质击毙，虽然劫匪的劫持行为与人质之死有一定关系，但人质之死主要与警察有关。如果为了警告将来的劫犯，防止绑架案件的出现，而让劫匪对死亡结果承担责任，这明显是不公平的。

报应是社会公众一种朴素的正义观，当多种原因交织一起，只有那些在人类经验法则上，极有可能引起危害结果的原因才具有刑法上的意义。如果在我们的经验情感中，是一个行为独立地导致结果发生，就应当将结果归责于该行为，而不能追溯至先前条件，这就是所谓的禁止溯及理论。张三请李四来吃饭，结果李四路上遭遇车祸。在经验法则中，李四是被车撞死的，而不是被张三杀害的，因此张三的邀请与李四的死亡充其量只有事实上的因果关系，而不存在法律上的因果关系。事实上，任何如张三一样的人也只会为此事感到愧疚，但不会愧疚到去公安机关投案自首的程度。

因果关系无法假设

张三从悬崖坠落，紧紧拽着藤条。李四从旁经过，张三大呼救命。李四平静地掏出小刀，将藤条割断，张三坠崖身亡。李四构成故意杀人罪吗？

李四的辩解是：经查该藤条2分钟后就会断裂，如果我不割断藤条，张三也必死无疑。

这能作为辩护理由吗？当然不能。按照辩解，任何杀人犯都可以脱罪，毕竟你不杀人，被害人也有一天是会死去的，每一个人都是必死无疑的。两分钟的生命也是生命，再短暂的生命都应该被尊重。

再思考一个逆向案件：张三约李四吃饭，欲毒杀他。平常中午才起床的李四今早9点出门，12点达到饭店，12点10分喝下张三投毒的饮品死亡。但后来查明李四所居住的住宅楼9点10分倒塌，全楼的人除李四外全部遇难。这种情况中，张三的投毒和李四的死亡存在因果关系吗？如果张三不投毒，李四在9点10分就死亡。正是因为张三投毒，李四还多活了3个小时。张三岂不是歪打正着，做了一件对李四有利的事情？

这种结论是荒谬的，因为因果关系是客观的。没人有能力去假设因果关系，人无法回到过去，已经过去的事情是不可逆的，没有任何力量可以把过去推倒重来。昨天已成历史，明天还是未知，因此我们把今天当成礼物，所以今天才叫present（present有"当前"和"礼物"的意思）。

有人或许会发现一个小问题，在确定事实因果关系的条件说——如果没有前者就没有后者，这不也是假设吗？既然因果关系不能假设，那为何这又要进行假设呢？

如果你能想到这一步，即便没有看过英国哲学家休谟的书，也已经拥有休谟同样的智慧，休谟就认为人类根本没有能力去把握因果关系，他在《人性论》中写道："我们无从得知因果之间的关系，只能得知某些事物总是会联结在一起，而这些事物在过去的经验里又是从不曾分开过的。我们并不能看透联结这些事物背后的理性为何，我们只能观察到这些事物的本身，并且发现这些事物总是透过一种经常的联结而被我们在想象中归类。"在休谟看来，因与果的联系存在一个信心或盼望的跳跃，比如我们认为明天必定会来到，是基于经验中对昨天、今天与明天的"知识"，不自觉地把明天作为今天的结果，这是盼望和信心，不是知识！

也许把你给弄迷糊了，因果关系不能假设，但它似乎又必须接受假设的推理。很多悖论其实是一种似非而是（paradox），它提醒我们人类的理性是有限的。

张三枪杀王五，王五死亡？王五是被张三杀死的吗？张三如果不开枪，王五会死亡吗？这不好说。因为枪也不一定会把人打死。另外，你怎么知道张三如果不开枪，王五不会因为其他意外而死。

休谟提醒我们，因果关系只是一种经验判断，虽然这种经验判断可能不稳定，但这是我们作为人类的局限，我们要接受这种局限。我们对因果关系的判断只能根据人类的经验，同时这种经验与我们现在认识的客观规律并不违背。因为客观规律在本质也只是一种升华的经验罢了。

如果张三不投毒，李四就不会在当下死亡，这并不违背现有的科学法则。这样的假设性的推理可看成是符合经验的客观联系，而并非一种思辨性的纯粹假设。换言之，当我们说因果关系不能假设，强调的是它不能无视客观法则地回溯过去，而当我们说因果关系可以进行假设推理时，侧重的则是因果关系要根据当下的经验进行客观归责。

危险转移理论

因果关系是危害行为与结果的客观联系，如果不再属于危害行为，自然也就无须考虑因果关系。在危害行为中有一个非常有趣的理论就是危险转移理论。如果危险属于专业人员负责的范畴，那就不需要考虑因果关系。

张三开车违章，警察把他拦了下来。警察让他把车按指示挪到一边，结果警察指挥张三挪车，李四开车冲了过来，撞上张三正在挪的车，李四车毁人亡。请问张三跟李四的死亡之间有没有因果关系？

在这个案件中，危险是警察造成的，张三只是按照专业人士的指挥去开车，没有实施危害行为，自然也就对结果不承担责任。

类似的状况有很多，警察追小偷，结果路上被车撞死。小偷跟警察的死亡之间没有因果关系；消防队员救火，结果被烧死，放火的人跟消防队员的死亡也没有因果关系。因为警察和消防队员这类职责本身是有危险的，这种职责上的危险不能任意转嫁他人。

香气扑鼻的毒药案

张三配了一杯毒药，香气扑鼻，色泽鲜艳，准备第二天早上9点端给李四。配完之后张三把毒药放在茶几上，出门打牌，但是门没有关紧。当晚李四倍感寂寞来找张三聊天，推门进来，发现茶几上放着一杯水，香气扑鼻，色泽鲜艳，上面还写着仅限李四饮用。李四当时就感动哭了，觉得还是张三对自己好，一饮即尽当场毙命。

在这个案件中，张三的故意杀人行为和死亡结果有因果关系吗？

张三没有故意杀人的实行行为，只有故意杀人的预备行为。按照因果关系的理论，只有实行行为和结果才存在因果关系，预备行为和结果是没有因果关系的。因此，张三不构成故意杀人罪的既遂，当然可以成立故意杀人罪的犯罪预备和过失致人死亡罪的竞合。

5+5 投毒案

张三和李四都和王五有仇。张三向王五杯中投了5毫克毒药，李四知道5毫克毒不死人，于是又投了5毫克毒药，毒药的致死量恰恰是10毫克，张三和王五的死亡存在因果关系吗？结论是肯定的，5+5等于10，如果没有张三、李四两人的行为，王五就不会死亡。这就是重叠的因果关系，也即两个以上独立的行为，独自不能导致结果的发生，但重叠在一起就会导致结果的发生。

5+5投毒案的对比案件：如果毒药的致死量是5毫克，张三投了5毫克毒药，李四在张三不知情的情况下又投了5毫克毒药，王五喝了10毫克毒药后死掉。请问张三、李四和死亡结果有因果关系吗？

从表面逻辑看，如果张三不投毒，王五也会死，因为还有李四的5毫克毒药。当然，如果李四不投毒，王五也会死，因为张三的5毫克毒药也能致命。在刑法理论中这叫做竞合的因果关系，指两个或两个以上的行为分别都能够导致结果的发生，但行为人在没有犯意联络的情况下，竞合在一起造成了危害结果的发生。所以，张三和李四都分别可以构成故意杀人罪的既遂。

因果关系与介入因素

在因果关系的判断中，经常出现多因一果的现象，也就是出现了所谓的介入因素。介入因素在因果链上的复杂性在于它不仅直接产生了结果，而且使得某些本来不会产生这种结果的先在行为和结果发生了联系。

如甲故意伤害乙，乙在送往医院过程中发生车祸身死。伤害行为（前行为）本来不会直接导致死亡，但由于介入因素（路上的车祸）使得前行为与死亡结果发生了联系。在这种情况下，前行为与危害结果之间是否还存在刑法上的因果关系呢？

这就要从一般人的常识来看介入因素与前行为是否具有伴随关系，如果前行为会高概率导致介入因素，而介入因素又引起了最后的结果，那么前行为就与结果有刑法上的因果关系。

比如甲在张三身上泼油点火，张三为了灭火跳入深井而死，死亡结果自然可以归责于甲的点火行为。但若介入因素的出现与前行为并无伴随关系，那么就不能将结果归责于前行为。比如，张三被甲泼油点火，痛苦万分，李四为免张三之苦，将其击毙，这种介入因素就太过异常，与前面的点火行为没有伴随关系。

因果关系与刑事责任

因果关系是一种客观判断，与刑事责任是不同的概念。因果关系不等于刑事责任。具有因果关系，是否承担刑事责任还要考虑其他许多因素。例如，甲、乙两人为同学，多年未见，久别重逢，欣喜异常，甲像学生时代那样用拳轻击对方，不料，乙当场晕倒在地，后送医院急救，抢救无效死亡。原因是乙肝脾肿大异常，受到甲的外力冲击，脾破裂死亡。甲的行为虽然与乙的死亡结果存在因果关系，但由于甲主观上无法预见结果，不存在故意和过失，因此不承担刑事责任。

同样，即便没有因果关系，也不一定不承担责任。比如甲杀害被害人，以为被害人已死而离开现场。在被害人昏迷期间，路人张三将昏迷的被害人扔进海中，被害人被淹死。甲的杀人行为与死亡结果没有因果关系，但构成故意杀人罪的未遂，也要承担刑事责任。

想一想
甲将乙从屋顶推下，在乙要坠地之前，丙用枪射穿乙的心脏，造成乙死亡。那么，甲的行为与乙的死亡有没有刑法上的因果关系？

018 不知者无罪

明知自己的行为会发生危害社会的结果，并且希望或者放任这种结果发生，因而构成犯罪的，是故意犯罪。

通过这个定义，我们会发现故意有两个要素，认识要素与意志要素。

认识要素

认识要素就是明知行为会发生危害社会的结果。一般说来，犯罪人对行为、行为主体、行为对象、行为状态、危害结果等客观要素都应有明确的认识。例如，奸淫幼女行为，行为人必须对幼女的年龄有明知，否则可能就不构成强奸罪。

2002年除夕之夜，万家团圆，一位年仅13岁的少女走进了网吧。当晚，她以"疯女人"的网名和一个叫"百密一疏"的男性聊了一宿。次日晚上她主动电话"百密一疏"，说自己不想回家，想找地方住。当晚，两人便发生关系。随后几天，她又和浩某、陈某等其他7名男性发生关系。公安机关接到举报后顺利抓获了45天内与"疯女人"发生关系的8人中的6人。直到这时，这些男性才知道，原来一直自称19岁的"疯女人"其实不到13岁。她说伪装年龄的理由是怕他们把她当小孩看待，而在与这些男性发生关系时，她的心态是"愿意居多"。

这是辽宁省鞍山市某区人民法院受理的一桩真实案件。涉案的犯罪嫌疑人最小17岁，最大21岁。他们是否构成犯罪，法官感到非常困惑。此案经层层上报，一直报至最高人民法院。2003年1月23日最高院做出批复，称：行为人确实不知对方是不满14周岁的幼女，双方自愿发生性关系，未造成严重后果，情节显著轻微的，不认为是犯罪。

司法解释一经发布，立即引起媒体的强烈关注，不少人认为最高院的司法解释不当，很容易为那些色情交易中的人开脱。在声势浩大的异议者中，不乏法学界的知名学者。2003年8月，最高人民法院发布通知，暂缓该司法解释的执行。

其实，最高人民法院的司法解释并无不当，它不过坚持了刑法中的罪过原则。任何人犯罪，都必须有一定的主观罪过，不能单凭客观外在行为就对人施加惩罚。虽然奸淫幼女是一种特殊类型的强奸罪，出于对幼女的保护，不满14周岁的幼女没有性同意能力，只要与之发生性行为就构成强奸罪。但是，如果行为人确实不知对方是幼女，在幼女同意的情况下，追究行为人的罪责，是不公平的。

不知者无罪

罪过原则，也就是我们常说的"不知者无罪"，无罪过不为罪。在古老的拉丁谚语中，有一个类似的表达——Nullum crimen, nulla poena sine culpa，没有罪过就没有任何犯罪，没有任何刑罚。

罪过原则并非刑法与生俱来的原则，它有一个缓慢的发展过程。早期的刑法充满原始复仇的自然正义观念，基本上是根据客观损害结果来决定对行为人的处罚，丝毫不考虑主观罪过。这种客观归罪甚至会迁怒到无生命的物质。

相传公元前480年，波斯王薛西斯（Xerxes）大举进攻希腊，大军行至赫勒斯邦海峡（今称达达尼尔海峡），薛西斯下令架桥。两座索桥很快被架好了。不料桥刚修好，狂风大作，把桥吹断。薛西斯大怒，不但杀掉了造桥工匠，还命令把铁索扔进海里，说是要把大海锁住，同时命人用鞭子痛击海水300下，惩戒大海阻止他前进的罪过。类似举动在人们的婴幼儿时期也常有发生，当蹒跚学步的孩子跌倒在地，他首先认为是地板的错，如果大人也象征性地打一下地板，孩子就会转哭为笑。

随着刑法走出婴儿期，客观归罪原则渐被抛弃，刑法越来越重视人的主观罪过。著名的例子莫如西汉董仲舒所倡导的"春秋决狱""论心定罪",所谓"志善而违于法者，免；志恶而合于法者，诛"(《盐铁论·刑德》)。董仲舒从《春秋》中许止的典故出发，论证了主观心态在定罪量刑中的作用。许止是春秋时许国太子，给病中的父亲进药，父亲吃药后死去，许止因此犯杀人罪。对此，董仲舒认为：太子进药是孝心的表现，并非存心毒害父亲。其行虽恶，其心也善，不应对其定罪。所谓"君子原心，赦而不诛。"董仲舒还说，"《春秋》之听狱也，必本其事而原其志。志邪者不待成，首恶者罪特重，本直者其论轻"。意思是，春秋决狱必须从犯罪事实出发考虑罪犯的心理状态，凡主观为恶的，即使犯罪未遂，也要加以惩罚，共同犯罪中的首恶分子要从重处罚，行为动机、目的合乎道德人情的，可以免于处罚，减轻处罚。

无独有偶，西方中世纪的教会法和董仲舒的"论心定罪"也有异曲同工之妙，所谓"行为无罪，除非内心邪恶"，基督教的这种观点逐渐渗透到世俗的刑法制度。当然，从客观归罪走向主观归罪，有点矫枉过正，这好比刑法步入青春期，有点反常。强调"论心定罪"，虽然可以限制传统刑罚株连的范围，但它却为思想治罪，大兴"文字狱"埋下了祸根。

现代刑法既非客观归罪，也非主观归罪，它试图在两者间寻求平衡，在认定犯罪时，客观行为和主观心态都缺一不可，也即"主客观相统一"，有了客观行为，还必须有主观罪过才能入罪，同样，仅有主观罪过，缺乏客观行为，也无法构成犯罪。在某种意义上，走向成熟期的刑法强调的不是"有罪过必有罪"，而是"无罪过不为罪"。

意志要素

意志要素，就是在认识要素上的心理决议，包括希望和放任。前者是对结果的积极追求，后者是对结果的听之任之。前者是直接故意，后者是间接故意。

直接故意在认识要素上，对结果发生或者是可能性或者是必然性。张三把李四从100楼推下去，张三是直接故意，因为结果发生是必然的；但是如果对结果的发生是可能性的话，那就要看意志要素是希望还是放任，如果是希望，就是直接故意，如果是放任，就是间接故意。

在司法实践中，冲动型犯罪不计后果，不计死活，一般都理解为间接故意。最经典的案件就是崔英杰案，据说是中国第一例小贩刺城管案。2006年8月11日下午，23岁的退伍军人崔英杰在北京科贸大厦附近摆烧烤摊，当天海淀区城管分队去执法，副队长李志强要没收崔英杰的违法工具。崔英杰跪倒在地，希望能够放他一条生路。但李志强严格执法，崔英杰掏出自己随身携带的切香肠的小刀，直接刺向李志强，致其流血过多而死。这起案件极其轰动，由北京市第一中级人民法院审理。

崔英杰的辩护律师说了这样一番话："贩夫走卒、引车卖浆，是古已有之的正当职业。我的当事人来到城市，被生活所迫，从事这样一份卑微贫贱的工作，生活窘困，收入微薄。但他始终善良纯朴，无论这个社会怎样伤害他，他没有偷盗没有抢劫，没有以伤害他人的方式生存。我在法庭上庄严地向各位发问，当一个人赖以谋生的饭碗被打碎，被逼上走投无路的绝境，将心比心，你们会不会比我的当事人更加冷静和忍耐？"

也许这番话打动了审判人员，最后崔英杰保住了一条命，被判处死刑缓期2年执行。很明显崔英杰的主观心态是间接故意，间接故意一般是不开杀戒的。

子弹错误与开枪错误

故意犯罪也并非往往都能得逞，有时会出现"误杀"，这就涉及行为人在事实上的认识错误。最典型的例子，想杀人却杀了猪，或想杀猪却杀了人；想偷钱却偷了枪，想偷枪却偷了钱，这都叫事实认识错误。

张三到王五家准备将其射杀，结果在王五卧室看到三个人躺在地上，张三将躺在中间的"王五"射杀。但其实张三射杀的不是王五而是李四。这个错误就属于对象错误。

张三开枪瞄准王五，子弹飞出去不长眼，打死了旁边的李四。这个错误是产生在张三瞄准后出现的，被称为打击错误。

如果把打击错误比喻为"子弹错误"，那对象错误就是"开枪错误"。当行为人"开枪"之时，如果对"射杀"对象产生错误，就成了对象错误。当行为人"开枪"之后，由于"子弹"发生偏差，则是打击错误。

对于对象错误，张三主观上想剥夺一个人的生命，客观上也剥夺了他的生命，所以构成故意杀人罪的既遂。曾经在一个案件的审理中，犯有对象错误的当事人主张自己是故意杀人罪的未遂，因为他想杀王五，而非李四。法官的驳斥理由是：刑法规定的是故意杀人罪，而不是故意杀王五罪。

对于打击错误，则有观点的分歧。毕竟张三面前站着两个人，一个是王五，一个是李四，李四其实是被误伤的。

这主要存在关注抽象人的法定符合说和关注具体人的具体符合说的争论。

你可以思考打击错误的这三种情况。

1.甲射杀乙，但却误伤丙，致其死亡。

2.甲射杀乙，致乙负伤，但却误致丙死亡。

3.甲射杀乙，导致乙、丙二人死亡。

法定符合说的处理简单粗暴，甲主观上意图杀死"抽象意义上"的人，实际上也有"人"被甲杀死，故上述三种情况都成立故意杀人罪的既遂。

但是具体符合说就比较麻烦，因为它关注具体的人，认为每一个人都应该被尊重，都应该被评价，故此，在1、2中，甲成立针对乙的故意杀人罪未遂和针对丙的过失致人死亡罪的想象竞合，在3中，甲成立针对乙的故意杀人罪既遂和针对丙的过失致人死亡罪的想象竞合。

这两种理论你赞同哪种呢？其实都各有利弊。

我其实采取折中说，财产法益是可以等价的，法定符合说比较合理。甲欲毁坏乙之电脑，但因打击错误砸中丙之电脑，乙和丙的财物可以等价。财物与人身无关，不具有专属性，物与物之间可以等价，甲成立故意毁坏财物罪的既遂。但是人身法益是不能等价的，具体符合说会更合理。

具体的人和抽象的人

近代以来，人类最悲惨的命运就是用抽象人的概念取代了具体人，人被抽象化的必然后果就是人的价值被贬损。当人被抽象化，他也就不可避免地根据种族、性别、国别、阶层、贫富等各种抽象概念进行归类。在抽象的概念中，个体也就失去了自己存在的独特意义。不免回想苏联的斯大林时期，统治者高度强调集体的人——社会的人、阶级的人，而具体的个人问题无立足之地，结果公民个人的权利也就被完全漠视，甚至践踏。

倡导抽象人的概念，往往都会忽视对具体人的尊重，这就不难想象为什么那么多宣称热爱人类的人却很少关心具体的人。在西方，卢梭第一个反复宣称自己是"人类的朋友"，但他却丝毫不爱具体的人，他说："我是人类的朋友，而人是到处都有——我也没有必要走太远。"卢梭的《论人类不平等的起源和基础》《爱弥儿》《社会契约论》，甚至还有《新爱洛伊丝》，都以教育理论作为主要的和基本的主题。但是，在现实生活中他与其倡导的却完全相反，他对孩子毫无兴趣。卢梭的情妇勒瓦塞为他生了5个孩子，但这5个孩子全被卢梭送往孤儿院。或许，热爱人类占据了卢梭太多的时间，以致他根本无暇关注具体的人，即便是他的亲骨肉。卢梭说"当房间里充满了家庭的烦恼和孩子的吵闹时，我的心灵如何能得到我的工作所必需的宁静呢？"

想一想

张三在公园里用气枪打鸟，鸟在树枝上，位置很低。公园人很多，张三全然不顾附近游人，结果打伤游人。张三是直接故意还是间接故意？

019 过失犯罪与无罪过事件

过失犯罪

过失犯罪，法律有规定的才负刑事责任。只要法律没有特别规定，就不处罚过失犯罪。

犯罪过失包括过于自信的过失和疏忽大意的过失。

过于自信的过失，就是行为人明知道行为可能发生危害社会的结果，但轻信可以避免。

最典型的是开车撞人案，张三看到前面有个老太太在穿过人行道，但是没有减速，因为他觉得离得那么远撞不着，结果把老太太撞死了。张三其实预见到可能会撞着她，但是轻信可以避免。当然，所预见的只是一种可能性，而非不可避免性。什么叫不可避免？比如发生海啸，你只能眼睁睁地看着房子被水冲走，这是不可避免的，叫不可抗力。

另外，这种预见性是一种具体的预见性，换言之是一般人可以预见的，而不是抽象的畏惧感和不安感。有些人的安全感比较低，坐飞机只要一颠簸就觉得会掉下来；只要一刮风就觉得是台风；只要打个喷嚏就感觉得大病了，这是一种抽象的畏惧感。而过于自信的过失中的预见可能性必须是一种具体的危险，是一般人能够预见的危险。

在过于自信的过失中，轻信包括以下三种情况。

1.过高地估计了自己的主观能力，觉得自己开车水平高。

2.不当地估计了现实存在的客观条件对避免危害结果的作用，觉得离得那么远，老太太一定能够安全穿过人行道。

3.误认为结果发生可能性很小。

其实过失相当于犯了一个一般人不应该犯的错误，违背了人类生活的共同准则，所以要受到惩罚。

第二种过失是疏忽大意的过失，应当预见而没有预见，这是一种无认识的过失。最典型的疏忽大意是所谓的忘却犯，忘了做应当做的事情。张三是护士，给病人打青霉素忘了做皮试导致病人死亡，这就是疏忽大意。护士应当预见而没有预见，给人做皮试是医疗规章制度所规定的。

你会发现，过失有两种义务，一是过于自信过失中的避免义务，应当避免而没有避免；二是疏忽大意中的预见义务，应当预见而没有预见。这些义务或来源于法律法规、规章制度的规定，或来源于社会习俗。比如高空不能乱抛物，这是社会生活的常识，是我们作为人类共同体应该知道的。换言之，如果你违背了人类共同体应当具备的审慎义务，那就必须要为粗心大意付出代价。

过失和故意

间接故意和过于自信的过失不太容易区分。从逻辑上看，两者的界限泾渭分明。但是在经验上，两者的界限异常模糊。

一般认为，首先，在认识要素上，两者所认识的可能性程度不一样。间接故意的可能性是高概率的，但在过于自信的过失中，结果发生的可能性则要小得多。

其次，在意志要素上，间接故意的行为人对于结果的发生持放任心态，结果发生也可以，不发生也可以。但在过于自信的过失中，行为人对于结果的发生持否定态度，结果的发生违背行为人的意愿。比如张三、李四对阎某进行殴打，阎某为摆脱两人的殴打，趁其不注意跳入湖中。两人劝其上岸，并调转车头用车灯照射水面，见阎仍蹚水前行不肯返回，张三让李四下水拉阎一把，李称其水性也不好，两人为消除阎之顾虑促其上岸，遂开车离开湖堤。后阎的尸体在湖堤附近被发现。[1]

一审法院认定两人构成故意杀人罪，但二审法院改判为过失致人死亡罪。在这个案件中，两人对死亡结果显然是一种否定的态度。

在司法实践中，如果有证据证明行为人不计后果，不计死活，对危害

---

[1] 李宁、王昌兵过失致人死亡案，《刑事审判参考》第370号。

结果不采取任何挽救措施，那通常是间接故意；相反，如果证据反映出行为人有积极挽救危害结果发生的举动，那通常可以判断为过于自信的过失。例如：养花专业户李某为防止偷花，在花房周围私拉电网。一日晚，白某偷花不慎触电，经送医院抢救，不治身亡。在此案中，李某并无任何试图避免危害结果发生的举动，其私拉电网的行为其实就是"电死活该"的心态，因此属于间接故意。相反，如甲、乙二人住在山区，当地野猪危害庄稼的情况严重。为了避免损失，两人在野猪可能出没的山上拉上裸电线，距地面40厘米。在裸线通过的路口上均设置了警告牌，并告知通电的时间。后村民丙某盗伐林木触电死亡。对此行为，就应该视为过于自信的过失。

无罪过事件

无罪过事件，包括意外事件和不可抗力，均不构成犯罪。

司机倒车案是典型的意外事件。司机倒车时，后面有很多小朋友在玩耍。所以司机下车让小朋友都躲开。等小朋友走开后司机继续倒车。结果有个小朋友抱着轮胎不撒手，发生事故。

再比如说北方麦收的时候有麦垛，有小朋友在麦垛里面捉迷藏。有一个农夫拿着叉子叉草，把一个小孩给叉死了。一般人不能预见到草垛里面有人，农夫没有违反一般人应该具备的审慎义务。作为意外事件，自然没有必要追究刑事责任。

还有一种情况叫不可抗力。你已经预见到危险，但是危险不可避免。比如在车辆正常行驶过程中，刹车突然失灵撞伤路人，司机虽然能够预见危害结果的发生，但却无法避免，这就属于不可抗力。

再来看一个对比案件，二手豪车案。张三花6000元买了一辆二手的宾利跑车，之前已经开了100万公里。买完之后张三也没有检查车况，迫不及待开着宾利，结果开着开着刹车坏了，方向盘也断了，喇叭也坏了，玻璃也摇不下来了，最后撞死多人。这是过失还是无罪过事件呢？

你会发现，两者的界限是行为人的先前行为是否是为社会所禁止的危险。如果是，那么即使采取了避免措施，也应被视为过失。在刹车失灵案中，开车虽然有危险，但这个危险是社会允许的危险。但在二手豪车案中，开破车上路不看车况显然创造了社会禁止的危险，因此这是过失犯罪。

想一想
张某和赵某长期一起赌博。某日两人在工地发生争执，张某大力推了赵某一把，赵某倒地后后脑勺正好碰到石头上，导致颅脑损伤，经抢救无效死亡。张某的行为构成犯罪吗？

020 目的与动机

在推理剧里，侦探往往会把罪犯的目的和动机作为案件的线索去追踪。

目的
犯罪目的就是犯罪人希望通过实施犯罪行为达到某种危害社会的心理态度，可以分为普通犯罪目的和特定犯罪目的，前者即直接故意的意志要素，是主观上希望的内容，后者即通过实施直接危害，作为之后进一步追求某种结果或非法利益的心理状态，也就是所谓的目的犯，比如说拐卖妇女、儿童罪，要以出卖为目的；绑架罪要以勒索为目的，这就是特定的目的。

特定的目的在刑法中很有趣，一般被称作主观超过要素。这个词语非常形象，也就是说这种目的，即便没有对应的客观行为，也不影响犯罪既遂的认定。比如拐卖妇女、儿童罪要以出卖为目的，但如果人贩子拐了某女，由于经济形势不景气，人没卖出去，这依然认定为拐卖妇女罪的既遂。再如，受贿罪中收受贿赂，必须要有为他人谋取利益的目的，如果领导收钱不办事，贪赃不枉法，只要他曾经许诺会给人办事，那么即便他没有实际办事，这种行为也可以认定为受贿罪的既遂。

动机

动机是刺激犯罪人实施犯罪以达到某种犯罪目的的内心起因。比如诬告陷害，必须要意图使他人受到错误的刑事追究，必须要有一个特定的动机，所以动机是一种内在的心理。在著名的小传旺案中，年仅13岁的学徒杜传旺被工人陈某和赵某用充气泵向肛门处喷气，强大的气流瞬间击穿了杜传旺的身体。在这个案件中，动机也具有定性意义，因为两人没有性的动机，所以不构成强制猥亵罪，只构成故意伤害罪。

在绝大多数案件中，动机没有定性意义，动机只有量刑意义。

张三偷了李四的手机，为什么偷手机呢？因为张三想去炫耀，这是一种动机；或者设想另外一种动机，张三认为手机已经严重影响了李四学习，偷手机是为了他好。

后一种行为是盗窃吗？当然也是盗窃，因为动机是不影响定罪的，在绝大多数犯罪中，动机只对量刑可能有影响，卑劣的动机和高尚的动机所反映的人身危险性是不同的，所以量刑也有所不同，但并不绝对，有时基于所谓高尚的动机犯下严重的犯罪，也没有必要从宽。不少恐怖主义分子的恐怖袭击都自认为出于高尚的动机，但这种为达目的不择手段的做法本身就值得谴责，也没有必要在量刑上对他从宽处理。

想一想

目的和动机是一种什么关系？

犯罪排除事由

021 正当防卫

正当防卫是大家很熟悉的法律名词，属于犯罪构成的排除事由。犯罪排除事由有两种，一种是违法排除事由，当一种行为在伦理上是正当的，那它就不是违法行为，而是正当化行为。另一种是责任排除事由，一种行为虽然违法，但如果在伦理道德上可以宽恕，也不必施加惩罚。

在我国刑法中，正当化行为包括法定的正当化事由和超法规的正当化事由，前者是法律明示的两类正当化事由：正当防卫和紧急避险，后者虽然法律没有规定，但属于道德生活普遍认可的出罪事由，如法令行为、正当业务行为等。总之，如果一种行为按照社会伦理是正当的，那就不应以违法行为论处，而应视为正当行为。

正当防卫

正当防卫是为了使国家公共利益、本人或他人的人身财产或其他权利免受正在进行的不法侵害，而采取的制止不法侵害的行为。

值得注意的是黑吃黑现象的定性问题。我从张三家偷了一袋毒品，李四要抢我的毒品，我把李四给打伤了，这也属于正当防卫，否则就一定会出现黑吃黑现象，也会导致灰色行业出现丛林法则。

司法实践中存在的最大困惑是互相斗殴，中国有句古话叫"斗殴无曲直"，不管谁先动手谁后动手，打架都是不对的。但在斗殴过程中有可能在特殊情况下成立正当防卫。比如说两人打着打着，一人服软不想打了，但对方变本加厉进行攻击，这个时候就可以进行正当防卫；或者打着打着武器突然升级，本来是赤手空拳，一方突然掏出三把刀两把枪，另一方自然也能进行正当防卫。事实上，斗殴并非标准的法律概念，有些斗殴属于正当防卫，有些斗殴不属于正当防卫。

20世纪80年代，曾经发生过一起粪坑案。一名妇女回娘家探亲，在路上遇到一个持刀歹徒，歹徒企图强奸。由于歹徒身强体壮，而且此地还是偏僻的山区，该女自知不是歹徒的对手，也无法求救。因此，她假意顺从说找个平坦点的地方。当走到一个化粪池旁，该女示意歹徒脱衣服。歹徒见其非常配合就放松了警惕，在脱套头毛衣的时候，趁歹徒头被毛衣包住，女方用力把歹徒推倒在化粪池里。此时正值寒冬，粪池很深，歹徒挣扎着用手攀住粪池边缘往上爬，女方就用砖头砸歹徒的手，不让歹徒上来，十多分钟后歹徒淹死在粪池中。此案在当时也曾引起争论。有人认为歹徒跌入粪坑，不法侵害已经停止，此时不能再进行不法侵害。还有人认为，根据当时的特定情况，危险并没有排除，是可以实施正当防卫的。[1]

粪坑案的焦点在于，如果你是女方，你是否会用砖头砸向男方？结论是肯定的，所以这是标准的正当防卫。

特殊防卫

对于正在进行行凶、杀人、抢劫、强奸等严重危及人身安全的暴力犯罪，采取防卫行为造成不法侵害人伤亡的，不属于防卫过当，不负刑事责任，这就是1997年《刑法》规定的特殊防卫制度。

这个制度一改1979年《刑法》对于正当防卫过于苛刻的做法（1979年

1　陈兴良：《口授刑法学》，中国人民大学出版社2007年版，第253—254页。

《刑法》规定：防卫行为超过必要限度造成不应有危害的，是防卫过当），希望能够鼓励民众见义勇为，向不法侵害做斗争。当年在修改刑法时，无论是理论界还是实务界都主张扩大防卫人的防卫权，避免防卫人缩手缩脚，伤害民众见义勇为的积极性。

我们来看几个最经典的案件。

叶永朝故意杀人案

1997年《刑法》通过不久，浙江就发生了叶永朝故意杀人案，该案是对新刑法正当防卫制度的首次回应。

1997年1月上旬，王为友等人在叶永朝开的饭店吃饭后没付钱。数天后，王为友等人路过叶的饭店时，叶向其催讨，王为友认为有损其声誉，于同月20日晚纠集郑国伟等人到该店滋事，叶持刀反抗，王等人即逃离。次日晚6时许，王为友、郑国伟又纠集一伙人到叶的饭店，以言语威胁，要叶请客了事。叶不从，王为友即从郑国伟处取过东洋刀往叶的左臂及头部各砍一刀。叶拔出自备的尖刀还击，在店门口刺中王为友胸部一刀后，冲出门外侧身将王抱住，两人互相扭打砍刺。在旁的郑国伟见状，拿起一张方凳砸向叶的头部，叶转身还击一刀，刺中郑的胸部后又继续与王为友扭打，将王压在地上并夺下东洋刀。[1]

王为友和郑国伟送医抢救无效死亡，叶永朝也多处受伤。经法医鉴定，王为友全身八处刀伤，左肺裂引起血气胸、失血性休克死亡；郑国伟系锐器刺戳前胸致右肺贯穿伤、右心耳创裂，引起心包填塞、血气胸而死亡；叶永朝全身多处伤，其损伤程度属轻伤。

一审法院认为：被告人叶永朝在分别遭到王为友持刀砍、郑国伟用凳砸等不法暴力侵害时，持尖刀还击，刺死王、郑两人，其行为属正当防卫，不负刑事责任。但一审宣判后，检察机关向中级人民法院提起抗诉，其主要

---

[1] 叶永朝故意杀人案，《刑事审判参考》第40号。

理由是：叶永朝主观上存在斗殴的故意，客观上有斗殴的准备，其实施行为时持放任的态度，其行为造成二人死亡的严重后果。叶永朝的犯罪行为在起因、时机、主观、限度等条件上，均不符合刑法相关规定。二审法院裁定驳回抗诉，维持原判，认为叶永朝在遭他人刀砍、凳砸等严重危及自身安全的不法侵害时，奋力自卫还击，虽造成两人死亡，但其行为仍属正当防卫，依法不负刑事责任。[1]

邓玉娇案

另外一件非常经典的案件，是2009年发生在湖北省巴东县的邓玉娇案。

2009年5月10日晚上8时许，时任巴东县野三关镇招商办主任的邓贵大和副主任黄德智等人酗酒后到镇上的"雄风宾馆梦幻城"玩乐。黄德智进入5号包房，要求正在该房内洗衣的宾馆服务员邓玉娇为其提供异性洗浴服务。邓向黄解释自己不是从事异性洗浴服务的服务员，拒绝了黄的要求，并摆脱黄的拉扯，走出该包房，与服务员唐芹一同进入服务员休息室。

黄德智对此极为不满，紧随邓玉娇进入休息室，辱骂邓玉娇。闻声赶到休息室的邓贵大，与黄德智一起纠缠、辱骂邓玉娇，拿出一沓人民币向邓玉娇炫耀并扇击其面部和肩部。在"梦幻城"服务员罗文建、阮玉凡等人的先后劝解下，邓玉娇两次欲离开休息室，均被邓贵大拦住并被推倒在身后的单人沙发上。倒在沙发上的邓玉娇朝邓贵大乱蹬，将邓贵大蹬开。当邓贵大再次逼近邓玉娇时，邓玉娇起身用随身携带的水果刀朝邓贵大刺击，致邓贵大左颈、左小臂、右胸、右肩受伤。一直在现场的黄德智见状上前阻拦，被刺伤右肘关节内侧。邓贵大因伤势严重，在送往医院抢救途中死亡。经法医鉴定：邓贵大系他人用锐器致颈部大血管断裂、右肺破裂致急性失血休克死亡。黄德智的损伤程度为轻伤。[2]

---

1 叶永朝故意杀人案，《刑事审判参考》第40号。
2 湖北省巴东县人民法院刑事判决书（2009）巴刑初字第82号。

本案一经媒体报道，民众纷纷站在邓玉娇这一边。法院最后认为邓玉娇成立故意伤害罪，不属于正当防卫。你认同法院的判决吗？

邓玉娇案发生在娱乐城的休息室，旁边有很多人在场。也就是说从一般人的立场来看，邓玉娇并没有遭遇严重危及人身安全的暴力犯罪。邓贵大的行为当然可恶，但他更多是一种调戏妇女的行为，把他打死就有点过了。

法院的判决其实是在各种利益中寻找平衡。法院最后认为邓玉娇构成故意伤害罪，但有三种法定从宽情节：一是防卫过当；二是自首情节，三是抑郁症患者属于限制刑事责任能力人，最后决定免于刑事处罚。

定罪免刑，这个判决就很好地实现了法律效果跟社会效果的统一。从法律层面上邓玉娇的确构成犯罪；但从社会效果来看，邓玉娇没有必要坐牢。

于海明案

2018年8月27日21时30分许，于海明骑自行车在江苏省昆山市震川路正常行驶，刘某醉酒驾驶小轿车（经检测，血液酒精含量87mg/100ml），向右强行闯入非机动车道，与于海明险些碰擦。

刘某的一名同车人员下车与于海明争执，经同行人员劝解返回时，刘某突然下车，上前推搡、踢打于海明。虽经劝解，刘某仍持续追打，并从轿车内取出一把砍刀（系管制刀具），连续用刀面击打于海明颈部、腰部、腿部。刘某在击打过程中将砍刀甩脱，于海明抢到砍刀，刘某上前争夺，在争夺中于海明捅刺刘某的腹部、臀部，砍击其右胸、左肩、左肘。刘某受伤后跑向轿车，于海明继续追砍2刀均未砍中，其中1刀砍中轿车。刘某跑离轿车，于海明返回轿车，将车内刘某的手机取出放入自己口袋。

民警到达现场后，于海明将手机和砍刀交给出警民警（于海明称，拿走刘某的手机是为了防止对方打电话召集人员报复）。刘某逃离后，倒在附近绿化带内，后经送医抢救无效，因腹部大静脉等破裂致失血性休克于当日死亡。于海明经人身检查，见左颈部条形挫伤1处、左胸季肋部条形挫伤1处。

关于本案是否属于正当防卫，曾引起了激烈争论。

在这起"宝马哥案"中，只要从一般人的立场代入来看，就可以得出不法侵害仍未结束，防卫人的防卫具有紧迫性的结论。但是，当时有些法律人过分玩弄技术主义的术语，不断分析"宝马哥"到底身中几刀，到底还剩"几滴血"，这种纯技术主义的分析感觉是在打游戏，令人费解。

同时，在适度性上，"宝马哥案"中防卫人遭遇的是严重危及生命的暴力危险，与叶永朝案具有同类性，应当适用特殊防卫规则。

霍姆斯大法官说：法律的生命是经验而不是逻辑。法律人要有逻辑推导能力，但更重要的是要有常识。法律人要学会谦卑地听取民众的朴素的声音。

我们在看到社会案件时，只要把自己代入一下，把自己想象为防卫人，看看从你的立场，从一般人的经验出发，判断行为是否适当。千万不要开启圣人视野，不要开启上帝眼光。法律调整的是一般人的行为，这个世界上没有理性人，只有一般人，我们都有一般人的弱点。

于欢案

2016年4月14日，因不堪忍受母亲被多名催债人欺辱，22岁的男子于欢用水果刀刺伤4人，导致其中1人死亡，另外2人重伤，1人轻伤。聊城中院一审以故意伤害罪判处于欢无期徒刑。判决结果一经公布，立即引起轩然大波，舆情汹涌。2017年5月27日，该案二审公开开庭审理，山东省高级人民法院采取微博直播的方式通报庭审相关信息。2017年6月23日，山东省高级人民法院认定于欢属防卫过当，构成故意伤害罪，判处于欢有期徒刑5年。

于欢时年22岁，其母苏银霞因资金周转不便向地产公司老板吴学占高利借贷。苏银霞遭受到暴力催债。催债队伍多次骚扰苏银霞，对其进行辱骂、殴打。案发前一天，吴学占曾指使手下拉屎，然后将苏银霞按进马桶里，要求还钱。次日，苏银霞和儿子于欢被带到公司接待室，连同一名职工，11名催债人员围堵并控制他们三人。其间，催债人员不停地辱骂苏银霞，语言不堪入耳，并脱下于欢的鞋子捂在其母嘴上，故意将烟灰弹到苏银霞的胸口。更有甚者，催债人员杜志浩居然脱下裤子，掏出生殖器，当着她儿子的面往苏银霞脸上蹭，对母亲的公然侮辱猥亵令于欢崩溃。当路过的工人看到这一幕，才让报警人于秀荣报警。警察接警到达现场后，并未采取有效的保护措施，只是告诫说"要账可以，但是不能动手打人"，随即离开。看到警察要走，已经情绪崩溃的于欢站起来试图往外冲唤回警察，被催债人员拦住。混乱中，于欢从接待室的桌子上摸到一把水果刀乱捅，致使杜志浩等四名催债人员被捅伤。其中，杜志浩因失血性休克死亡。[1]

正当防卫的紧迫性

正当防卫是一种私力救济。在法治社会，私力救济被严格限制，紧急状态下才可能行使有限的私力救济，所谓"紧急状态无法律"。正当防卫的本质是"正对不正"，因此该制度对于防卫人不能太过苛求，应当有利于动员和鼓励人民群众见义勇为，积极同犯罪做斗争。

当然，任何暴力都必须适度，否则就可能造成更大之"恶"。因此，法律规定正当防卫必须要具备紧迫性和适度性两个基本要素。

何谓紧迫性？只有对法益存在现实侵害的可能性才具备紧迫性。如果不法侵害还没有开始或者不法侵害已经结束，都不能进行正当防卫。

在司法实践中，不法侵害行为的结束通常可以表现为这样几种形式：不法侵害人已达到了侵害的目的；侵害人失去了侵害能力；侵害人自动中止不法侵害；侵害人向防卫人（或被害人）告饶；侵害人已被抓获。当这些形式之一出现时，就应认为不法侵害已经结束，不应再实行正当防卫行为。

那么，如何判断"法益存在现实侵害的紧迫性"呢？

有人认为，应该采取理性人的科学判断标准；还有人认为，应采取一般人的标准。前者是一种专家标准，认为在判断紧迫性时，应当站在专家的立场，从事后的角度看一个理性的人是否会觉得存在紧迫性；后者则是常人标准，认为应该按照普罗大众的一般立场，从事前的角度看一般人是否觉得有紧迫性。

或许，一审法院正是站在专家的超然立场上，按照理性人的科学标准

---

[1] 山东省高级人民法院刑事附带民事判决书（2017）鲁刑终151号。

做出的判断。然而，这个世界上很少有人是完全理性的，我们或多或少都会受到环境、情绪等诸多因素的影响，即便是专家也不可能保证百分之百的理性。法律不是冰冷的理性机器，它要倾听、感受并尊重民众的血泪疾苦。站在事后角度的科学判断只是一种事后诸葛亮的冷漠与傲慢。正因如此，二审法院进行了改判，认为应当按照一般人的立场来对紧迫性进行判断。换言之，我们要代入于欢的角色，设身处地综合考虑他所处的情境来判断他们母子的人身安全是否依然处于紧迫的危险之中。至少从媒体的报道来看，任何人处于类似情境，都会感到巨大的危险，没人知道警察走后，催债者的折磨手段会不会变得更加变态与血腥。

因此，在判断不法侵害是否结束，必须站在一般人立场从普罗大众的角度来看是否具有紧迫性，而不能按照理性人的事后标准。因此，在本案中，如果你是防卫人，你是否会认为攻击者已经丧失反抗能力，自己已经不再处于紧迫的危险之中？有许多法律人喜欢做理性人的假设，站在事后角度开启上帝视角，但是没有人是理性人，人们或多或少都有弱点，也许只有机器人才是真正的理性人。法律必须考虑民众朴素的道德情感，而不能动辄以事后诸葛亮的冷漠与傲慢来忽视民众的声音。

正当防卫的适度性

在于欢案中，一审法院曾经错误地认为于欢的行为不具有防卫属性，因为不法侵害已经结束，于欢没有遭受紧迫的危险。但二审法院改变了这种错误观点，认为于欢依然面临着不法侵害，其行为具有防卫性质。

正当防卫的另外一个基本要素是适度性。刑法明确规定，正当防卫不能明显超过必要限度造成重大损失。这里有两个关键词：一是必要限度，二是重大损失。也就是说，衡量防卫行为是否超越必要限度，主要看这种行为是否是制止不法侵害所必须的，而"是否必须"又可综合考虑防卫行为与侵害行为在结果和行为上是否基本相适应，是否出现了重大损失。

具体到于欢的案件。于欢目睹母亲遭受凌辱，用水果刀刺伤4人，并导致其中1人死亡，另2人重伤，1人轻伤。这种行为与侵害行为明显不相适应，毕竟人的生命权是高于健康权、名誉权等其他权利。虽然加害人人数众多但未使用工具，未进行严重暴力攻击，于欢身上伤情甚至未达到轻微伤程度。从防卫行为使用的工具、致伤部位、捅刺强度及后果综合衡量看，于欢使用的是长26厘米的单刃刀，致伤部位为杜志浩身体的要害部位（肝脏），捅刺强度深达15厘米，造成1死2重伤1轻伤的严重后果，其防卫行为"明显超过必要限度"。

有人认为，于欢的行为属于刑法规定的特殊防卫权。但是在于欢案中，讨债者一方并无实施严重危及人身安全的暴力犯罪，所以不能适用这个条款。

这就是为什么二审法院最后认为于欢构成防卫过当。我国刑法规定，防卫过当应当减轻或免除处罚。法院最后认为于欢构成故意伤害罪，判处于欢有期徒刑5年。

司法要倾听民众朴素的声音，刑事责任的一个重要本质是在道义上值得谴责。因此，犯罪与否不是一个单纯的专业问题，普罗大众都有发声的权利，司法永远不能超越社会良知的约束。法律不是冰冷的条文，它必须兼顾天理人情，不断地在各种利益中寻找一个最佳的平衡点。

2018年2月1日，于欢案入选"2017年推动法治进程十大案件"。同时被最高人民法院列为第九十三号指导案例，用来指导全国司法工作。指导案例认为，于欢是在人身自由受到违法侵害、人身安全面临现实威胁的情况下持刀捅刺，且捅刺的对象都是在其警告后仍向其靠近围逼的人。因此，可以认定其是为了使本人和其母亲的人身权利免受正在进行的不法侵害，而采取的制止不法侵害行为，具备正当防卫的客观和主观条件，具有防卫性质。

想一想

在看待社会案件时，你是习惯用理性去思考和批判，还是代入当事人的立场？

022 紧急避险

紧急避险跟正当防卫是比较接近的两个概念。紧急避险的定义，是为了使国家公共利益本人或他人的人身财产或其他权利免受正在进行的危险，不得已采取的紧急避险行为，造成损害不负刑事责任。

紧急避险与正当防卫

紧急避险与正当防卫有相似之处，也有不同之处。

1.两者的危险来源不同。正当防卫的危险来源是不法侵害；而紧急避险的危险来源，可以是不法侵害，也可以是自然灾害、动物的侵袭。

2.行为对象不同。正当防卫的行为必须针对不法侵害者本人实施，正对不正，在遭遇到不法侵害时，如果行为人针对不法侵害人进行反击，属于正当防卫的范畴；如果为了躲避不法侵害，而侵害他人合法权益的，正对正属于紧急避险的范畴。甲遭乙追杀，情急之下夺过丙的摩托车骑上就跑，丙被摔骨折。乙开车继续追杀，甲为逃命飞身跳下疾驶的摩托车奔入树林，丙1万元的摩托车被毁。甲属于紧急避险。但若甲遭乙骑摩托车追杀，情急之下夺过乙的摩托车骑上就跑，乙被摔骨折。甲为逃命飞身跳下疾驶的摩托车奔入树林，乙1万元的摩托车被毁。甲造成乙的骨折的行为就属于正当防卫。

3.实施行为的条件不同。紧急避险必须是在迫不得已的情况下实施，而正当防卫则没有这一条件的限制，紧急避险是消极的，正当防卫可以是积极的，为了鼓励民众和不法侵害做斗争，迎难而上都可以是正当防卫。

4.判断"过当"的标准不同。正当防卫是正对不正，因此造成的损害可以等于甚至大于被保护的合法权益；但紧急避险是正对正，所以造成的损害必须小于所保护的利益，否则即为过当。

无法紧急避险的人

紧急避险不能针对职务或业务上有特定职责的人，消防队员不能因为火太大就不去救，海上发生船难，船长必须让乘客先逃生。

这是对特定职责人员所赋予的法律义务。

人性充满复杂，卑劣之处随处可见，但是人性的高尚也在一些紧要的关头彰显无遗。

20世纪一起著名的船难，宣布了理性主义乐观时代的终结。这艘船就是泰坦尼克号，这艘代表着人类智慧的号称永不沉没的轮船，首航就沉没了。

如果你看过电影，会发现当泰坦尼克号撞上冰山后，小提琴家和乐队在慌乱逃跑的人群中镇定地演奏。这个情节是有历史出处的，并非完全的演绎。当时在泰坦尼克轮船上聚集着大量富商名流，在最危险的时候，他们自觉让妇女和儿童先走。基于历史记载，最终乐队奏响了一首歌，在歌声中他们目送着救生艇离去，在歌声中他们接受着轮船慢慢沉没的命运。

在法律中，最重要的一个概念就是权利和义务。两者孰先孰后？这可不是先有鸡还是先有蛋的问题，而是法律中一个根本性的问题。有一个大学女生在网上抱怨母亲给的生活费太少，1万块根本不够花，她认为自己有权利要2万块的生活费。但是你想一想，这个权利背后一定得有人承担义务。如果没有人承担义务，权利根本无法主张。所以一定是义务在前，权利在后。必然是有人承担了道德义务，你才可能拥有法律上的权利。从这个意义上来讲，责任可能比幸福更重要。只是我们这个时代的人在追求幸福的时候忘记了责任。

电影《无问西东》有段台词很打动我：这个时代缺的不是完美的人，缺的是从心里给出的真心、正义、无畏和同情。责任比幸福要更重要。对于法律的学习更是如此，一定要注意法律人身上的责任。

人的生命不能比较

1884年7月5日，英国游船米丽雷特号（Mignonette）在公海上失事，水手达德利、斯蒂芬斯、布鲁克斯和客舱侍役佩克爬上一艘无篷船，在船上待了20多天后，他们没有水和食物，奄奄一息，达德利和斯蒂芬斯决定杀死身患重病的佩克（布鲁克斯表示不同意）。三人靠佩克的血肉维持了4天后获救。英国最高法院以谋杀罪判处达德利和斯蒂芬斯死刑,但女王将该判决减为监禁六个月。[1]

如果不考虑伦理,仅从价值量化的比较上看,牺牲1人,挽救3人,收益要大于成本,当然成立紧急避险。还有人甚至认为,根本不是3大于1的问题,而是-1大于-4,如果不牺牲1个人的话,死的不是3人,而是全部4人。由此观点推导开来,如果米丽雷特号的救生筏上的4人,1人将剩下3人全部吃掉,也可以成立紧急避险,因为-3大于-4。[2]

你觉得这叫做紧急避险吗?

先思考另外一个例子:医院里有5个病人等待器官移植,1个人心坏了,1个人肺坏了,1个人肝坏了,1个人脾坏了,1个人肾坏了,都奄奄一息,只有一口气。结果你从旁边过,医生说拦下你,想牺牲一个健康的你,换回5个人的健康。这显然是不合适的,为了保全自己的生命,无论如何都不能以牺牲他人生命为代价。

在米丽雷特号的判决中,法官指出:挽救生命通常是一种责任,但是牺牲生命也可能是最朴素和最高贵的责任。比如在战争中就充满着为了他人从容赴死的责任,在海难中,船长、船员对于妇女、儿童有这种崇高的责任。但是这些责任赋予人类的义务,不是为了保全自己的生命,而是为了他人牺牲自己的生命。没有人有权力决定他人的生死,当然,我们必须承认很多时候都会面对试探与诱惑,但是不能将诱惑作为犯罪的借口。作为法官,为了公正审理,我们常常被迫建立自己无法达到的标准,制定难以企及的规则。但是,我们不能因为诱惑的存在就改变或削弱犯罪的法律定义。

生命是不可比较的,如果这类案件可以成立紧急避险,那么整个道德秩序就会崩溃。如果认为生命可以比较,在资源紧缺的情况下,牺牲精神病人、老人、残疾人似乎总是有道理的。法律不强人所难,但法律至少要坚持

---

[1] 女王诉达德利和斯蒂芬斯案,*The Queen v. Dudley and Stephens*,L. R. 14Q. B. D.273(1884)。
[2] [日]西田典之:《日本刑法总论》,刘明祥、王昭武译,中国人民大学出版社2007年版,第109页。

底线的道德原则。在上述案件中，吃人的水手们虽然不能视为紧急避险，但可以视作避险过当。按照我国法律规定，避险过当也是应当减轻或免除处罚的。定罪免刑可能是一种合理的处理。

想一想
甲被歹徒追杀，逃进了一条死胡同，无路可走，情急之下，跳上路边张三停放的尚未熄火的摩托车，然后掉头向后面挥刀追杀上来的歹徒冲撞过去，将歹徒撞倒在地，逃过一劫。但由于慌不择路，将摩托车撞到了路边的电线杆上，使车体受损。甲的行为是正当防卫和紧急避险吗？

023 责任排除事由

责任排除事由与违法排除事由不同，后者是一种正当化行为，但责任排除事由并非正当行为，它具有违法性，只是在道义上可以得到宽恕。比如严重的精神病人实施犯罪，当然属于违法行为，可以对其进行正当防卫。但精神病人由于疾病的原因，责任被排除，所以不构成犯罪。

责任排除事由主要包括责任能力的排除、法律认识错误和缺乏期待可能性。

年龄
我国的刑事责任能力总共分为以下几类。
1.无刑事责任能力，未满14周岁一般不负刑事责任；
2.相对刑事责任年龄阶段，已满14周岁而未满16周岁的人仅对故意杀人、故意伤害致人重伤或者死亡、强奸、抢劫、贩卖毒品、放火、爆炸、投放危险物质8种犯罪负刑事责任。8种犯罪是指具体犯罪行为而不是具体罪名。比如绑架杀人按照法律规定构成绑架罪，但15岁的孩子绑架杀人的，直接认定为故意杀人罪即可。

多年以前，司法实践中普遍认为强奸罪和奸淫幼女罪是两个不同的罪名。一个15岁的少年人强奸了一位13岁的幼女，送到法院，有法官主张因为奸淫幼女罪不属于相对刑事责任年龄阶段应当负责任的8种犯罪，所以主张不构成犯罪。这位法官的思维就太过僵化，完全忽视了形式逻辑。后来出台了相关司法解释，认为强奸罪和奸淫幼女罪不是两个罪名，应该统一为一个罪名，奸淫幼女是强奸罪的特殊情况，不再独立看待。司法解释用意虽好，但多此一举，即便认为奸淫幼女罪属于独立罪名，这个问题也很好解决。毕竟奸淫幼女罪较之强奸罪是特别法，15岁的孩子可以构成普通罪，那更可以构成特殊罪。比如抢劫罪和抢劫枪支、弹药罪是两个不同的罪名，15的孩子抢劫枪支、弹药直接以抢劫罪定罪量刑即可。

3.完全刑事责任年龄阶段，已满16周岁的人犯罪，应当负刑事责任，无论是故意犯罪还是过失犯罪，都应当承担刑事责任。

4.减轻刑事责任阶段，已满14周岁而未满18周岁的人应当从轻或减轻处罚，同时不能适用死刑。另外，老人也可以宽宥，已满75周岁的人故意犯罪的，可以从轻或者减轻处罚；过失犯罪的，应当从轻或者减轻处罚。而且对于审判时已满75周岁的老人一般不判处死刑。

5.恶意年龄补足制度。2021年3月1日生效的《刑法修正案（十一）》吸收了恶意年龄补足制度，作为刑事责任年龄的一种例外性下调。已满12周岁不满14周岁的人，对于特定的犯罪，经过特定的程序，应当负刑事责任。这里的特定犯罪是犯故意杀人、故意伤害罪，致人死亡或者以特别残忍手段致人重伤造成严重残疾，同时要达到情节恶劣的程度。特定的程序是经最高人民检察院核准追诉的，应当负刑事责任。

何谓十四岁

14周岁以上要负刑事责任，这个周岁指的是生日当天，还是次日呢？在刑法中指的是生日次日，而且是按照阳历而非阴历计算生日的。

判断一个人负不负刑事责任，应该根据行为时有无责任能力，而不是看结果时。

张三在14周岁生日当天安放了定时炸弹，炸弹于次日爆炸，导致多人伤亡。张三负不负刑事责任？在安装炸弹的时候张三其实没有责任能力，但是14周岁以后，他就有责任能力了，有拆除义务。他的不作为行为是在14岁之后实施的，故要负刑事责任。

再看一个对比案件：李四在14周岁生日当晚，故意砍杀张某，后心生悔意，将其送往医院，张某仍于次日死亡。李四的行为是一种作为，该行为发生在生日当天而非次日，所以不负刑事责任。

精神病人

我们经常听说，精神病人杀人不负刑事责任。但是，大家一定要注意，我们千万不能认为只要是精神病人就不负刑事责任。法律中说的是精神病人在不能辨认或不能控制自己行为的时候，经法定程序确认的才不负刑事责任。

首先，精神病人可以分为以下三类。

第一类是完全无刑事责任能力的，只有当某种精神病导致行为人完全丧失辨认能力或控制能力时，才不负刑事责任。精神病人由于患病程度不同，他们并不必然缺乏辨认能力或控制能力。精神病人的成因很复杂，一般可以归结为大脑某个部位的器质性损坏或发育不足。由于疾病成因和表现的复杂性，许多精神病人虽然在某些方面存在缺陷，但是在另外一些方面则完全可能是正常的，甚至还有可能优于一般人。

电影《雨人》或《美丽心灵》的主角都患有学者症候群（Savant syndrome），指的是个人存在心理疾病或严重的智能障碍，但却拥有与他的障碍全然相对的，超过一般人的心理运作能力。这又可包括白痴学者（Idiot savant）和自闭学者（Autistic savant）。前者是指个人存在严重的智能障碍，后者是指个人存在主要的心理疾病或性格异常，或情感障碍（如自闭症），但他们都拥有与其障碍全然相对的，惊人的心理运作能力。部分自闭症患者的认知能力，甚至超出常人，具有极强数字记忆能力、美术、音乐等特殊能力，即为自闭学者。每个人都是独特的，人的大脑比人想象中更复杂。因此，不能一律认为精神病人就缺乏理解能力，精神病人是否有责任能力也不是一个单纯的医学问题，还要根据各种情况进行综合判断。

第二类是间歇性精神病人，在精神正常的时候犯罪，应当负刑事责任，而且从法律规定看，属于完全刑事责任能力人。

第三类是限制刑事责任能力人，如果在行为时未完全丧失辨认或控制能力的精神病人犯罪的，属于限制刑事责任能力人，应当负刑事责任能力，但是可以从轻或者减轻处罚。李某与被害人续某因经济纠纷对续某怀恨在心。某日李某携带尖刀窜入续某家，向午睡刚起的续某腹部连刺两刀后逃离现场。续某被送往医院抢救，抢救无效而死亡。后来查明，李某先后在两家医院诊断为精神分裂症并住院治疗。经司法精神病鉴定，认定李某实施犯罪行为时为精神分裂症不完全缓解状态，有部分责任能力。一审法院以故意杀人罪判处李某死刑立即执行，二审法院改判为死缓，死缓的判决就是考虑到他属于限制刑事责任能力人，可以从宽处理。

鲜血陶醉案

德国有一个经典的案件，某人预谋杀害仇人，在杀人的时候，对方鲜血喷出，行为人居然陷入精神病状态。血喷得越多，砍得越疯狂，越疯狂越砍，越砍越疯狂，被害人被砍数十刀后死亡。

这个案件就很值得讨论。因为行为人在杀人的时候精神正常，是有责任能力的，但在杀人过程中精神病发作，丧失责任能力。这到底算是有责任能力，还是没有责任能力呢？这可以按照因果关系中的介入因素理论来分析。行为人在杀人的时候诱发精神病，精神病相当于一种介入因素，在经验法则中具有高度伴随性，无责任能力状态的出现对因果关系没有重大偏离，因此直接以故意杀人罪既遂论处即可。

想一想

张三在实施伤害时，突然陷入无责任能力状态，以为妻子变成了一只大章鱼，遂将"章鱼"杀死。张三是否对死亡结果承担责任？

024 刑事责任年龄需要下调吗

近几年，多起未成年人弑父杀母的极端案件再次让刑事责任年龄成为焦点话题。

在刑法中规定刑事责任年龄，理论依据在于未达责任年龄的孩子缺乏是非对错的辨认能力或控制能力，因此对他们的刑事惩罚没有意义。但是，这种理论是否成立，值得深思。

当然，不负刑事责任不意味着不接受任何处罚，只是不受刑事处罚而已。原刑法规定，因不满16周岁不予刑事处罚的，责令他的家长或者监护人加以管教；在必要的时候，也可以由政府收容教养。

可见在"必要的时候"，政府对这些孩子可以收容教养。只是何谓"必要的时候"，法律并无规定。更为糟糕的是，收容教养制度存在大量空白地带，相应的机构也极不健全，只有省会城市才有相关机构。这也就是为什么只要不负刑事责任，这些孩子几乎不会受到来自司法机关的有效惩罚，所以才会出现杀母的孩子还想回原校继续就读的奇谈。

乐观主义和现实主义

那么，是否要降低刑事责任年龄呢？

在世界范围内，有关刑事责任年龄，大致有乐观主义和现实主义两条道路。

乐观主义崇尚建构理性，对人类理性充满自信，认为法律应当设置一个标准化的责任年龄。标准之下就推定没有辨认能力或控制能力。这种立场认为孩童本性纯良，可塑性很强，因此对待未成年人的刑事政策应以矫正为主。

现实主义推崇的是经验主义，它认为设置一个标准化的责任年龄太过武断，整齐划一的法律理性并不能适应无穷变化的社会现实。同时，现实主义认为包括孩童在内的一切人内心都有幽暗的成分，刑罚无力改造人性，它的第一要务是对罪行进行惩罚而非对犯罪人进行矫正，对待未成年人也是如此。

大陆法系倾向于乐观主义，代表国家是德国和意大利，这些国家的刑法都和我国一样，认为不满14周岁没有刑事责任能力，对任何犯罪都不负刑事责任。当然，这些国家都规定了完备的少年司法制度，对于14周岁以上的未成年人犯罪适用专门的少年司法审判制度。

普通法系则以现实主义居多。普通法最初有无责任能力的辩护理由（doli incapax），不满7岁的儿童被推定没有犯罪能力，这个推定不容反驳。但7岁以上不满14周岁则要具体问题具体分析，其无犯罪能力的推定可以反驳，如果公诉机关可以提出足够的证据，证明行为人能够理解自己的行为的意义，知道是非对错，那就要承担刑事责任。

随后，许多普通法系国家抛弃了这种辩护理由，如美国有35个州没有设置任何刑事责任的最低年龄。从理论上来说，在这些地区，任何年龄的人犯罪都要负刑事责任。其他15个州，最低刑事责任年龄从6岁到10岁不等。

英国也放弃了这种辩护理由，在英格兰和威尔士这两个司法区，其最低刑事责任年龄是10岁，不满10岁的儿童不负刑事责任。但是在苏格兰司法区，最低刑事责任年龄则是8岁。[1]

中国的刑事立法自觉向大陆法系靠拢，在许多的立法设计上都有乐观主义的倾向。以14岁作为有无责任年龄的标准，当然整体划一，便于操作。在法律上推定不满14周岁，没有是非对错的辨认能力或控制能力，这种法律逻辑清晰明了。但是，咄咄逼人的逻辑论证自有一种蛊惑人心的力量。人类从未完全居住在逻辑论证之中，尘世中的万物，许多无法为人造的逻辑所涵盖的。在人类历史中，削足适履的逻辑命题曾经给人类带来了灾难性的后果。

法律的生命是经验而非逻辑。如果经验事实不断地证明法律逻辑存在问题，那么这种逻辑命题就值得修正。从发生过的多起12岁孩子实施杀人等严

---

[1] 《最低刑事责任年龄继续引起意见分歧》，《经济学人》，2017年5月20日。
The minimum age of criminal responsibility continues to divide opinion. The Economist. 2017-05-20.

重犯罪的案件来看，认为他们缺乏是非对错的辨认能力或控制能力的法律逻辑很难服众。

人类本性和刑罚本质

乐观主义和现实主义的道路选择还取决于对人类本性和刑罚本质的看法。

乐观主义对人性的看法也过于乐观，他们相信人类要不断地进化下去，会有无限的可能性，而且有一天能够控制自己的发展。只要积极地改造社会，提升民众的教育水平，消除不平等的社会现实，就能创造一个美好的黄金世界。

因此，他们推崇人道主义的刑罚理论，认为传统的报应主义是一种复仇，是野蛮和不道德的。根据人道主义刑罚理论，罪犯只是一种病态，需要接受治疗与矫正。在他们看来，孩童天性纯良，他们实施犯罪行为没有自由意志，并非出自本性，主要是由于糟糕的社会环境、家庭背景、缺少关爱等因素所致，因此没有必要对其进行过度的惩罚，扼杀天性纯良的幼苗。

乐观主义的代表人物是卢梭，在《爱弥儿》一书中，他特别讨论了个人如何在堕落的社会中保持天性中的善良。该书前言引用了古希腊哲学家塞涅卡的一段话："我们身患一种可以治好的病；我们生来是向善的，如果我们愿意改正，我们就得到自然的帮助。"全书基本上是这段话的展开。

现实主义对人性的看法没有那么乐观，这种立场认为人性生来有幽暗的成分，孩童也不例外，因此不能放任孩童自由发展，管束是必要的。一如古老的智慧所说的"不忍用杖打儿子的，是恨恶他；疼爱儿子的，随时管教"。

现实主义认为法律无力改造人性，它只能约束人性的幽暗，让其不致泛滥成灾。因此，刑罚的首要目的是报应，是对犯罪的惩罚。即便未成年人犯罪，也应对其进行必要的惩罚，在惩罚的基础上才能去谈教育改造。

乐观主义虽然容易激动人心，但它却可能导致灾难性的后果，理想主义往往会走向幻灭与绝望。

乐观主义所持的人道主义刑罚理论将惩罚看成改造罪犯的一种手段，但这却为权力的扩张开启了方便之门，权力可以披着科学的外衣我行我素。按照传统的观点，报应是刑罚的根据，一个人是否应当接受惩罚，其核心在于道义上的应受惩罚性，普通民众有权利发表意见，但一个人是否应该接受治疗，则是一个专业问题，普罗大众没有发言权，只有专家才有权决断。如果一种让政府不满的行为，即便与道德罪过无关，政府也可对其"治疗"，而人却无法辩解，因为专家根本不使用应受惩罚性这种概念，而是以疾病和矫正取而代之。如何阻止政府去实施"矫正"呢？虽然这种矫正明显是强制性的，但却披着人道主义的外衣。事实上，在德国和意大利，现代"矫正刑"的诞生之地，法西斯专政就曾经极大地利用了这种所谓的"科学"大行残暴。因此，如果抛弃刑罚的报应观念，保护儿童的改造主义也必将赋予政府没有道义约束的无限权力。历史告诉我们，当权力不受约束，无论多么崇高的理想都会结出邪恶的果实。

人道主义很容易因着对人类的抽象之爱，而放弃对具体之人的责任。主张未达法定责任年龄的孩子不负刑事责任，这看似是对儿童的关爱，但它却放弃了对被害人的保护之责。

相比于经常开出空头支票的乐观主义，现实主义基于对理性万能的警惕，对人性幽暗的洞察，他们立足现实的观点，虽然难以博人眼球，但却更加务实。

有学者提出，普遍性地下调刑事责任年龄可能难度较大，但可以规定一项例外规定，由最高检察机关在特殊情况下对不满14岁的未成年的恶性犯罪进行追诉，这其实是在借鉴普通法系的恶意年龄补足制度，但又避免了地方司法机关灵活的司法裁决权。比如在刑法第17条增加一款，对于12岁以上不满14周岁的未成年人实施故意杀人、故意伤害致人重伤或者死亡、强奸、抢劫、贩卖毒品、放火、爆炸、投毒8种犯罪，如果有追诉必要的，可以报最高人民检察院核准，这种折中立场有一定的道理，也更容易实现。[1]

---

[1] 俞亮、吕点点：《法国罪错未成年人分级处遇制度及其借鉴》，《国家检察官学院学报》2020年第2期。

《刑法修正案（十一）》就借鉴了这种恶意年龄补足制度，它并未整体性下调刑事责任年龄，只是对刑事责任年龄做出了一种例外性下调，对于两种特定的犯罪经过特定的程序，可以追究刑事责任。

对于已满12周岁不满14周岁的人，如果实施了故意杀人、故意伤害致人死亡或者以特别残忍手段致人重伤造成严重残疾的行为，同时达到情节恶劣的程度，对于特定犯罪，经最高人民检察院核准追诉的，应当负刑事责任。

显然，立法机关对刑事责任年龄进行了谨慎的例外性下调，这种修补不仅回应了社会热点，也兼顾了民众的常情常感。法律在经验中不断走向完美。

想一想
你觉得刑事责任年龄，是否需要下调？

025 法律认识错误

法律认识错误，历史上早已有之。《晏子春秋》记载：齐景公爱槐树，下令官吏派人严加看护，下达法令，如有犯槐树者，处刑，如果将槐树弄伤，罪当处死。有人不知此令，酒醉后在槐树旁呕吐，"冒犯"槐树被抓。宰相晏子为此事劝谏景公，认为此人不知道法令，是无辜的，"刑杀不辜谓之贼"，是国之大忌。景公接受晏子的意见，将此人释放，并废除伤槐之法。

不知者有罪还是无罪
伤槐一事涉及刑法上的认识错误，行为人在实施某行为，并不知行为构成犯罪，在晏子看来，就不能治罪，这其实也是"不知者无罪"观念的另一种体现。然而，古罗马却有一句古老的法谚"任何人不能以不知法而免责"。

传统的刑法理论大多采取古罗马立场，不知法、不免责。其理由在于：

首先，公民有知法守法的义务，既然是一种义务，不知法本身就是不对，没有尽到一个公民应有的责任，岂能豁免其责？其次，如果允许这种免责理由的存在，任何人犯罪，都可能以不知法来狡辩，法盲犯罪层出不穷，会给司法机关认定犯罪带来极大困难。

上述论证有很强的功利主义和实用主义色彩，更直截了当地道出个中原委的是美国大法官霍姆斯：不知法不免责，是为了维护公共政策，因此可以牺牲个体利益。虽然有些犯罪人的确不知自己触犯法律，但如果允许这种免责理由，那将鼓励人们对法律的漠视，而不是对法律的尊重和坚守。[1]

这些辩解看似言之凿凿，但却与人们生活经验相抵触。如果说公民应当知悉法律，法律一经颁布，就大功告成，任何人都应无条件服从，那为什么国家还要大张旗鼓开展法制教育，普及法律知识？这不就是害怕人们会出现"不知法而误犯"的现象吗？

不要以为只有今天才有《今日说法》《法制频道》等普法节目，历代君主都非常注意法律的宣教。明太祖朱元璋在《大明令》颁布后，唯恐"小民不能周知"，命令每个郡县都要颁行律令直解，后来又鉴于"田野之民，不知禁令，往往误犯刑宪"，于是在各地都设了个申明亭，凡是辖区内有人犯罪的，都要把他的过错，在亭上贴出，以警世人。后来颁行《大明律诰》时，朱元璋甚至给每家免费派送一本，要求臣民熟视为戒。[2]

要求公民知法守法，是一种国家主义的立场，要求治下小民乖乖听话，无论是否知道，只要国家颁布法律，你就有知晓的义务。有观点甚至认为，通过对在道德上无辜的人定罪，就能够促使其他人更好地了解自己所承担的法律义务。[3] 显然，这和现代刑法所倡导的个人本位立场格格不入，怎能为了所谓的国家、社会利益，就完全牺牲无辜民众的自由。另外，人们之所以

1　[美]约书亚·杜丝勒：《理解刑法》（第四版），律商联讯 2006 年版，第 181 页。
　　Joshua Dressler, *Understanding Criminal Law* (4th edition), LexisNexis(2006), P181.
2　高铭暄、钱毅：《错误中的正当化与免责问题研究》，《当代法学》1994 年第 1 期。
3　[美]弗莱彻：《刑法的基本概念》，王世洲译，中国政法大学出版社 2004 年版，第 204 页。

守法，更多是因社会习俗、道德规范的耳濡目染，不杀人、不盗窃、不奸淫，与其说是法律规定，还不如说是一种道德教化。

如果说在法律并不发达的古代社会，要求公民知法守法还有实现的可能性，那么在现代社会，如此繁杂多样、不断变化的法律，要求公民一一知悉，这简直就是不可能实现的任务，即使是法律专业的学生，也不可能知道所有的法律条文。比如，法律所规定的珍贵动物、植物的种类，即便专事刑法研究的学者也不能周知。更何况随着国际交流的增多，一国公民对另一国法律不太熟悉，也是常有之事。

霍普金斯案与龙先生案

对待法律认识错误，英美法系最初基本上遵循古罗马传统，但后来有所松动。

1949年美国马里兰州的霍普金斯案（*Hopkins v. State*）是不知法不免责的经典案例，该案曾被广泛引证。当时，马里兰州出台法案，禁止牧师在旅馆、车站、码头、法院等地张贴主持婚礼的广告，变相攫取钱财，法律的目的是管束婚姻缔结，防止重婚的泛滥。但该法没有得到很好的实施。几位牧师贴广告之前，觉得不妥，特地咨询了当地司法部部长，部长回复他们说行为并不违法。牧师们于是放心大胆地粘贴广告。后来这几名牧师因违反该法案被捕，在法庭上，他们以事先咨询过司法部部长，不知行为违法为由进行辩解，但初审法院和上诉法院都拒绝这种辩解，认为即便咨询司法部部长对法律的认识错误也不能免责。[1]

同年，美国特拉华州也发生了一起相似的案件，法官却做出完全相反的判决。当时，特拉华州有位龙先生（*Long v. State*）想和妻子离婚，然后与他人结婚，但特拉华州的离婚程序比较烦琐，他特意咨询了当地一位知名的婚姻法律师。律师建议，可以先去其他州离婚，然后再回来结婚。按照这个建

---

1 霍普金斯案，*Hopkins v. State*, 193 Md. 489, 69 A.2d 456（1949）。

议，龙先生迅速赶往阿肯色州办完离婚手续，又返回到特拉华州准备结婚。为了稳妥，结婚之前，他再次向那位律师询问是否妥当，得到答案是肯定的。为其主婚的牧师觉得事有不妥，又一次独自请教那位律师，得到肯定答案后才放心地为龙先生主婚。不幸的是，律师的建议是错误的，特拉华州法律不承认其他州的离婚判决，龙先生被诉重婚。此案经三次审理，前两次龙先生都被认为有罪，理由是"不知法不免责"，但特拉华最高法院却推翻了前两次判决，认为龙先生重婚罪不成立。

上述案件促发了人们对于传统规则的反思，人们开始觉得严格遵循"不知法不免责"的做法并不一定恰当，可能对被告太过严苛。1962年，美国法学会出台的《模范刑法典》对传统规则给出了一些例外，认为有两种情况可以免责。一种是"官方原因所导致的法律误解"（officially induced error of law），行为人不知道法律，是因为听信了像司法判决、行政命令或者其他负有解释、执行法律职责的机关及其官员的意见，霍普金斯案中的司法部部长的意见显然就属此类，但龙先生案中的律师意见并非官员原因所导致的误解；另一种是"法律无从知晓"，如法律尚未公布或者没有合理的生效。[1]当然，《模范刑法典》只是对法律改革的建议，在美国的很多地方，传统的观念仍然占据主流。

在法律认识错误问题方面，大陆法系的德国走得最远，最为彻底。1975年《德国刑法典》明确表明立场："行为人行为时没有认识到其违法性，如该错误认识不可避免，则对其行为不负责任。如该错误认识可以避免，则可减轻处罚。"[2] 按照德国法律的规定，无论是霍普金斯案，还是龙先生案，都不构成犯罪，因为行为人对于法律的认识错误是不可避免的。

我很欣赏德国的做法。用可避免原则来处理法律认识错误可以最大限度防止情与法的冲突，让人合理安排行为。人们遵纪守法靠的是日积月累的道

1　[美]弗莱彻：《刑法的基本概念》，王世洲译，中国政法大学出版社2004年版，第199页。
2　《德国刑法典》（1998），徐久生、庄敬华译，中国法制出版社2000年版，第48页。

德教化，而不是空洞的法律说教，法律的指引功能最终要通过人类的日常行为规范来实现。人们不闯红灯，不是因为《道路交通安全法》的规定，而是因为经过多年的教育和实践，红灯停、绿灯走已经成为我们的行为准则，但如从小生长在边远山区，从未见过汽车，也没有见过红绿灯，很难想象此人初来乍到城市会在红灯时停下脚步。

一般人的日常行为规则就是认识错误"可否避免"的判断标准。对于正常的城市人，如果乱闯红灯导致交通事故，然后说自己不知道这个交通规则，这说不过去，因为认识错误是可以避免的，但对从未见过红绿灯的人来说，初犯这种错误，可能是无法避免，没有必要处罚。但是，犯过一次错误，经制止再闯红灯，那就不能原谅。

金门大桥收费案

我在美国访学期间，曾与朋友们驾车出游，途经金门大桥收费站，排队车辆很多，而旁边车道车辆很少，道前收费站立一大牌，上书"速通"。我隐约记得加州交规规定，一车载客三人可免交过桥费（为了节约能源），当时我们环顾四周，发现速通道上行驶的车辆，载客都在三人以上，于是立即将车转入速通道，经过收费站时，无人收费，也无栏杆，车辆飞快通过，我当时还感叹美国人的自觉。

几天后朋友收到罚单，理由是车辆没有安装电子速通卡，擅自闯关，除补交过桥费外，还要缴纳高额罚款。此时，我才恍然大悟，原来速通道上的车辆都装有速通卡，接受电子仪器监控，难怪无人看管。而所谓的三人以上免交过桥费是在上下班高峰期。到了交管部门，我们道明事情经过，经办人员查了车辆违章记录后，发现仅有一次违章，居然认同我们的申辩，罚款免交，补交过桥费即可。我想，这种申辩肯定只能被采纳一次。

2013年，澳洲有位王教授，因为妻子超速领到一张200元罚单，但王教授舍不得这钱，听人说可以利用他所教中国留学生去伪造文书，说车系学生所开，因为是外国人不懂澳洲交规从而获得"罚款豁免权"。于是，王教授找了一名中国留学生，利用他的身份，伪造了抗辩文件，还真的免除了罚款。

但后来东窗事发，王教授不仅丢了工作，还要面临最高4年的牢狱之灾。

教授传播性病案

法律上的认识错误还涉及认识程度的问题，比如认识到行为违法，但却不知是犯罪，这该如何处理？

1990年10月，一位黄姓教授，嫖娼时被抓，此人身患梅毒，当时传播性病只是治安不法，而非犯罪，黄教授后被行政处罚，罚款3000元，行政拘留15天。1991年3月，黄教授出国讲学三月。回国后，仍旧恶习不改，同年10月1日嫖娼时又被公安机关抓获。黄教授始料不及的是，1991年9月4日全国人大常委会出台了《关于严禁卖淫嫖娼的决定》，将传播性病规定为犯罪，后检察机关以此罪起诉黄教授。一审法院依据这个《决定》，判处黄教授4年有期徒刑。黄教授提起了上诉，认为自己并不知道有性病嫖娼构成犯罪，二审法院采纳了他的辩解，撤销一审判决，判其无罪。[1]

在这个案件中，黄教授知道其行为是违法行为，但却不知道它已升格为刑事不法行为。类似案件，学界颇多争议，有人认为行为人只要知道行为违法，就构成犯罪，还有人认为必须达到对刑事违法程度的认识，才可入罪。后一种立场可能比较合理，刑法是最严厉的惩罚措施，不到万不得已，不应轻易使用。在法律体系中，刑法是一种最后的补充法，认识到行为不符合刑法规定，必然也知其不符合民法、行政法等部门法，但反之未必。刑法涉及公民人身、财产、自由，它的规定最为严格，而其他部门法的规定则相对宽松，如果仅仅认识到行为违背其他部门法，就可构成犯罪，无疑使刑罚权脱离了刑法的严格限制。在教授嫖娼案中，黄教授并非刑法学教授，任何人处于他那种场合，嫖娼被抓受到行政处罚，都不可能知道短短数月，刑法会发生变化，将行政违法上升为犯罪，这种认识错误是无法避免的，不知者无罪。

---

[1] 赵秉志主编：《刑法原理与实务》，高等教育出版社2002年版，第749—750页。

作为免责理由，法律上的认识错误可能被滥用，导致有人假装不知法律，逃避惩罚。应该说，这种现象无法避免，任何法律注定存在漏洞，但若因此就废除该项规定，这有点因噎废食，因小失大了。沿用传统的"不知法不免责"的确可以防止类似法律漏洞，但却在另一方面造就了更大的法律漏洞，无辜民众可能受到了不应有的刑事处罚。

当然，法律也应尽可能地弥补漏洞。一种可行的办法是，对于法律上的认识错误，举证责任由被告人承担，如果被告人提不出充分的证据来证明自己无法避免出现认识错误，那么他就要承担对其不利的法律后果，这种做法可以在国家追诉犯罪和保障公民自由两个价值中达到平衡。

想一想

你觉得哪些法律上的规定，是一般人不容易知道的？

未完成的犯罪

026 犯罪预备

未完成的犯罪

根据犯罪的实现程度,可分为完成形态与未完成形态,前者完全实现了法条规定的构成要件,是既遂;后者没有完全实现构成要件,包括犯罪预备、犯罪未遂和犯罪中止。比如故意杀人,将人杀死,是既遂;为杀人购买刀具,未曾实施即被抓获,是预备;杀人时,因晕血而昏迷,被害人逃走,是未遂;杀人过程中,良心发现,放下屠刀,是中止。

完成形态和未完成形态的惩罚与区分都与法益有关。法益理论的一个派生是危险递增理论,对法益侵害越危险的行为越值得发动刑罚。在故意杀人罪中,既遂的刑罚最重,因为它已经实现对生命法益的完全侵害;预备的刑罚最轻,因为生命权只是面临侵害的可能;未遂的刑罚居中,因为它虽未完全实现对生命权的侵害,但已有现实侵害的可能性。在多数国家,预备犯原则上不罚,只有少数最严重的预备犯罪才可入罪,未遂犯原则上要受处罚,理由就是两者对法益侵害的紧迫性有轻重之别。

如果张三拿着毒药到李四家,投放在他家的水缸,从这一刻起张三的行为就进入实行阶段。预备阶段和实行阶段的临界点叫做着手,其特征就是危害行为已经对法益有紧迫性的现实威胁,一般人都会觉得法益受到侵犯。

张三投完毒鼠强之后，刚走不久，一阵闪电，把水缸击破了。张三的计划破产了，在实行阶段被迫停了下来，这是犯罪未遂。但如果张三投完毒鼠强之后，打雷闪电，张三顿觉害怕，感觉自己的行为在遭天谴，于是拿石头把水缸给砸了，这属于自愿放弃，属于犯罪中止。

从危害行为到着手，再到完全实现犯罪构成的犯罪既遂，明显有一个危险的升级过程。危害行为是对法益开始有威胁，着手则是对法益有现实性紧迫危险，既遂则彻底实现了对法益的侵犯。通过法益，我们可以把所有的概念串联在一起，毕竟法益是入罪的基础。

犯罪预备

我国刑法中有预备犯的概念，犯罪预备是指为了犯罪，准备工具、制造条件，但由于行为人意志以外的原因而未能着手实行犯罪的情形。对犯罪预备可以比照既遂犯从轻减轻处罚或免除处罚。

犯罪预备主观上具有犯罪的目的。比如张三为了杀人买了一把刀，这属于杀人的预备行为，但如果买刀只是为了做饭，就是一个合法的行为。一个行为之所以成为犯罪的预备行为，取决于支配行为的犯罪意思。

犯罪预备客观上有犯罪预备行为。为了犯罪，准备工具、制造条件的行为都是预备行为，比如为盗窃而配钥匙，为了抢劫踩点、了解被害人作息起居情况，为了盗窃先把看门的狗毒死……

犯罪预备事实上未能着手实行犯罪，行为人由于意志以外的原因而没有能够"着手"。假如行为人已经着手犯罪，由于意志以外的原因没有既遂的，是犯罪未遂，不是犯罪预备。

未能着手实行犯罪是由于行为人意志以外的原因。如果是出于意志以内的原因，则属于预备阶段的犯罪中止。比如张三拿着毒药往李四家走。路上被一只中华田园犬咬了，毒药掉在地上被狗吃了。狗死了，张三也被咬伤躺在地上。张三的犯罪不得已停在预备阶段，但如果张三拿着毒药走在路上，突然刮了一阵寒风。张三顿觉人生毫无意义，杀人也没有意义，于是丢掉毒药，自愿放弃犯罪，这是犯罪中止。

犯罪预备和犯意表示

犯意表示是一种思想流露，还没有表现为行为，不属于刑法打击范围。犯意表示一般是以口头、书面或者其他方法，将真实犯罪意图表现于外部的行为。张三恨李四，一直说想把他给杀了。但是没有任何行动。这种口舌之快不是行为，不是犯罪预备。

犯罪预备与犯意表示的最本质区别在于犯罪预备行为是为犯罪准备工具、制造条件，对实行犯罪起到促进作用，对法益构成了威胁，会让普通公众感到法秩序受到动摇；犯意表示并没有对实行犯罪起到促进作用，只是单纯流露犯意的行为，对法益没有现实的威胁。张三和李四有仇，天天晚上做梦都想着怎么把他给干掉，每天在梦中构想一个杀人计划。天天做梦可谓起意阶段，没有刑法意义，只是一种思想的流露。张三后来实在受不了了，终于决定购买毒鼠强。从购买毒鼠强这一刹那起，张三就进入预备阶段。起意阶段跟预备阶段这个临界点叫做危害行为，危害行为对法益已经有了威胁。

想一想

甲想杀乙，按照计划先买一支枪，但没钱，为挣钱而打工，其打工的行为是杀人的预备行为吗？

027 犯罪未遂

已经着手实行犯罪，由于犯罪分子意志以外的原因而未得逞的，是犯罪未遂。

着手

犯罪预备是在预备阶段，犯罪未遂是在实行阶段。所以两者之间最重要的分水岭是着手，着手犯罪不仅意指形式上实施了刑法规定的构成要件的行为，更重要的是在实质上对法益有现实侵害的紧迫性。翻墙入户，但家徒四壁，窃贼没有发现任何值钱东西，这属于盗窃未遂，因为入户行为对于财产权有现实侵害的紧迫性。但入室强奸，女主人恰好外出，行为人就只构成强奸预备，因为对性自治权这种人身法益并未遭遇现实的侵害危险。

区分着手最重要的标准就是对法益威胁的程度。

张三想对一位女士实施迷奸，他实施了如下行为：首先购买迷奸药品，其次邀请女孩去饭店吃饭；再次趁女生上洗手间时把迷药放在她的饮料里面；最后女孩喝药昏迷，张三把女孩带至车中，准备脱衣行奸。

注意几个时间节点：第一下药，第二女生喝药，第三女生昏迷，第四把女生带到车内，第五开始剥衣服。哪个点叫着手？

一般认为，从女士喝药这个点就可以看成着手，如果女生上完洗手间，没有喝药，虽然对性权利有威胁，但是没有达到紧迫性的威胁。但当她喝下迷药，不省人事，张三可以为所欲为了，从一般人的立场来看，那就达到了紧迫性的程度。

我国的主流观点从形式和实质两个角度判断着手，行为人开始实施了刑法规定的行为，体现他的法敌对意识；此外，法益有现实侵害的危险性，足以动摇民众的法安全感。不同的犯罪，其实行行为是不同的，所以着手的特点也不一样。即使是相同的犯罪，由于方式或场合的不同，着手的表现形式也有所不同。例如，同样是故意杀人罪，枪杀和刀杀的着手标准就不一样。在枪杀的情况下，一般认为举枪瞄准，正要扣动扳机的时候是杀人的着手。在刀杀的场合，一般认为举刀要砍的时候是杀人的着手，因为此时才对法益有现实侵害的危险性。

迷信犯与不能犯

我国刑法通说认为，以犯罪行为实际上能否达到既遂状态为标准可分为能犯未遂与不能犯未遂。能犯的未遂，就是有既遂可能，只是由于遇到了意志以外的原因而没有既遂。张三开枪射杀李四，结果在瞄准的时候被警察夺走了枪，由于枪客观上有可能打死李四，这就是能犯未遂。

不能犯的未遂，是指犯罪在客观上不可能达到既遂的情况。比如张三开枪射杀李四，结果枪里没子弹。既然枪里没子弹，就不可能打死对方，这就叫不能犯未遂。不能犯未遂包括手段不能犯，比如刚才的空枪案，还包括对象不能犯，比如笨贼盗窃手机，结果发现偷的全都是不值钱的手机模型，或者拐卖妙龄女子，后来发现是抠脚大叔。

有一种特殊的不能犯叫做迷信犯。迷信犯一般是行为人出于迷信，对因果法则存在误解，而事实上对法益没有任何危害的行为。比如张三在木偶娃娃上写李四的生辰八字，准备用咒语咒死李四，自然没有结果。张三的手法对法益没有任何威胁，让人感到发笑，而不会感到恐惧，所以不构成犯罪。

不过值得思考的是，如果李四听闻好友张三居然诅咒自己，气急败坏心脏病发作而死。张三是否要承担过失致人死亡罪的责任呢？

这里涉及危害行为的现代标准，巫蛊咒语属于子虚乌有之事，对于法益没有威胁，所以不宜理解为危害行为，李四心脏病发作与张三没有刑法上的关系。

迷信犯一般都是采用迷信方法实施犯罪，但是采用迷信方法所实施的犯罪不一定都是迷信犯，比如张三砍伤李四，因为张三觉得李四身上有80只鬼，砍了80刀是在帮助李四驱鬼。这也是基于迷信所实施的犯罪，但这不叫迷信犯，直接以故意杀人罪定罪量刑即可。

不如再看一个经典的迷信犯案件——阿司匹林加榆树叶案。张三在网上获得一个奇怪的制毒配方：400克阿司匹林加400克榆树叶，在400度高温下，燃烧400分钟，就可以造出纯度很高的海洛因。张三如法炮制，"毒品"出炉。张三纳闷颜色怎么是绿色的，而不是白色的。这就是迷信犯，阿司匹林加榆树叶不可能做出毒品，不可能威胁法益，因此不构成犯罪。但如果张三购买了大量的制毒物品，由于温度没控制好，毒品没有出炉，那就属于手段不能犯，可以制造毒品罪的未遂论处，毕竟这种行为从一般人的立场来看，还是威胁了法益。

想一想

行为人杀人后想碎尸，正在实施碎尸行为时就被警察抓获，这是未实施终了的未遂吗？

028 犯罪中止

在犯罪过程中，自动放弃犯罪或者自动有效地防止犯罪结果发生的，是犯罪中止。

犯罪中止是指在犯罪过程中出于意志以内的原因自动放弃犯罪，与未遂相比，行为人是自愿而非被迫放弃，主观恶性要小得多，因此其处罚也较未遂要轻。犯罪中止也与法益有关。刑法规定：对于犯罪中止，没有造成损害结果的，应当免予处罚，而造成损害结果的，应当减轻处罚。之所以做这种区分，当然也是因为法益侵害的程度有所不同。

犯罪中止的及时性

犯罪中止必须发生在犯罪过程中，如果犯罪还没有开始或者犯罪已经结束，都不可能成立犯罪中止。

在司法实践中，最容易引起分歧的就是强奸罪的犯罪中止和求欢未成的区别。男方希望与女方发生性关系，女方拒绝，这种情况是以强奸罪的犯罪中止论处，还是根本不构成犯罪，这不无争议。

湖南湘潭就曾发生一起引发各界广泛关注的案件。被告姜某武与黄某系恋人关系，一晚两人在黄某宿舍同宿。姜某武与黄某亲吻、抚摸后，提出与黄性交，黄将双腿夹紧，姜即用双手扳黄的双下肢腘窝处，黄不依，表示等结婚时再行其事，姜便改用较特殊方式骑跨在黄的胸部进行了体外性活动，之后两人入睡。熟睡中黄某吐气、喷唾液、四肢抽搐，姜惊醒便问黄某"哪里不舒服"，黄未作答，姜便又睡。

早上6时许，姜某武起床离开黄某的宿舍。约一小时后，姜某武多次拨打黄某的手机无人接听，后敲黄的宿舍门没有应答，且发现黄某未在学校上班，姜便将此情况向校领导反映。校方派人从楼顶坠绳由窗户进入黄某的宿舍，9时30分许发现黄某裸体躺在床上，已经死亡。

经最高人民法院司法鉴定中心法医学鉴定，黄某系在潜在病理改变的基础下，因姜某武采用较特殊方式进行的性活动促发死亡。公诉机关后以强奸罪的犯罪中止提请法院依法判处。一审法院认为：被告人姜某武留宿并提出与黄某发生性关系时，被害人黄某表示要等到结婚时再行其事，姜尊重恋人黄某的意愿，而采用较特殊方式进行性活动。其主观上没有强奸的故意，客观上没有违背妇女的意志强行与之性交的行为，不符合强奸罪构成要件，不构成犯罪[1]。二审法院维持了原判。

强奸罪的未完成罪，无论是犯罪预备、犯罪未遂，还是犯罪中止，其前提必须在男方知道女方不同意的情况下才可能构成。如男方采用暴力手段行奸，女方说其怀孕，希望男方不要施暴，男方放弃，这成立中止。在男方放弃行为之前，他知道女方对性行为持不同意态度。然而，在黄某案中，男女双方系恋人关系，当男方提出性主张，虽有所行为，但此时他并不确定女方的心态，他期待着女方的同意。被告提出性主张后，虽然开始动手动脚，但这种行为本身不是性侵犯罪中的"暴力手段"，它只是性行为本身所伴随的正常举动，当女方表示拒绝，被告放弃了性交的意图，这不构成任何犯罪。如果将此行为认定为强奸罪的中止，这不仅将性行为所伴随之正常举动视为不法，同时还剥夺了女方可能同意性行为的自治权。刑法只是对人最低的道德要求，虽然姜某武的行为不太合适，但是不宜以犯罪论处。毕竟贴上犯罪中止的标签就属于犯罪分子了。

当然，犯罪结束之后也不可能成立中止。例如，某人盗窃之后非常后悔，又把原物返还的，只能算犯罪后的悔罪表现，不能成立犯罪中止。

---

[1] 湖南省湘潭市雨湖区人民法院刑事附带民事判决书（2004）雨刑初字第6号。

犯罪中止的有效性

所谓有效性是指行为人成功有效地防止了既遂结果的发生，如果行为人自动放弃犯罪，但最后出现了既遂结果，那就很难成立中止。

大家可以思考下列六个对比案件。

1.张三给老婆投毒，见她万分痛苦，送往医院抢救活了，这是典型的犯罪中止。

2.张三给老婆投毒，见她万分痛苦，送往医院没抢救成功，还是中毒身亡，这是犯罪既遂。

3.张三给老婆投毒，见她万分痛苦，送往医院经抢救成了植物人。这如何评价呢？故意杀人的既遂结果是死亡，现在没有死亡，那就是防止了既遂结果的出现，所以也是故意杀人的犯罪中止。但是需要注意，没有造成损害的中止犯，应当免除处罚；造成损害的，应当减轻处罚。植物人这个案件，张三自然属于造成损害结果的犯罪中止，应当减轻处罚，而不是免除处罚。

4.张三给老婆投毒，见她万分痛苦，把她送往医院，结果路上堵车，妻子死亡。这里的关键在于被害人怎么死的？是毒死的还是堵死的？毒发身亡证明张三没有采取有效措施，成立犯罪既遂。

5.张三给老婆投毒，把她送往医院，路上出车祸，妻子被撞死了。很明显被害人是被撞死的，不是被毒死的。那么，如果张三把老婆送往医院，能否救活呢？这只有救活和不能救活两种可能，但有疑问时要做有利于行为人的推定，因此推定张三采取了有效措施，成立犯罪中止。

6.张三给老婆投毒，见她万分痛苦，不管不问继续出门。但隔壁老王听见了动静，把张三老婆送往医院，结果路上出车祸，张三老婆被撞死了，这怎么处理呢？首先，被害人死于车祸，而非毒药发作，因此投毒和死亡之间没有因果关系，因此张三不构成故意杀人的犯罪既遂，但可以成立犯罪未遂。

犯罪中止的自动性

中止必须是自动放弃犯罪，是行为人在认为能够完成犯罪的情况下，出于本人意志自动停止犯罪。

但是关于中止"自动性"的判断，确实是一个非常复杂的问题。

张三开始实施暴力性侵，因女方正值生理期，行为人放弃奸淫（生理期案）。

又如李四雇佣钟点工，见其年轻貌美，遂将其按倒在床上，意欲奸淫，钟点工与其周旋，让其先去洗澡，不要着急，行为人上当，前去洗澡，钟点工于是逃走并报警（钟点工案）。

再如王五黑夜中欲暴力奸淫某女，发现女方脸部被硫酸泼过，于是放弃（硫酸案）。

上述案件，不一而足，都要求理论界提供认定中止自动性的合适标准。张三、李四、王五属于犯罪中止吗？

关于中止"自动性"的判断标准，比较有代表性的理论有主观心理说和规范回转说。前者的代表人物是德国刑法学家弗兰克，"能达目的而不欲"是中止，"欲达目的而不能"是未遂。行为人在没有心理强迫下放弃犯罪，属于自动中止，而在强大的心理压力下放弃犯罪，则属于被迫放弃，不能认定为犯罪中止。后者则从规范的角度来认定行为人是否属于自愿放弃，代表人物是德国刑法学家罗克辛。这种理论认为，尽管危害行为在客观上还能够实施，但当存在不利状态时，如果从一名普通的理性罪犯的眼光来看，再去行为是不理智的，那么这就属于被迫放弃，而非自动中止。只有行为人的行为表现为从犯罪道路上的回转，体现为"对合法性的回归"时，才能被评判为自动中止。

主观心理说是一种比较古老的标准，但人的心理有时很难判断，很多时候都要取决于犯罪人的口供，比如行为人担心被捕而放弃，这到底是受到强迫性心理的阻碍还是在进行机遇和风险的权衡，这并不好判断。上文中的生理期案、钟点工案和硫酸案，心理学理论也很难做出判断。

规范回转说也有缺点，它最大的问题在于"理性罪犯"这个标准本身也很不确定，很难找到"典型"的罪犯。虽然如此，但它比心理学标准的明确性要更胜一筹。人的心理状态是很难知晓的，就以"生理期案"为例，行为人的放弃出于何种心理状态，是恶心厌恶，还是担心害怕，甚或怜悯，这其实很难认定，在很多时候，还是必须借助司法人员的规范判断。

另外，中止的一个重要理论根据是刑罚目的，根据刑罚目的理论，在行为人通过中止表现出自己并不具有很强的犯罪意志和自己已经回归到尊重法律的状态之后，特殊预防和一般预防就都失去了意义，因此，法律应该放弃对尚未既遂的行为进行制裁。无论出于阻止行为人将来的犯罪，还是为了对其他人进行威吓，或者为了重新建立被损害的法律秩序，对中止者进行惩罚都没有必要。显然，规范回转说所主张的从犯罪"回转"和对"合法性的回归"正是这种刑罚目的理论的体现。

因此，对于中止的自动性，可以结合主观心理说和规范回转说。换言之，只有当行为人出于自愿的心理放弃犯罪，才可成立中止，而这种自愿的心理不是一种单纯的事实，而是具有规范评价的事实，只有当这种心理实施体现了向合法秩序的回归，才可认定为自愿放弃。这其实是对行为人的主观心理事实进行规范评价，在这种规范评价中，只有从规范上看，行为人具有向"合法性回归"的决心，才能成立中止。

犯罪中止的判断

关于中止自动性的判断可以遵循两个步骤。

第一步，根据主观心理说，只有行为人主观上认为可以继续犯罪，但放弃犯罪的，才可能成立中止。如果行为人主观上认为无法继续犯罪，在客观上还可以继续犯罪，显然不成立中止。比如甲盗窃保险柜，他误认为保险柜中没有钱，所以放弃，但事实上保险柜里有很多钱，这不成立中止。

第二步，在此基础上，从规范的角度来看行为人的放弃是否在向合法秩序回归。也即根据理性犯罪人标准，由司法人员对行为人是否有从犯罪"回转"的"合法性回归"进行规范评价。这其实是对行为人的主观心理事实进行规范评价，在这种规范评价中，只有从规范上看，行为人具有向"合法性回归"的决心，才能成立中止。

在生理期案中，虽然很难判断生理期对于一般的强奸犯罪人是否是大的客观障碍，但从规范的角度来看，放弃与生理期期间的女性发生性行为在客观上不仅避免女性的性自治权受到进一步的侵犯，而且也保护了女性的生理健康。在医学上，与生理期的女性发生性行为，对于女性的身体是有重大伤害的，而对男性只有心理上的影响，因此从规范的角度，这种案件应当认定为犯罪中止。

在钟点工案，行为人从表面上放弃了暴力行为，但他并没有尊重被害人的性自治权，向合法秩序回归。行为人认识到被害人仍处于不同意中，只是试图采取一种更为便捷的方式来侵犯对方的性自治权，当然不能认定为中止。

在硫酸案中，女方的丑陋的相貌是否会吓阻一般的犯罪分子，这也不太好判断。但规范回转说可以提供很好的解答。规范评价并不完全等同于一般人观念，它必须超越世俗偏见，承载法律所追求的价值。如果将此案判定为犯罪未遂，这势必在暗示，女方的相貌对于行为人是否实施性侵犯行为有着至关重要的作用，这是对相貌丑陋女子的污名化，是对她们的第二次伤害，同时也迎合了某些人所谓的"红颜祸水"的偏见，对相貌秀丽之女子也是一种亵渎。

想一想

甲欲射杀仇人乙，在瞄准"乙"时，突然发现被瞄准的并非"乙"，而是丙，于是放弃。这是犯罪中止，还是犯罪未遂？

共同犯罪

029 共同犯罪的概念

共同犯罪是指2人以上共同故意犯罪。

共同犯罪的本质

共同犯罪最可怕的点就在于部分行为之整体责任。虽然行为人只参与共同犯罪一部分,但却要对共同犯罪的全部责任承担责任。两人去偷东西,张三望风,李四去偷,李四偷了10万出门却骗张三说运气不好,就偷了2千,各分1千。由于李四实际盗窃了10万,所以张三的盗窃数额也是10万,部分行为承担整体责任。

部分行为之整体责任体现了法律对共同犯罪严厉的惩罚态势,很多时候人都有从众心理,一个人不敢去干的事情,多个人互相鼓气就敢于铤而走险,因此这种刑事责任是完全合适的。

共同的故意和共同的行为

当我们说共同犯罪,首先两个以上的行为人主观上要有共同犯罪的故意,其次,客观上有共同犯罪的行为。但问题是什么是共同的故意,什么是共同的行为?

任何一个问题在理论上一定至少有三种观点，正说、反说，折中说，有关共同犯罪的理论也不例外。犯罪共同说、行为共同说和部分共同说基本上可以对应于上述三种观点。

犯罪共同说认为，两人以上共同实施符合同一构成要件的行为才可成立共同犯罪，同一构成要件行为必须在罪名上完全相同。按照犯罪共同说，一个人想杀人，一个人想伤害，两人一起犯罪，也不叫共同犯罪。

行为共同说认为，只要有共同的行为，一律理解为共同犯罪。如果张三以伤害的故意，李四以强奸的故意，一同殴打某女，两人成立共同犯罪。

这两种学说对大部分的案件的处理结论是相同，但是对某些案件的处理则有不同，比如张三以伤害之意，李四以杀人之意，共同殴打王五，致王五死亡，王五身上只有一处致命伤。

根据犯罪共同说，张三、李四都不成立共同犯罪。那如果判断不出谁造成了王五的致命伤，根据有疑问时要做有利于被告人的推定的原理，那就只能推定两人对死亡结果的发生都没有因果关系，因此两人对死亡结果都无法承担既遂的责任。这显然不太公平。

但是行为共同说就能解决这个难题，两人有共同的行为，所以成立共同犯罪，而共同犯罪遵循部分行为之整体责任，无须判断谁导致了致命伤。换言之，如果是张三导致的，李四要承担共同犯罪的责任，如果是李四造成的，张三也要承担共同犯罪的责任，因此一个人构成故意杀人罪的既遂，另一个人构成故意伤害罪的既遂。

但是行为共同说也可能走得太远。甲、乙二人上山打猎，甲从望远镜中发现其共同之仇人丙正在草丛中休息，于是告诉乙抓住机会开枪。乙误以为草丛中之物体为猎物，于是开枪射击，导致丙死亡。按照行为人共同说，两人有共同的行为，所以可以成立共同犯罪，但是这和刑法的规定是相矛盾的，刑法明确规定共同犯罪是指两人共同故意犯罪，而在本案中一人是故意，一人是过失，这并不符合刑法有关共同犯罪的定义。

因此，作为折中说的部分犯罪共同说就具有相对的合理性。

部分犯罪共同说认为只要在犯罪构成中有重合部分，就可以肯定共同犯罪的成立。比如甲以盗窃意图，乙以抢劫意图，共同实施犯罪，由于盗窃和抢劫在盗窃的范围内有重合部分，故两人在盗窃的范围内成立共同犯罪。

按照部分犯罪共同说，张三想伤害、李四想杀人，被害人王五身上只有一处致命伤这个案件就可以很容易得到解决，毕竟伤害和杀人在伤害的范围内是重合的，所以两人在故意伤害的范围内是可以成立共同犯罪的。

刑法永远是在寻找一个平衡，在诸多对立观点中寻找一个折中点，现实社会中不可能找到一个最完美的折中点，只能寻找到一个相对完美的折中点，或者说寻找到一个最不坏的折中点，部分犯罪共同说可谓这个折中之点。

想一想
甲欲杀丙，假意与乙商议去丙家"盗窃"，由乙在室外望风，乙照办。甲进入丙家将丙杀害，出来后骗乙说未窃得财物。乙信以为真，悻然离去。甲、乙的行为如何定性？

030 正犯与共犯

共同犯罪，包括正犯和共犯，即实行犯和非实行犯（帮助犯和教唆犯）。

共犯与正犯的区分标准，有许多种学说。多数见解认为，应当以犯罪构成要件为标准来区分共犯与正犯，正犯是实施了符合构成要件行为的人。亲自直接实施构成要件行为的是直接正犯；把他人作为工具加以利用，但在法律上可以被评价为与亲手实施具有相同性质的是间接正犯。

比如张三教唆10岁的孩子去杀人，张三就属于故意杀人罪的间接正犯。间接正犯的本质就是把他人作为工具，而行为人和他人却不成立共同犯罪。又如医生指示护士打毒针，护士有过失。由于故意和过失不成立共同犯罪，而医生也没有真正的实行行为，但护士的过失行为其实是医生故意杀人的工具，因此医生属于故意杀人罪的间接正犯，护士独立构成医疗责任事故罪。

再如张三仇恨李四，在李四醉酒之后，激怒李四，让其从25楼跳下。张三把李四当成了杀他自己的工具，也属于故意杀人罪的间接正犯。

共犯则是指没有亲手实施符合构成要件的行为，只是通过教唆或帮助正犯的方式来参与正犯行为的人。根据这种标准，正犯是一种实行犯，而共犯则是通过正犯的实行行为来参与犯罪的非实行犯。

共犯

与真正实行了犯罪行为的正犯对应，共犯包括教唆犯和帮助犯，都被称为非实行犯。

刑法中有一种共犯从属说的理论，只有当实行犯进入到实行领域，对于共犯才可以处罚。皮之不存，毛将焉附。实行犯就是皮，而共犯就是毛。张三去杀人，李四给了他一把刀，张三拿着这把刀走在路上耀武扬威，结果突发疾病昏迷倒地，最后也没有去实施杀人。张三属于犯罪预备，没有着手实施犯罪，所以李四不构成犯罪。

关于共犯的处罚根据，刑法理论的通说是因果共犯论，也即共犯人通过正犯的实行行为，引起了法益的侵害。一般认为，直接引起法益侵害的是正犯，介入正犯行为间接引起法益侵害的是共犯。

帮助犯

帮助犯，就是在共同犯罪过程中对正犯实施帮助。通俗来讲，帮助犯是对共同犯罪的强化，强化犯意就是帮助的本质。

首先一定要存在实行犯，才可能有帮助犯，如果没有实行行为，按照共犯从属说，帮助犯也就成了无源之水，不构成犯罪。其次主观上要有帮助的故意，明知自己的行为在强化他的犯意，依然希望或放任这种结果的发生。最后，客观上要有帮助行为，包括物理性帮助和心理性帮助。物理性帮助比如为杀人者提供凶器。心理性帮助比如为杀人者喝彩，进行精神鼓励。

张三实施强奸，在强奸过程中非常变态地开了网络直播，希望网友打赏，并提出只要有人打赏就会实施更激烈的性侵行为。打赏的网友构成强奸罪的帮助犯吗？当然构成，打赏的网友不仅主观上知道自己在帮助强奸犯，客观上也为强奸犯提供了精神上的鼓励，当然要以强奸罪的共同犯罪论处。

事前通谋，事后窝藏、包庇、窝赃、销赃等行为，成立共同犯罪。如果事前只是单纯知情，仅事后提供帮助的，不能成立共同犯罪。

张三和丈夫阚某关系不睦，2000年外出济南打工，并与李四相识，后二人非法同居。其间，二人商定结婚事宜。张三因离婚不成，便产生使用安眠药杀害丈夫的念头，并将此告知了李四。某日，张三与丈夫阚某及其儿子和李四一起喝酒、吃饭，待阚某酒醉后，张三乘机将碾碎的安眠药冲兑在水杯中让阚某喝下。因阚某呕吐，张三害怕药物起不到作用，就指使李四将她的儿子带出屋外。张三用毛巾紧勒酒醉后躺在床上的丈夫的脖子，用双手掐其脖子，致其机械性窒息死亡。李四见阚某死亡后，将张三勒丈夫用的毛巾带离现场后扔掉。次日凌晨，二被告人被抓获归案。这个案件中，两人是成立共犯犯罪，还是李四只是单纯的属于事后帮助，其毁灭证据的行为单独构成帮助毁灭证据罪呢？[1]

法院认为，张三构成故意杀人罪，判处死刑立即执行。李四明知张三要杀死其丈夫，不但不加阻止，反而听从张三的指使，将张三的儿子带离现场，以便于张三顺利实施犯罪；在被害人死亡后，又将作案用的毛巾带走，二人共同逃离现场，毁灭罪证。所以，李四成立故意杀人罪的共同犯罪，后被判处有期徒刑10年。

教唆犯

教唆犯，即造意犯，它指以授意、怂恿、劝说、利诱或者其他方法故意唆使他人犯罪的人。如果说帮助犯的本质是强化犯意，那么教唆犯的本质就是创造犯意。唐朝的法律把教唆犯精准地称为造意犯，诸恶以造意为首，因为它是创造犯意者。

---

[1] 于爱银、戴永阳故意杀人案，《刑事审判参考》第388号。

教唆犯的成立条件，首先他教唆的对象一定是达到刑事责任能力的人，如果教唆10岁的孩子杀人，这是间接正犯。其次在客观上要有教唆的行为，教唆行为在客观上创造了他人的犯罪意图。最后，在主观上有教唆他人犯罪的故意，这种故意必须认识到自己的教唆行为可能创造他人的犯罪意图。如果行为人没有教唆他人犯罪的故意，仅仅因为说话不注意，客观上引起了他人犯罪的意念，这属于过失教唆，不能认定为教唆犯。

在教唆犯中，最复杂的是关于教唆未遂的认定，刑法规定：如果被教唆人没有犯被教唆之罪的，对于教唆犯可以从轻或者减轻处罚。这种情况属于教唆未遂。

广西南宁市有一桩经典的雇凶杀人转包案。2013年10月，张三指使李四雇佣杀手去杀害魏某。张三给了李四200万元现金。于是，李四找到王五，让他具体操办雇凶杀害魏某一事，给了王五100万。王五立即转包给王六，先付27万，事成之后再给50万元酬金。王六又转给王七，价格变成了20万。王七最后转给王八，事成之后给钱10万元。想一想，处于"食物链末梢"的王八多么可怜，这真是赤裸裸的杀手剥削啊。

王八拿着魏某的信息决定去杀人，但思来想去，觉得这10万元酬金太少，于是找到魏某，希望他配合伪造现场，把10万元酬金骗到手。据说王八找魏某洽谈此事时，魏某最初觉得遇到了骗子。后来才知道王八所言不假，魏某大惊失色，也非常郁闷，因为自己的命才值10万块，太伤自尊了。后来魏某配合王八演戏，飞赴上海照顾患病的老父亲，"失踪"了十天左右。但从上海回来后，魏某还是有些害怕，到公安机关报案。

王八当然属于故意杀人预备阶段的犯罪中止，但张三、李四、王五、王六、王七的行为是否构成犯罪呢？

在刑法理论中有两种立场，一种侧重结果和逻辑，认为既然帮助犯采取共犯从属说，那么教唆犯也要采取共犯从属说，只有当存在故意杀人的实行行为，教唆者才构成犯罪，而在本案中王八没有着手实施犯罪，所以张三到王七的教唆行为不构成犯罪。

另一种立场侧重行为本身的恶性，认为教唆犯非常邪恶，诸恶以造意为首，只要教唆就构成犯罪，教唆成功属于教唆既遂，教唆失败一律构成教唆未遂，认为教唆犯不需要遵循共犯从属说，而应该采取教唆独立说。按照这种观点，张三到王七的行为都构成教唆未遂。

法院最终对张三等人判处了2年7个月至5年不等的有期徒刑，看来法院采取的还是传统的教唆独立说。

你觉得这两种立场哪种立场更合理呢？

想一想

张三教唆李四到超市盗窃，在李四进入超市后张三立即报警，警察将正在盗窃的李四抓获，张三这种陷害教唆应当如何处理呢？

031 共同犯罪的中止

共同犯罪与犯罪形态常常交织在一起，从而导致十分复杂的情况。

一般说来，二人以上已经着手犯罪，但仅有部分人导致结果发生，根据"部分行为之整体责任"，所有人都成立既遂。

但是，共同犯罪与中止之间的关系则非常复杂。比如一名共犯者在犯罪途中后悔想脱离共犯关系，只有当行为人"消灭"或"切断"自己对共犯犯罪的作用或影响，才可能从共同犯罪关系中解套。否则，单独的脱离仍然不能成立中止，根据"部分行为之整体责任"，如若他人成立既遂，脱离人仍应成立既遂。这就是所谓的"一人既遂全体既遂"的原理。

日本有一个非常经典的案件。

二战后的日本，有两个劫匪一起去抢劫。他们找到一位抱着孩子的妇女。他们对妇女说："把你家值钱的东西拿出来，否则对你不客气。"这个妇女从房间里拿出一个盒子，对劫匪说："这里有6000日元，是我丈夫任职学校的公款，你们看着办吧。"接着，妇女又从房间里拿出另一个盒子，对劫匪说，"这里有300日元，是我家的全部家当，你们看着办吧。"

结果，其中一个劫匪哭着对这个妇人说："你家怎么这么穷呢？这个钱我不能要。"接着他又说，"不管生活多么困难，坚持下去总会有办法的。你还有希望，不像我们，我们没希望了。要不这样，你明天到警察局去报案，就说这些钱被我们抢了，然后拿这些钱改善一下生活。"这个劫匪说完，哭着离开了现场。

但另一个劫匪没有走，他拿了300日元，追上了先前那个劫匪，并埋怨说："你太善良了，不适宜做劫匪。我们可以不要6000日元，但这300日元怎么也不要呢？我现在拿过来了，我们一起分了吧。"最后，两个劫匪大打出手。这个劫匪或许令人感动，但他们依然构成抢劫罪的既遂，毕竟他没有切断对共犯的影响力，也没有劝说同案犯放弃犯罪。

帮助犯的脱离

在特殊的情况下，行为人如果消除了对共犯的物理性影响和心理性影响，这也可能单独成立犯罪中止，不再受一人既遂全体既遂原理的约束，这主要发生在帮助犯的场合，毕竟帮助犯对共同犯罪的影响力是比较弱的。张三知道孙某想偷车，便将盗车钥匙给孙某，后又在孙某盗车前要回钥匙。但孙某用其他方法盗窃了轿车。在此案中，张三就消除了他对共犯的物理性的影响。同时，张三取回车钥匙不仅对孙某没有正面的心理性促进，反而会有负面的心理影响，故可以单独成立犯罪中止。

如果主观上无脱离之意，但客观上产生脱离效果，可成立犯罪未遂。

甲欲到张三家盗窃，请熟悉张三家的乙绘制一张地形图，乙详细地绘制了一幅图纸，但甲后误入李四家，发现与图纸完全不同，心中大骂乙混蛋。甲只能靠自己行窃，后窃得3万元财产。在此案中，乙主观上希望帮助甲的盗窃行为，但在客观上产生了脱离的效果，没有起到帮助作用，乙的行为属于盗窃罪的未遂。但如果甲虽误入李四家，但没有打开图纸，财物轻松得手，乙的行为又应该如何处理呢？显然乙主观上想帮助，客观上也提供了帮助，对于甲而言，图纸在手，心里不慌。所以乙成立帮助犯的既遂。

想一想

甲和乙合谋盗窃一电器仓库，由乙先配制一把"万能钥匙"，数日后，乙将配制的钥匙交给甲，二人约定当晚实施盗窃。晚上，乙因害怕案发后受惩，未到现场。乙的脱离行为是否成立犯罪中止？

032 中立的帮助行为

刑法上的帮助并不包括日常生活的中立帮助行为，如果一种行为是日常生活或者业务行为中的惯常现象，即便对犯罪行为会起到客观促进效果，但只要这种行为属于社会中的通常行为，就不应以犯罪论处。例如，五金店销售刀具给戴着大金链的文身男，店家售刀前预感顾客可能犯罪，即便顾客最终实施犯罪，店家的行为也不构成犯罪。

刑法是对人最低的道德要求，不能强人所难，更不能用圣人的标准要求被告。很多时候，我们要代入被告的情境，设身处地想一想，如果自己是被告，是否也会去实施类似的行为。刑法中有"期待可能性"的理论，其基本精神就是法律要为软弱的人性提供庇护，体恤民众的常情常感。

德国癖马案

经典的案件是19世纪德国帝国法院的癖马案。被告是一位被雇的马夫，因马有以尾绕缰的恶癖，非常危险，故要求雇主换掉该马，雇主不允，反以解雇相威胁。后被告驾驶马车在行驶过程中，马之恶癖发作，被告无法控制，致马狂奔，将一铁匠撞伤。检察官以过失伤害罪提起公诉，但原审法院宣告被告无罪，德国帝国法院也维持原判，驳回抗诉。其理由是：违反义务的过失责任，不仅在于被告是否认识到危险的存在，而且在于能否期待被告排除这种危险。被告因生计所逼，很难期待其放弃职业拒绝驾驭该马，故被告不负过失伤害罪的刑事责任。

我曾在一个司法机关组织的案件论证会上讲过癖马案，当时论证的案件是一个窝藏案。被告是一位黑车司机，一日两名客人打车去外省，通过乘客的对话，司机知道他们涉案在逃，但司机依然开车前往目的地，在路上被警察拦截，检察机关拟以窝藏罪对司机提起公诉。

司机只有三个选项：一是勇敢型，义正词严地对乘客说，鉴于你们是犯罪分子，我拒绝为你们提供服务，请立即下车；二是机智型，乘人不备，将车开到派出所；三是软弱型，虽然知道在帮助犯罪分子逃跑，但由于懦弱，只能选择继续开车。

如果你是司机，你会做何选择呢？三种选项的人都会有，司法机关最终还是以窝藏罪对司机定罪量刑。

人们习惯于在自己看重的事情上附上不着边际的价值，司法机关往往过分看重打击犯罪的价值，而忽视了其他职业的稳定性。魏徵在弥留之际，用颤抖的手向太宗皇帝做最后的劝谏："天下之事，有善有恶……憎者惟见其恶，爱者止见其善，爱憎之间，所宜详慎……"

爱憎之间，所宜详慎。这个世界存在大量互相冲突的价值，冲突并不意味着善恶对立，很多时候是善与善的冲突，是"好人与好人之间的对抗"。司法机关不宜夸大自己打击犯罪的目标，也应该尊重其他职业的价值。如果为了打击犯罪，而无视其他职业的正常发展，那么整个社会也会动荡不安。

想一想

如果你是黑车司机，怀疑乘客是罪犯，你会怎么做？

第三章

刑罚

刑罚及种类

033 刑罚体系

刑罚是人民法院，也就是审判机关，依法对罪犯适用的限制和剥夺其某种权益的最严厉的强制措施。

刑罚是犯罪行为最主要的法律后果，无罪不罚是刑罚的底线。刑罚作为一种最严厉的惩罚措施，不到万不得已不应该轻易使用。

刑罚为何存在

人类社会，为什么需要刑罚？历来有两种针锋相对的观点，一种观点认为，因为有犯罪所以需要刑罚；而另一种观点认为，为了没有犯罪所以需要刑罚。

前者立足既往，认为罪犯实施犯罪，本身就应受到惩罚，惩罚具有道德上的正当性，即报应主义思想。而后者关注将来，认为惩罚是为了预防犯罪，对社会有积极的作用，此乃功利主义思想。

报应主义的代表人物是德国哲学家康德。他认为人在自由意志的选择下，避善从恶实施犯罪，从道义的立场上必须承担责任。因为理性的人必须接受内心道德法则的自律，自律是理性自己给自己下达的命令，是一种不可违背的绝对命令，违反绝对命令，必须要承担道义上的责任。这位终身未婚的大哲学家，行动如同时钟一样规律。在他墓碑上铭刻着这样一段话：有两种东西，我们愈是时常愈加反复地思索，它们就愈是给人的心灵灌注了时时翻新，有加无已的赞叹和敬畏——我们头上的无比灿烂星空和心中神圣的道德法则。

对犯罪的惩罚是一种不可违背的绝对命令，为了申明这种报应主义立场，康德举了一个例子。假定在海岛上有一个公民社会，经过所有成员的同意，决定解散，彼此分开，散居世界各地。但如果监狱里还有最后一名谋杀犯，那必须在处死他以后，才能执行解散决定。因为必须让每个人都知道自己言行有应得的报应，也不应把有血债的人留给人民。如果不这样做，所有人将被认为共同参与了谋杀，是对正义的公开违反。

有很多人认为报应主义太野蛮，可能导致刑罚权的滥用，但仔细想一想你会发现，以牙还牙、以眼还眼的这种报应其实是限制了刑罚权，因为你打掉别人一颗牙齿，只能让其打掉一颗牙，你弄瞎他人一只眼，也只用赔上一只眼。在报应主义看来，如果赔上两只眼，刑罚就是过度的。所以，报应主义是限制了刑罚权。

杀人偿命，只有杀人者的生命需要被剥夺，无须株连家人，但是按照预防主义的思路，其实斩草是要除根，以绝后患。

假设某地发生连环杀人案，人心惶惶，领导批示三个月内一定要破案，明天是截止期限，一点线索都没有，怎么办？我们可不可以到死囚库中随便找一个人，让他顶包，换取他家人的荣华富贵。司法机关开出的条件是，让他高考没上线的孩子上名校，让他没工作的老婆当领导。这个死囚难以拒绝这种条件，第二天当着全国民众认罪。这个案件显然起到了震慑民众的效果，很好地预防了犯罪。但这公平吗？不公平，因为它违反了一个基本的铁律，那就是无罪不罚。

刑罚要追求积极的目的

我国刑法的通说历来是折中说，我们既要向后看，又要向前看，一个是根据，一个是目的。

刑罚的根据一定是已然之罪，因为犯了罪所以受惩罚，重罪重刑，轻罪轻刑，无罪不刑，这是最基本的底线。在一个人没有犯罪的情况下，无论为了达到多美好的目标，都不能惩罚他。

在这个基础上，刑罚追求积极的目的，即犯罪的预防，包括一般预防和特殊预防。一般预防针对普罗大众，要威慑所有人，通俗讲就是杀鸡给猴看；而特殊预防针对犯罪人，剥夺其再犯能力，让他不再犯罪，比如把他关进深牢大狱，这是消极的特殊预防，而积极的特殊预防就是对罪犯进行教育改造，成为守法公民。

刑罚应当在报应基础上追求预防。即便罪犯丧失犯罪能力，他也应该受到最低限度的惩罚。比如张三因为生计抢劫，在被捕前抽中巨奖，又如李四性欲亢奋，实施强奸，后来遭遇车祸，丧失性功能。按照特殊预防的思路，这些人今后可能不会再实施类似犯罪，没有必要浪费刑罚；按照一般预防的思路，完全可以假装宣判，向社会公示这些人已经受到惩罚，而实际上让他们远走高飞，这也可起到威慑作用。[1] 但这些做法显然不当，因为它违反了正义的基本要求。

刑罚起源于远古时代的同态复仇，必然带有感性成分。虽说它需要理性的补充，但并不意味着感性就毫无意义。惩罚必须要满足社会公众最基本的正义情感，绝不能让无辜者含冤受屈，让有罪者逍遥法外。民众朴素的正义情感，是刑罚的首要基石。

今天有许多刑法学者，倡导人道主义的刑罚理论，认为报应主义是一种复仇，是野蛮和不道德的。该理论认为，罪犯只是一种病态，需要接受治疗，惩罚变成了治疗。然而，对犯罪人施加的措施，即便称为"治疗"，也和以往称为刑罚的措施具有同样的强制性。在人道主义刑罚理论看来，"应受惩罚性"这个概念应当从刑罚中剥离。我们只需考虑如何矫正罪犯或者制

---

[1] [美]约书亚·杜丝勒：《理解刑法》（第四版），律商联讯 2006 年版，第 181 页。
Joshua Dressler, *Understanding Criminal Law* (4th edition), LexisNexis(2006), P181.

止他人犯罪。

当我们根据应受惩罚性来考量刑罚的正当性，那么刑罚就是一个道德问题，法学也是一种关于权利与义务的科学，法律在原则上不能超越社会良知的约束，每个人都有权利发表看法。但是，当我们以"预防"和"矫正"来替换应受惩罚性的概念，那么，也只有技术专家可以对此做出判断。于是，人道主义刑罚理论将审判从法官转移至技术专家之手。公众朴素的良知有权对法官进行批评，却对这些专家无能为力。专家根本不使用诸如权利或正义这些范畴。他们认为，既然古老的惩罚观念已被抛弃，那么所有报复性动机也应剔除。

犯罪和疾病被等量齐观，意味着专家冠之以"疾病"的心理情况能以犯罪对待，并对其实施强制性的治疗措施。因此，如果一种让政府不满的行为，即便与道德罪性无关，本不应被剥夺自由，政府也可对其"治疗"，而人却无法辩解。比如，有一些心理学专家将宗教视为精神疾病。当这种特别的精神疾病让政府觉得不爽，如何阻止政府实施"矫正"呢？虽然这种矫正明显是强制性的，却披着人道主义的外衣，并不使用让人胆战心惊的"逮捕"之名，而使用"治疗"这种"优雅"的手段。[1]事实上，在德国和意大利，这两个"预防刑"和"矫正刑"的诞生之地，法西斯专政曾经极大地利用了这种所谓的"科学"大行残暴。

"预防刑"的后果更为可怕。当惩罚一个人是为了将其作为对其他人进行威慑的范例，你只是把他作为实现他人目的的工具。这本身就是一件非常邪恶的事情。如果刑罚的正当化基础不再是应受惩罚性，而是预防的有效性，那么惩罚罪犯也就不必要求他真的实施犯罪。正如 C. S. 刘易斯所言：仁慈只有当其生长于正义岩石的缝隙中，才能开花。若将其移植到人道主义的泥沼，它将变成食人草，而其可怕之处更甚，因为它依然顶着可爱绿植的名字。[2]

因此，刑罚的根据只能是报应，否则刑罚的道德基础将完全坍塌。但

1、2　[英] C. S. 刘易斯：《论人道主义刑罚理论》，《暨南学报》2013 年第 7 期。

是，在这个基础之上，刑罚可以追求积极的目的，在报应的基础上，刑罚是可以具有预防和改造的目的。

想一想

因为有犯罪所以需要刑罚，还是为了没有犯罪所以需要刑罚，你更偏向哪种观点呢？

034 主刑

刑罚可以分为主刑和附加刑，主刑是只能独立适用的主要刑罚方法，它不能附加适用，对一种罪行一次只能适用一个主刑。主刑包括管制、拘役、有期徒刑、无期徒刑、死刑。

服刑期间还有待遇？

管制不需要坐牢，它是对罪犯不予关押，但限制其一定自由，依法实行社区矫正的刑罚方法。它是一种限制自由刑，只能针对罪行较轻的犯罪。犯罪分子的自由被限制，包括：遵守法律、行政法规，服从监督；未经执行机关批准，不得行使言论、出版、集会、结社、游行、示威自由的权利；按照执行机关规定报告自己的活动情况；遵守执行机关关于会客的规定；离开所居住的市、县或者迁居，应当报经执行机关批准；同时，法院在对犯罪分子判处管制时，可以根据犯罪情况，禁止他在此期间从事特定活动，进入特定区域、场所，接触特定人。

管制的期限为3个月以上2年以下，数罪并罚时不得超过3年。但是管制期间，劳动中应当同工同酬。

拘役是短期剥夺犯罪分子人身自由，就近实行关押改造的刑罚方法，也是针对罪行较轻的人，由公安机关在拘役所执行。拘役的期限为1个月以上6

个月以下，数罪并罚时不得超过1年。参加劳动的，酌量发给报酬，每个月可以回家1到2天。

有期徒刑是剥夺犯罪人一定期限的人身自由，并在监狱内执行刑罚，强制进行教育改造的刑罚方法。罪行轻重都适用，因为它的刑罚跨度很长，最短是6个月，最长是15年，数罪并罚最长可达25年。服刑期间，强制劳动改造，所以有期徒刑也被称为劳改犯。

无期徒刑是剥夺犯罪分子终身自由，并在监狱内执行刑罚，强制进行教育改造的刑罚方法。它是剥夺自由刑中最严厉的刑罚方法，在所有刑罚方法中，其严厉性仅次于死刑。适用于罪行严重，需要与社会永久隔离，又不必判处死刑的罪犯。

我国对死刑的限制

2002年6月，湖南衡阳的87岁老人韦某德，酒后把同事杀死，一审被判处死刑，成为"中国司法史上年龄最大的死刑犯"，韦某德二审被改判死缓。这个案件使得法律界开始讨论死刑是否需要设置年龄上限。2011年，在讨论多年之后，《刑法修正案（八）》增加了一个条款，就是审判时已满75周岁的老人一般不判处死刑，但以特别残忍手段致人死亡的除外。2019年5月12日22时许，98岁的许某盛怀疑妻子用毒药害自己，遂持尖刀将妻子杀害。这创造了杀人犯的最高年龄纪录，许某盛被判处有期徒刑15年。

我国对死刑的基本政策是限制死刑，少杀、慎杀。有三类对象不能判处死刑：犯罪时不满18周岁的人、审判时怀孕的妇女、审判时已满75周岁的老人（但以特别残忍手段致人死亡的除外）。

同时在执行方式上，死刑有一种特殊的执行方法——死缓。这其实是中国古代法律思想的体现，古代的死刑包括斩立决和斩监候，死缓相当于斩监候。死缓不是延迟执行死刑，而是指死缓期间没有故意犯罪的，两年期满后减为无期徒刑，如果在死缓执行期间确有重大立功表现，两年期满后减为25年有期徒刑。比如张三在死缓期间揭发王五杀过10个人，这就属于重大立功，两年后就可以减为25年。

想一想

为什么管制期间,劳动中应当同工同酬?

035 死刑的存与废

死刑,是世界上最古老的刑罚之一。关于死刑,现代国家最大的争议就是存与废。

贝卡利亚是人类历史上第一位提出废除死刑的学者,他写了一本小书《论犯罪与刑罚》,拉开了废除死刑运动的序幕。直到今天,主张废除死刑的人士所使用的论点依然没有超越贝卡利亚200多年前提出的思想。

贝卡利亚否定死刑的原因

《论犯罪与刑罚》首次出版于1764年,意大利托斯卡尼公国在1786年废除了死刑,成为全世界第一个死刑废除国。贝卡利亚为什么要呼吁废除死刑呢?这里有四点原因。

首先,受到当时盛行的社会契约理论影响,贝卡利亚认为国家没有权力适用死刑。按照这种理论,国家不是从天上掉下来的,它来源于民众所放弃的权利。单个人不安全,所以大家为了共同的生活放弃了一部分权利,形成了国家。但是人们所放弃的权利是有限的,不可能把处分自己生命的权利交出去。生命是一种特殊的权利,在当时的人们看来,甚至生命的拥有者都无权自我了断,国家就更不可能有剥夺生命的大权。所以,死刑的存在是对社会契约的违反,是一种典型的滥用权力。

其次,贝卡利亚说死刑没有效果,毫无意义。按理来说,死刑是为了威吓民众,预防犯罪,杀鸡给猴看,杀一儆百。但是,死刑起不了这种作用,根本无法预防犯罪。能够对人心产生作用的不是刑罚的强烈性,而是刑罚的延续性,最容易触动人们感觉的不是一种强烈但暂时的运动,而是反复且长久的印象。死刑的影响是暂时的，它看起来很残酷，但执行时间很短，头一下被砍断，"表演"也就随之结束。死刑给人们留下的印象很快就被淡忘。如果真的要用死刑来显示法律的力量，那就得月月杀天天斩。这就陷入了悖论，本来死刑是为了预防犯罪，杀一儆百。但现在为了保证死刑有足够的威慑力，还得确保经常有犯罪分子被斩。所以，贝卡利亚认为，终身苦役的效果要比死刑好得多，终身苦役给老百姓提供一种长期现实的警戒作用，但是用死刑作为警戒需要一次次新的犯罪。通俗来讲，终身苦役的警戒作用是可以重复利用的，但死刑则是一次性的。同时，终身苦役更令人望而生畏，能够更有效地预防犯罪，人们往往能够承受极端而短暂的痛苦，但却很难忍受长期持续的煎熬。

再次，死刑不仅起不到积极作用，反而可能产生反作用。死刑会引起人们对受刑人的怜悯，使得死刑的威吓作用大打折扣。国家公开执行死刑，本想唤醒民众对法律的敬畏，预防犯罪。但人的天性同情弱者，刑场上，国家非常强势，受刑人非常弱小，两者力量对比悬殊。人们会产生一种愤愤不平的怜悯感，违背了国家适用死刑的初衷。所以，贝卡利亚说，在很多人看来，死刑就相当于一场表演，刑场与其说是为罪犯开设的，不如说是为观众开设的，如果观众心中的怜悯心超过了其他情感，那么这个表演就根本没有达到预期的效果。

最后更为可怕的是，死刑可能会让人们越来越残忍，以暴易暴容易导致暴行的恶性循环。死刑给人们提供了一个残暴的榜样，会毒化人们的心灵。法律禁止谋杀，但自己却在公开地谋杀，它阻止公民去做杀人犯，却安排一个公共的杀人犯。死刑可能摧毁人们千百年培养的温和良善的性格，激发人性深处残暴的成分。死刑告诉人们，只要有正当理由，杀人就是被允许的。用法律来作为施加暴力的借口，法律公正性也就会彻底丧失。当残暴的精神操纵了法律，法律就会成为教唆人们实施更加残暴行为的教官。

当然，贝卡利亚对于死刑的废除还留了一个小尾巴，他认为在极为特殊的情况下可以保留死刑：比如某人的存在会影响一个国家的安全，有引起动乱的危险，或者当一个国家陷入无政府状态，混乱取代了法律，死刑就变得必要了。这也是为什么后来有许多死刑废除论者批评他们的先驱立场不太彻底。

关于死刑的思考

我们发现，贝卡利亚的第一个论证是社会契约论，但社会契约论的提出者卢梭认为，死刑是合理的，认为人为了组织社会，会同意在必要时允许国家处分自己的生命。另外，贝卡利亚的其他三点理由其实都是功利主义的论证，只考虑死刑的效果，但并没有考虑死刑本身的道义价值，也就是说他从根本上否定了报应主义。

传统的观念认为，刑罚的根据在于一个人曾经犯下的罪，但贝卡利亚反对报应主义，认为它是一种复仇，是感性和野蛮的。他认为刑罚的根本目的在于预防。顺着这种逻辑，潘多拉的魔盒被打开了，这点我们之前已经有所讨论。忽视报应的预防很有可能导致刑罚权的滥用。

任何一个问题，道德主义和功利主义都会有一定的张力，在刑罚论中也是一样，主流的观点依然是在报应基础上考虑预防，因此既要考虑刑罚的效果，又要考虑刑罚本身的意义。

人类所有的思考都是在这两者之间寻找一个折中。我个人觉得对于谋杀这类危害他人生命的犯罪还是应该保留死刑。如果对谋杀不保留死刑的话，会导致整个社会正义感的丧失，也难以安慰受害人的家属。当受害人的家属得不到安慰的时候，他们很有可能会复仇，同时它也会伤害民众朴素的正义感。

报应主义可以满足人们的复仇情感。任何人受到侵害，都会希望罪犯受到惩罚，这种愤怒的情感是人性使然，具有道德上的正当性。如果不通过刑罚抚慰这种受到伤害的情感，那么人们就会采用私力救济来追寻正义。多年前，我曾反对死刑，但现在我的观点发生了变化。那种忽视公义，滥施恩情的人道主义有着太多的伪善。他们经常为了假想的将来，而忽视现在的利益。为了抽象的人类无视具体人的悲苦。对于那些极度邪恶的杀人重案，如果不处以极刑，如何能够抚慰仍存于世之人的泪水。

其次，死刑也体现了对犯罪人的尊重。犯罪人出于自由意志，选择犯罪，自然也就预见了行为的后果，对他的惩罚是对他理性选择的尊重。黑格尔把这叫做"自为的正义"，由于犯罪是犯罪人选择的结果，因而刑法也可以合乎逻辑地从犯罪人的行为中引申出来，获得合理性。关于犯罪的自我选择性，黑格尔也有一段名言："刑罚既被包含着犯人自己的法，所以处罚他，正是尊敬他是理性的存在。如果不从犯人行为中去寻求刑罚的概念和尺度，他就得不到这种尊重。"[1] 换句话说，既然犯罪人在实施犯罪前已经预知犯罪的后果，如果不惩罚他，不是对他们的侮辱吗：我和另外两个人杀人，他们都判死刑了，凭什么不判我死刑，这不是看不起我吗？

最后，死刑也体现了对生命的尊重，当你剥夺了他人的生命，唯一可以补偿的就是你自己的生命，没有任何其他代价可以补偿他人的生命。从这个意义上来讲，对谋杀者判处死刑正是对生命的尊重。这有点像黑格尔的否定之否定原则："犯罪行为不是最初的东西、肯定的东西，刑罚是作为否定加于它的，相反的，它是否定的东西，所以刑罚不过是否定的否定"[2]。黑格尔的意思是说，犯罪是对法的否定，所以犯罪又叫不法行为，而法是不允许被否定的，所以要通过刑罚来对犯罪（不法）进行否定，否定之否定，从而使法得以在更高层次上升华。用黑格尔的话来说，这叫做"自在的正义"，通过死刑来进行否定之否定，生命被尊重这个信条就获得了自我实现。

法律只能约束邪恶

法治的根本的前提是对人类内心幽暗势力的预设。拥有权力越大，破坏能力越强，因此权力要受到法律严格的约束。人类的历史再三告诫我们，权力与德行绝非正相关。历史学家布鲁斯·雪莱告诉我们：时间是一种细察和检验人类成就的方式，人们设计的社会制度和政治制度，多少世纪以来，人

---

1 ［德］黑格尔：《法哲学原理》，范扬、张企泰译，商务印书馆1961年版，第103页。
2 ［德］黑格尔：《法哲学原理》，范扬、张企泰译，商务印书馆1961年版，第100页。

们认为他们自己的秩序是所能想象出来的最好的秩序。他们为之奋战，因为他们深信这个世俗的特定组织一旦崩溃，他们今生、来世的生命都没有意义了。但是时间之河，漂满了社会和政治的废弃物：城邦帝国，专制统治和君主——最初看似非常有价值的制度最终坍塌为废墟，因为时间自身使瑕疵显现——归根结底，因为在时间过程中，这是人类的本性将美善的事物转为弊端，所以正是人类本性中的瑕疵受到了审判。

启蒙思想家曾经乐观地预想，随着人类知识水平的提高，科学技术的发展，社会制度的革新，人类的前景一片美好。但是，20世纪无数的浩劫让这种乐观情绪进入了冰河。在奔向灿烂蓝图的过程中，总有一股下坠的力量让方向出现了负斜率。

法律中的乐观主义曾经相信邪恶是可以改造的，罪大恶极之人只是暂时生病的病人，既然疾病可以治疗，那么犯罪的人同样也可以医治。但是，再犯率的不断升高，恶性案件的层出不穷，让改造主义成了一种幻梦。

法律无法消灭邪恶，也很难改造邪恶，它只能有限地约束邪恶，避免邪恶的泛滥。如果在法律中依然要保留改造罪犯的美好设想，那也必须让罪犯受到应得的严厉惩罚。

想一想
关于死刑，你更赞同哪种观点？

036 附加刑

附加刑是指补充主刑适用的刑罚方法，又称从刑，它既可作为主刑的附加刑适用，又可独立适用，包括罚金、没收财产、剥夺政治权利和驱逐出境。

罚金

罚金其实就是交钱，是人民法院判处犯罪分子向国家缴纳一定数额金钱的刑罚方法。罚金刑可以作为主刑的附加刑，也可以作为单独的处罚。

罚金的数额有以下三种情况。

1.没有规定确定的数额，意味着它只有下限没有上限，下限最少是1000元，未成年人最少是500元，但是上不封顶。

2.规定了相当确定的数额，比如信用卡诈骗罪，基本刑5年以下有期徒刑或拘役，并处2万以上20万以下的罚金。

3.倍比罚金制，就是以违法所得或犯罪涉及的数额为基准，处以一定比例或者倍数的罚金。常见于经济犯罪中，比如生产销售伪劣产品罪，如果销售金额在200万元以上，处15年有期徒刑或无期徒刑并处销售金额50%以上和两倍以下的罚金，这就是根据销售金额来作为一个基准来确定倍数。

罚金数额，需要考虑犯罪情节、犯罪人的经济状况综合决定，不然，判处罚金无法执行。但是罚金可以一次或分期缴纳，随时缴纳，延期或减免缴纳，这意味着罚金能够以将来的钱作为执行对象。

剥夺政治权利

剥夺政治权利是指剥夺犯罪分子参加国家管理和政治活动权利的刑罚方法，实质上是一种资格刑，由公安机关执行。

它剥夺的权限有四种。

1.选举权和被选举权。一般情况，选举权和被选举权只限于选举各级人民代表大会代表和国家机关领导人员，但是根据《村民委员会组织法》规定，被剥夺政治权利的人没有村民委员会主任、副主任和委员的选举权和被选举权。因此，被剥夺政治权利的人，既不能选举村民委员会成员，也不能当选村民委员会成员。

2.六大政治自由，即言论、出版、集会、结社、游行、示威自由的权利。需要注意的是，尽管出版自由被剥夺，但并非没有著作权，出版权只是著作权中的一个内容，著作权中很多权利可以由他的继承人来主张。

3.担任国家机关职务的权利,即不能担任公务员。

4.担任国有公司、企业、事业单位和人民团体领导职务的权利。

这四项权限是同时被剥夺的,死刑和无期徒刑应当剥夺政治权利,对危害国家安全的罪犯也应当剥夺政治权利。故意杀人、强奸、放火、爆炸、投毒、抢劫等严重破坏社会秩序的犯罪分子可以附加剥夺政治权利。

如果张三被判处10年有期徒刑,没有附加剥夺政治权利,那在这10年内有没有政治权利?千万注意,张三在主刑执行期间是有政治权利的,每次选人大代表都要推流动票箱到监狱去,供那些没有被剥夺政治权的犯人行使民主权利。

没收财产

没收财产是把犯罪分子个人所有财产的部分或全部强制无偿收归国有的刑罚方法,执行机关是人民法院。

没收财产可以没收犯罪分子个人所有财产的全部或部分。但是不能株连,只准没收犯罪分子个人所有的财产,不得没收归其家属所有的财产。同时从人道主义考虑,应当为犯罪分子个人及其扶养的家属保留必需的生活费用。如果张三受贿400万,被判没收财产400万,其实从张三的个人财产中一共收缴800万。因为有400万叫追缴犯罪所得,还有400万属于没收。

罚金和没收财产都是财产刑,只针对贪利性犯罪,对于非贪利性犯罪,一般不能适用财产刑,放火罪、交通肇事等就不能判处财产刑。但是有例外,比如对于危害国家安全罪可以没收财产。

驱逐出境

驱逐出境是指强迫犯罪的外国人或无国籍人离开中国国境的刑罚方法。

驱逐出境,由公安机关执行。它仅对外国人、无国籍人适用。另外,驱逐出境既可独立适用,也可以附加适用。附加适用时须待主刑执行完毕,才能执行驱逐出境。

数年前缅甸有位杨姓女子,在安徽因拐卖妇女被捕,后被判处10年有期徒刑。刑满释放后要执行驱逐出境。鉴于其国籍、身份等因素，警察奔波3000公里，跨越5省，至云南瑞丽边防口岸将该名女子驱逐出境，估计驱逐出境的费用还是由国家承担的。

想一想

丈夫犯罪被判处没收财产，夫妻共同财产应该如何处理？

037 社区矫正

社区矫正，是一种不使罪犯与社会隔离，并利用社区资源教育改造罪犯的方法。国外较常见的包括缓刑、假释、社区服务、暂时释放、中途之家、工作释放、学习释放等。

社区矫正是与监禁矫正相对的行刑方式，是指将符合条件的罪犯置于社区内，由专门的国家机关、社会团体、民间组织、社会志愿者的协助下，在一定期限内，矫正其犯罪心理和行为恶习，促使其顺利回归社会的非监禁刑罚执行活动。

社区矫正是积极利用各种社会资源、整合各方力量，对罪行较轻、主观恶性较小、社会危害性不大的罪犯或者经过监管改造、确有悔改表现、不致再危害社会的罪犯在社区中进行有针对性管理、教育和改造的工作，是当今世界各国刑罚制度发展的趋势。

肖申克的启示

"有些鸟儿是永远关不住的，因为它们的每一片羽翼上都沾满了自由的光辉"，这是影片《肖申克的救赎》中的一句经典对白。在这部影片中，监禁刑的弊端暴露得淋漓尽致。

肖申克（Shawshank），一座阴森恐怖的监狱，无数犯人关押在这里。有人把这座监狱翻译成"鲨堡",指出这座监狱的冷血和残酷。被诬杀妻的银行家安迪,花了近20年时间,用一把小小的铁锤,开凿出一个秘密通道,在一个雷雨交加的夜晚,钻过500多码的污水管道,终于获得自由。在电闪雷鸣中,满身污秽的安迪张开双臂,大口呼吸着自由的空气,沐浴着自由的甘霖,这种重获自由的激动让人为之动容。

影片令人思考,监狱本是通过剥夺自由来让人体会到自由的价值,而不是让人放弃对自由的向往。但长期的监禁生活,却让人慢慢麻木,最终习惯了被奴役被剥夺的现状,残存在心中的自由之火渐次熄灭,于是监狱成了一座吞噬自由价值的"鲨鱼之堡"。

首先,监狱中体制化的生活,让犯人习惯奴役。肖申克里的瑞德说:"监狱里的高墙实在是很有趣。刚入狱的时候,你痛恨周围的高墙;慢慢地,你习惯了生活在其中;最终你会发现自己不得不依靠它而生存。"

其次,监狱具有封闭性。高墙之内的封闭生活会让犯人与社会严重脱节,他们对社会的变化一无所知或者知之甚少,即使出狱之后,也很难适应外在的环境。这些被释放的犯人,甚至希望重回监狱。就如影片中的老布(监狱的图书管理员),在监狱生活了50年,在耄耋之年被释放,当这位无依无靠的垂暮老者被投置于一个完全陌生的环境,他无法获得生存的希望。于是他想到了重新犯罪,以期重返多少有点"温暖"的肖申克,但奈何体力不支,最终他选择了死亡。

再次,监狱要求犯人绝对服从,而不能有任何个性。"监狱生活充满了一段又一段的例行公事",犯人所要做的就是绝对服从监狱管理人员,耍个性,闹脾气,只会自讨苦吃。影片中的瑞德在假释之后,被分派到一个商店帮工,每次上厕所,都习惯性地向经理请示,最后经理对他说:"瑞,今后上厕所,你就自己去吧,不用向我汇报。"

最后,监狱还具有感染性,可能造成交叉感染和深度感染:因诈骗入狱,却从狱友那学到杀人的技巧,这叫交叉感染;入狱时是小偷,出来却由别的狱友调教成神偷,这是深度感染。年轻人托米来到肖申克,无意中透露杀死安迪妻子的真凶。托米曾因盗车在另外一个监狱服刑,出狱前几个月,一个叫埃尔默·布赖奇的新狱友,为了炫耀,他向托米绘声绘色地描述了自己所有的风流韵事以及犯下的所有罪行,其中就包括杀害安迪的妻子。

社区矫正制度的实践

监狱这些弊端使得矫正功能大打折扣,监狱生活泯灭了犯人为人的尊严,甚至有可能感染恶习,出狱之后,相当多的犯人因为无法真正融入社会,稍有不慎,他们又可能重新犯罪。这就像有人所说的:"将一个人数年之久关押在高度警戒的监狱里,告诉他每天睡觉、起床的时间和每日每分钟应做的事,然后再将其抛向街头并指望他成为一名模范公民,这是不可思议的!"[1] 对此,刑法理论中有个非常形象的说法,叫做监狱之鸟(prison bird),出狱之后的犯人就像小鸟一样,在监狱这个鸟巢中反复出入。

当前,许多国家都意识到监禁刑的弊端,采取了更为开放、更为人道的行刑模式。2011年施行的《刑法修正案(八)》设立了社区矫正制度,也正是这种思潮的体现。我国刑法规定,对于判处管制和缓刑的犯罪分子,可以同时适用禁止令,禁止犯罪分子在管制执行期间、缓刑考验期限内从事特定活动,进入特定区域、场所,接触特定的人。对于这些罪行不重的人,没有必要把他们放进监狱这个大染缸。

不少国家都采用了非监禁刑,让犯人在社会中,而不是在监狱中服刑。主要有几种表现形式:一是"监放中心",即有监有放,监放结合。该工作学习的时候工作学习,业余时间来监狱服刑,如果是女性犯人还有机会回家照顾家务。如"周末监禁",平常正常上班,周末到监狱服刑;又如夜间监禁,白天上班,晚上坐牢;二是"狱外服刑",比如家内服刑,要求犯人在家里服刑,不准随意外出,监管人员会定时通过电话、来访,或者要求犯人手戴着电子监控设备对其进行监督;三是"中间监狱",也就是大型监狱和

---

[1] [美]克莱门斯·巴特勒斯:《矫正导论》,孙晓雳、张述元、吴培栋译,中国人民公安大学出版社1991年版,第130页。

社会之间的"中途岛"。这主要是针对重刑犯人在快刑满释放之时,让他们有机会和社会接触,逐渐适应将来的社会生活。中途岛的工作人员不仅组织犯人学习工作技能,还要积极帮助犯人寻找工作,以便他们出狱之后有固定的工作,以免重新犯罪。[1]

想一想
电影《肖申克的救赎》有带给你什么启发吗?

1　储槐植:《美国刑法》,北京大学出版社1996年版,第350页。

刑罚的裁量与消灭

038 量刑

刑罚的裁量，也就是所谓的量刑。我国《刑法》第61条规定："对于犯罪分子决定刑罚的时候，应当根据犯罪的事实、犯罪的性质、情节和对于社会的危害程度，依照本法的有关规定判处。"根据这一规定，我国刑法的量刑的法定原则可以概括为：以事实为根据，以法律为准绳。

刑法中的量刑情节有法定情节和酌定情节。

法定情节是指刑法明文规定的、量刑时必须要考虑的各种事实情况。比如刑法规定已满12周岁不满18周岁的人犯罪的应当从轻或减轻处罚。残障人士犯罪可以从轻、减轻或免除处罚。这里要提醒的是，刑法中的"应当"是必须的意思，至于"可以"从宽则是可从宽，也可不从宽。

酌定情节则是在刑法明文规定之外，人民法院从审判经验中总结出来，在刑罚裁量时可以依据犯罪动机、手段、时间、地点灵活掌握酌情适用的情况。比如夜黑风高下杀人跟光天化日下杀人，后者情节更恶劣，刑罚也要更重一点。

量刑情节

刑法总则中量刑情节有从重处罚、从轻处罚、减轻处罚和免除处罚。笼统性地加重处罚的表述是违反罪刑法定原则的,如果要加重处罚必须在刑法分则中有明确的规定,比如抢劫罪的基本刑是3到10年徒刑,但如果有八种加重情节,如入户抢劫,就可以处10年以上有期徒刑、无期徒刑或者死刑。

总则中没有罪加一等的加重处罚规定,却有罪减一等的减轻处罚的规定,因为减轻处罚限缩了国家的刑罚权,是罪刑法定原则所允许的。

减轻处罚是在法定刑以下判处刑罚,比如强奸罪的基本刑是3年到10年有期徒刑,如果对强奸罪减轻处罚,就可以判处2年有期徒刑。减轻处罚有两种情况,一种是法定减轻处罚情节。比如刑法规定,犯罪中止造成损害的应当减轻处罚;另一种是破格减轻处罚。犯罪分子虽然不具有法定的减轻处罚情节,但根据案件特殊情况,经最高人民法院核准也可以在法定刑以下判处刑罚。

许霆恶意取款案

2006年4月21日晚10时,时任广东省广州市某物业有限公司保安员的许霆,在广州天河区一家商业银行的ATM取款机取款。他发现银行的ATM机坏了,每取出1000元,银行卡只扣1元。许霆没有抵制住金钱的诱惑,连续取款5.4万元。当晚许霆将此事告诉友人郭安山,两人再次前往提款。许先后取款171笔,合计17.5万元;郭则取款1.8万元,事后二人各携款潜逃。同年11月7日郭向公安机关投案自首,并退还1.8万元。

按照当时的法律规定,许霆的盗窃数额特别巨大,且属于盗窃金融机构,法定刑的量刑幅度只有两档:无期徒刑和死刑。一审法院遂认为许霆构成盗窃金融机构,数额特别巨大,判处其无期徒刑。

判决做出,舆论反响强烈。

当我们处于许霆当时的情景,是否能抵制住这种诱惑?刑法不是推行道德的卫道士,它必须兼顾人性。无论是大陆法系,还是英美法系,对于类似许霆的案件,法官都可根据法律精神提供相应的救济,以弱化成文刑法可能出现的暴戾与残苛。在大陆法系,有期待可能性理论,如果没有期待当事人实施合法行为的可能性,即使行为形式上违背法律,也可减轻或免除刑罚,因为这种惩罚是没有太大意义的。比如某人两天没有进食,偷吃了邻居家用来喂狗的野参汤(设若数额特别巨大),从形式上看,他完全符合盗窃罪的构成要件,但由于完全缺乏期待实施合法行为的可能性,故不得以犯罪论处。在英美法系,有可得宽恕的辩护理由,对于一种形式上的不法行为,如果它是多数人都可能犯下的错误,即使行为违法,也是法律可以从宽或恕免的,这最典型的例子就是警察设套,诱人犯罪,所谓官诱民犯。

法律一经制定,就已经滞后,它不可能与时俱进地涵盖社会生活的方方面面,机械地、教条地适用法律,或者导致法律过于宽松,或者过于严苛。法官是人,而不是"机器人",他必须运用正义之心,主动弥补法律的漏洞,以满足公众对于正义的期待。

最后,法院听取了舆情的声音,适用了《刑法》第63条的破格减轻制度。二审将许霆减为5年有期徒刑。

正是许霆案,促使了盗窃罪和破格减轻制度的修正。首先,2011年《刑法修正案(八)》取消了盗窃罪的死刑条款,同时也不再规定盗窃金融机构这种特殊情节;其次,对于破格减轻条款进行限制。在许霆案中,有人批评对许霆减轻过多,当时的盗窃罪基本上涵盖所有主刑:管制、拘役、3年以下有期徒刑、3年到10年有期徒刑、10年以上(到15年)有期徒刑、无期徒刑、死刑,许霆从无期徒刑直接减到5年有期徒刑,显然中间跳过了10年以上(到15年)有期徒刑这一档,属于跨档减轻。所以,2011年《刑法修正案(八)》对此进行了修改。认为如果有数个量刑幅度的,只能在下一个量刑幅度内判处刑罚,而不能再跨档处罚。所以如果许霆案发生在今天,那只能把他减为10年以上有期徒刑。

想一想

夜黑风高下杀人与光天化日下杀人,为什么说后者情节更恶劣?

039 自首

自首就是犯罪以后自动投案，如实供述自己的罪行，分为一般自首和特别自首。

一般自首有两个特征，自动投案和如实供述。

自动投案顾名思义就是自愿主动接受司法处置，行为人主观上一定是自愿而不是被迫的。张三在去派出所自首的路上，被警察逮捕，只要有证据证明张三确实是自愿主动前往派出所，也叫做自首。当然，自首有一个最后的时间节点，如果有关机关采取了讯问或强制措施后再交待的，就不再成立自首。

一个值得思考的问题是，张三在犯罪过程中，和警察对峙，后经警察规劝，放下武器投降，这是自首吗？法条规定自首是在犯罪以后投案，但这是在犯罪过程中。根据当然解释的举重以明轻理论，我们可以做出对行为人有利的类推，认为犯罪中的自动投案也是自首。

亲友报案是自首吗

自首有多种情形，包括本人主动自首，亲友规劝后陪同自首，还有代首和送首。代首就是亲友代替报案，送首是亲友送着去归案，代首和送首的关键在于是要符合自愿主动，否则就不叫自首，比如父母让孩子投案，孩子不同意，父亲把孩子灌醉，五花大绑送到公安机关，这种"送首"就不属于自首行为。

曾经有一个案件，某女生在宾馆跟男朋友闹分手，非常郁闷，一气之下就捅死了男生。事后女生给父母打电话，说"女儿不孝，只有来生再报答你们的养育之恩，我杀人了。"父母吓坏了，挂了电话立即报警，同时驱车赶往案发现场。母亲在路上一直给女儿打电话，好不容易打通了。母亲对女儿说"千万别做傻事，你还年轻，路还长着呢，我们已经报警了，一切等我们到了再说。"女儿还是准备寻死。正当她犹豫采取哪种方法自杀的时候，警察破门而入,把她给抓了。

这个案件能否成立自首呢?

女孩知道父母报警后,没有逃跑,这意味着她还是自愿主动接受司法处置,所以可以认定是自首。司法解释也规定了这种现场候捕型自首,指犯罪后主动报案虽然没有表明自己是作案人,但没有逃离现场,在司法机关讯问时交待罪行,或者明知道他人报案,而在现场等候,抓捕时无拒捕行为,供认犯罪事实。所以也叫"能逃而不逃型"自首。

形迹可疑型自首

还有一种形迹可疑型自首,罪行未被有关部门司法机关发觉,因形迹可疑被盘问后,主动交待犯罪事实的应当理解为自首。

比如张三杀妻后,非常害怕,到火车站准备跑路。警察看到其鬼鬼祟祟,借查身份证之机随口一问:"你有什么要交待的吗?"张三吓坏了,一五一十全都说了。警察其实没有掌握他任何犯罪线索,但张三主动交待了罪行,这就是形迹可疑型自首。

但有关部门或司法机关在行为人身上发现与犯罪有关的物品后,行为人再坦白的,就不能认定为自动投案。所以判断的关键在于是否发现足以认定犯罪的证据,应当区分形迹可疑和犯罪可疑,犯罪可疑不能认定为自首,形迹可疑才能认定为自首的。

比如公安机关设卡例行检查时发现张三神色慌张,遂对其进行盘问,张三立即交待了运输毒品的犯罪事实,公安人员随后在其随身携带的行李箱内查获毒品,这类情形就不能认定为自动投案。因为警察本来就要查看行李,很容易搜出张三携带毒品的事实,属犯罪可疑,不成立自首。类似的情况就像查酒驾时,张三没有吹气前就主动交待自己喝了酒,请求宽大处理,这也不可能是自首。

一个对比案件是,张三运输毒品时,发现前方500米处有检查站,立即将毒品埋在路边。张三在检查站因神色慌张而被盘问,立即交待了犯罪事实,并带公安人员找到了埋藏的毒品。这时的主动交待就可以认定为自首。

因为与犯罪有关的物品是难以正常工作方法发现的。[1]

自首一律从宽处理吗

在运输毒品案件中，经常还有体内带毒的犯罪分子向公安人员交待的事情，通常的情况都是带毒者非常难受，害怕毒品在体内破裂会有生命危险，遂向公安人员交待，请求帮助。这种情况也应该认定为自首，毕竟如果他不交待，是很难发现这些毒品的。

体内带毒案让我们发现，认定自首是不考虑行为人动机的。

有一种自首叫做示威型自首。曾经发生过这样一个案件，一对夫妻闹离婚。丈夫经常家暴妻子，妻子实在受不了了，决定离婚。在民政局门口，丈夫残忍地杀害了妻子，还提着妻子的人头在街上大摇大摆地走，直接走到了派出所，交待了情况。这完全符合自首的两个特征，自动投案、如实供述。

但是如此恶劣的罪行，难道因为是自首就可以从宽处罚吗？法律对于自首，规定的是可减主义，而非必减主义。对于自首的犯罪分子，可以从轻或减轻处罚，犯罪情节较轻的，可以免除处罚。既然法律的表述是"可以"，那么对于上述示威型自首也就可以不从宽处理。

想一想

赵某（杀人后）觉得罪行迟早会败露，后向公安机关投案，如实交待了全部犯罪事实，公安人员李某听了赵某的交待后随口说了一句"你罪行不轻啊"，赵某担心被判死刑，逃跑至外地。在被通缉的过程中，赵某身患重病无钱治疗，向当地公安机关投案，再次如实交待了自己的全部罪行。这个案件成立自首吗？

---

[1] 周峰、薛淑兰、孟伟：《〈关于处理自首和立功若干具体问题的意见〉的理解与适用》，《人民司法（应用）》2011 年第 3 期。

040 累犯和缓刑

累犯

累犯，顾名思义就是重复犯罪的人，包括一般累犯和特别累犯。

一般累犯是指被判处有期徒刑以上刑罚的犯罪分子，刑罚执行完毕或者赦免以后，在5年以内再犯应当判处有期徒刑以上刑罚之罪的，是累犯，应当从重处罚，但是过失犯罪和不满18周岁的除外。

根据这个定义，我们会发现一般累犯，前后罪一定要故意犯罪，而且前后罪都必须判处有期徒刑以上的刑罚，后罪发生在前罪刑罚执行完毕或赦免后的5年以内。如果张三交通肇事，刑满释放后的5年内又犯新罪，这就不存在累犯的前提性条件，因为交通肇事罪是过失犯罪。再如张三醉酒驾车构成危险驾驶罪，刑罚执行完毕后的5年内再犯新罪，这也不成立累犯，因为醉酒驾驶机动车只判处拘役，而拘役不是有期徒刑。

特别累犯是指危害国家安全犯罪、恐怖活动犯罪、黑社会性质的组织犯罪的犯罪分子，在刑罚执行完毕或者赦免以后，在任何时候再犯上述任一类罪的，都以累犯论处。特别累犯是不考虑刑罚的，比如张三因为间谍罪被判管制，50年后又犯恐怖活动罪，这也属于累犯。

对累犯应当从重处罚，并且不能适用缓刑和假释。

缓刑

缓刑是对原判刑罚附条件暂不执行，但在一定期限内仍保持执行可能性的刑罚制度。

缓刑的前提条件必须是判处拘役或3年以下有期徒刑的刑罚。比如，张三同时犯盗窃罪和侮辱罪，数罪并罚判处3年有期徒刑，这也是可以适用缓刑的。

执行缓刑需同时符合以下四项法定条件：犯罪情节较轻；有悔罪表现；没有再犯罪的危险；宣告缓刑对所居住的社区没有重大不良影响。

"没有再犯罪的危险"这一项引发了一个很有趣的问题。

张三判有期徒刑2年,缓刑3年。缓刑考验期间,又实施了一个新的犯罪,应当判处1年有期徒刑,假定数罪并罚判处3年有期徒刑,应当撤销缓刑,且不能再次适用缓刑,因为犯新罪就证明张三有再犯罪的危险。

但是,如果张三判有期徒刑2年,缓刑3年。缓刑考验期间发现之前有一个漏罪应当判处1年有期徒刑,数罪并罚判处3年,这种情况仍然适用缓刑,因为漏罪并不能证明其有再犯罪的危险。

有三类人员只要符合条件,就应当适用缓刑,不满18周岁的人、怀孕的妇女和已满75周岁的老人。但是,如果80岁的老人是黑社会性质集团的首要分子,也不能适用缓刑。因为还有禁止缓刑的规定,对于累犯和犯罪集团的首要分子,不适用缓刑。

一般缓刑,有对应的考验期,拘役的缓刑考验期限为原判刑期以上1年以下,不少于2个月;有期徒刑为原判刑以上5年以下,不少于1年。比如通常说的判三缓五,也就是判处3年有期徒刑,缓期5年执行,考验期就是5年,如果在这5年中没有发现漏罪、新罪,也没有违反缓刑考验期应当遵循的规定,那么5年之后,原判刑罚就不再执行。

还有一种特殊缓刑叫做战时缓刑,这是在战争期间,允许犯罪军人戴罪立功。如果确有立功表现,撤销原判刑罚,不以犯罪论处。

与一般缓刑相比,战时缓刑的特点在于:第一它没有考验期;第二它撤销原判后,不再以犯罪论处,而一般缓刑会在档案上留下污点,属于受过刑事处罚的人。

想一想

丙犯为境外非法提供情报罪,被单处剥夺政治权利,执行完毕后又犯帮助恐怖活动罪,被判处拘役6个月。对丙可以宣告缓刑吗?

041 刑罚的消灭：减刑和假释

我们可能经常听说，被判刑的人提前释放，事实上减刑或假释真的那么容易吗？

减刑很简单吗

减刑，是指司法机关依法对服刑人员通过变更原判刑罚，减轻其刑罚的行刑制度。

对被判处管制、拘役、有期徒刑、无期徒刑的犯罪人，在刑罚执行期间有悔改或立功表现，就可以适当减轻其原判刑罚的行刑制度。

减刑首先要考虑到报应主义的需要，不能减得太多，如果判处10年有期徒刑，最后仅服刑1年，刑罚的公正性就会大打折扣。所以，《刑法修正案（八）》特别规定了减刑的限度，判处管制、拘役、有期徒刑的，不能少于原判刑期的1/2；判处无期徒刑的，不能少于13年（司法解释还规定对特别严重的犯罪，判处无期徒刑的，不得少于20年有期徒刑）；未被限制减刑的死缓罪犯，最少不得少于15年，且不包括缓期执行的2年。

此外，减刑也必须考虑到预防的需要，主要是考虑特殊预防的需要。法律规定只要犯罪分子在执行期间，认真遵守监管法规，接受教育改造，确有悔改表现的，就可以申请减刑。"确有悔改表现"主要考虑的是特殊预防，犯罪分子改恶从善，不至于再危害社会。

假释，提前释放

假释，是指对被判处有期徒刑、无期徒刑的犯罪分子，在执行一定刑罚后，因认真遵守监规，接受教育改造，确有悔改表现，没有再犯罪的危险，因而附条件地将其提前释放的制度。

出于报应主义的需要，有期徒刑必须执行了原判刑期1/2以上，无期徒刑必须执行了13年以上，才可以适用假释刑期。但如果有国家政治、国防、外交等方面特殊需要的情况时，报最高人民法院核准，即便不符合时间条件也可以进行法外假释。

在我国假释比减刑难得多，在减刑和假释的服刑人员中，绝大部分属于减刑，只有极少数服刑人员获得了假释。为了激活假释制度，司法解释规定：罪犯既符合法定减刑条件，又符合法定假释条件的，可以优先适用假释。

假释的条件也是在执行期间认真遵守监规，接受教育改造，确有悔改表现，没有再犯罪危险，同时对所居住社区没有不利影响的。判断"没有再犯罪的危险"，应根据犯罪的具体情节、原判刑罚情况，在刑罚执行中的一贯表现，罪犯的年龄、身体状况、性格特征、假释后的生活来源以及监管条件等因素综合考虑。

假释最复杂的地方是"没有再犯罪危险"很难判断。2013年北京的假释犯摔婴案引人深思。2013年7月23日晚，韩某乘坐朋友的轿车，在公交站台附近因停车问题与李某发生争执。韩某对李某进行殴打，后将李某2岁的孩子从婴儿车内抓起举过头顶摔在地上，孩子当场死亡。后来查明，韩某1996年因犯盗窃罪被判处无期徒刑，2012年韩某假释出狱，不到一年又犯惨案。按照法律规定，在假释考验期限内犯新罪，应当撤销假释，实行数罪并罚。韩某在受检方讯问时，曾向检察官哭诉"特别痛苦，不想活了，一定判我死刑"。但在庭审时，韩某声称自己当时喝多了酒，一共喝了一斤多白酒和几瓶啤酒，并称其"喝七八两以后就容易狂躁、癫狂"。韩某在生的渴望和以死赎罪之间徘徊纠结，他写了一封求死书："我良心上受不了，承认孩子的死亡是我造成的，我愿意给孩子抵命。"最后一审法院判处他死刑立即执行，韩某不服提出上诉，二审法院维持了原判。

追诉时效

时效，是指刑法规定的对犯罪分子追究刑事责任和执行刑罚的有效期限。它分为追诉时效和行刑时效。我国仅规定了追诉时效，而没有规定行刑时效。

我国《刑法》第87、88、89条，对追诉时效进行了详细的规定，主要原则是综合考虑报应主义与功利主义。从报应主义的角度来看，罪行越重，追诉时效越长。法定最高刑为不满5年有期徒刑的，经过5年，不再追诉；法定最高刑为5年以上不满10年有期徒刑的，追诉期为10年；法定最高刑为10年以上有期徒刑的，追诉期15年；法定最高刑为无期徒刑、死刑的，追诉期20年。

但是，追诉时效可中断，在追诉期限内犯了新罪，要重新计算时效，从犯后罪之日起计算，甚至可以连续计算。这背后的法理是特殊预防，如果犯罪之后，再犯新罪，就说明根本没有自我改造好，良心的折磨对其微乎其微。

有一个经典案件，一个玉镯引发的血案。1980年，某女在烈日下赶路，口干舌燥，看到张三对她似笑非笑，于是向他讨杯水喝。张三请她进门喝水，却心怀不轨，强暴并杀害了某女，杀害后就埋在自己家的院墙脚下。2002年，张三的女儿张姑娘，跟隔壁村的王姑娘关系很好，经常串门玩耍，有一天借宿在王姑娘家。睡前，王姑娘的姥姥发现张姑娘手上戴着一个玉镯，觉得眼熟但是想不起来了。第二天，姥姥突然想起这个玉镯是她失踪多年女儿的玉镯，立即向公安机关报警。张三被抓后供认不讳，且在院墙脚下挖出了那具已成白骨的尸骸。时隔22年，张三还能受到法律的制裁吗？

强奸行为的追诉时效是15年，杀人行为的追诉时效一般是20年，两项罪名均无法对张三进行追诉。最后，当事人查到张三在1995年犯交通肇事罪，案件也没有处理，交通肇事法定刑是3年以下，追诉时效是5年。从1995年计算5年，交通肇事罪不予追究，但是可以从1995年开始重新计算强奸的15年追诉时效和杀人的20年追诉时效。这就是追诉时效的中断。

另外，追诉时效也可延长，在具备法定条件时，时效可以一直延续下去，对犯罪人追诉至死。包括以下两种情况：一是立案侦查或者法院受理案件以后，逃避侦查或者审判的，不受追诉期限的限制。也就是说，只要司法机关启动了侦查或审判程序，犯罪人故意逃避的，无论过了多久都可以追诉。二是被害人在追诉期限内提出控告，人民法院、人民检察院、公安机关应当立案而不予立案的，不受追诉期限的限制。这个条款是为了防止司法机关互相推诿，民众告状无门，以至案件过了追诉时效。

此外，虽然刑法规定追诉时效最长为20年，但法律中还保留了一个例外规则——如果20年以后认为必须追诉的，可以报请最高人民检察院，核准追诉。

1995年，安徽南陵人刘某彪伙同他人，在湖州织里的闵记宾馆抢劫，连杀四人造成灭门惨案。22年后归案时，刘某彪已洗白人生，功成名就，加入中国作协，成为当地一名颇有名气的作家。最高检对此案核准追诉，并经过一审、二审判决，因此案属于社会危害极大的严重犯罪，刘某彪被判处死刑。

这个例外的规定，显然是报应主义的体现。对于谋杀等最严重的犯罪，无论过多久，都留了一个可能性，保留无限追责的可能。与此类似的是德国刑法的相关规定，采取"特别手段杀人"无追诉时效，其中包括连环杀人、满足特殊性癖好以及基于种族原因杀人等情况，这也是为什么在德国可以对纳粹罪犯进行无限期追责的法理依据之一。

想一想

张某1998年犯甲罪，法定刑为7年以上有期徒刑（该犯罪事实一直未被发现），2004年犯乙罪，该罪法定刑为5年以下有期徒刑。在哪年之前，可以追究其甲罪与乙罪？

第四章
危害公共安全罪

危险方法类犯罪

042 危险方法类犯罪

危害公共安全罪，顾名思义，危害行为必须危及公共安全，而非个体安全。这种公共安全是指不特定多数人的生命健康或者重大财产的安全。其判断标准不是主观标准，而是客观一般人标准，根据一般人的生活经验判断，不特定多数人的生命健康或重大财产是否遭遇威胁。

张三被偷了一只藏满金子的宝箱，非常生气。当天晚上他在河边散步，被石头绊倒，头正好撞在箱子上。原来小偷因为箱子太重，暂埋此处，准备日后来取。张三遂将箱子中的财物转移，往空箱里填满石块，并安装了一个拉式炸弹。当晚，小偷来取箱子时，被当场炸死。

这应该构成爆炸罪还是构成故意杀人罪？爆炸罪属于危害公共安全的犯罪，但故意杀人罪则属于侵害特定个体的犯罪。关键就要看箱子埋在哪，如果埋在繁华地段，那就应该定爆炸罪，但如果埋在非常偏僻的地方，就应该定故意杀人罪。

危险方法类犯罪

危险方法类犯罪包括五种故意犯罪（放火罪、决水罪、爆炸罪、投放危险物质罪、以危险方法危害公共安全罪），以及五种相应的过失犯罪。

五种故意犯罪的基本刑都是3年以上10年以下有期徒刑,如果出现了致人重伤、死亡等严重后果,就可以判处10年以上有期徒刑、无期徒刑甚至死刑。五种过失犯罪,基本刑处3年以上7年以下有期徒刑;情节较轻的,处3年以下有期徒刑或者拘役。

五种故意犯罪都是具体危险犯,只要对公共安全有具体的危险就构成既遂,这里的具体危险必须是司法上有证据证明,否则不构成犯罪。

张三对拆迁不满,在高速公路中间车道用树枝点燃一个焰高约20厘米的小火苗,将其分成两堆后离开。火堆很快就被通行车辆轧灭。张三的行为显然不会危及公共安全,不构成放火罪。

过失的危险方法类犯罪

五种过失的危险方法类犯罪都必须危及公共安全,而且要出现致人重伤、死亡或重大财产损失的实际损害结果,如果没有出现实害结果,就不构成犯罪。

这里的过失指一般过失而不是业务过失,这是它和责任事故类犯罪的区别所在。一般过失违反的是日常生活准则,业务过失违反的是业务规则。

例如,甲到本村乙家买柴油时,因屋内光线昏暗,甲欲点燃打火机看油量。乙担心引起火灾,上前阻止。但甲坚持说柴油见火不会燃烧,仍然点燃了打火机,结果引起油桶燃烧,造成火灾,导致甲、乙及一旁观看的丙被火烧伤,乙、丙经抢救无效死亡。柴油不易挥发,闪点高于汽油,不属于易燃品。但经检测发现,乙储存的柴油闪点不符合标准。所以,甲的行为违反了日常生活准则,只是一种一般过失,构成失火罪。日常生活准则就是我们人类共同体共同的生活法则,比如说高空不能乱扔东西,在加油站不能点打火机等。

如果违反的是老百姓的生活准则,这叫一般过失,若侵害特定人构成过失致人死亡罪、过失致人重伤罪;如果侵犯公共安全,构成过失的危险方法类犯罪;如果违反的是业务规则,那就是业务过失,诸如重大责任事故罪、危险物品肇事罪、医疗事故罪。一般说来,看到有事故、肇事之类的罪,都是业务过失。

高空抛物是比较常见的危害公共安全行为，2019年10月21日，最高人民法院特意出台了《关于依法妥善审理高空抛物、坠物案件的意见》。根据这个意见，如果故意从高空抛物，危及公共安全，构成以危险方法危害公共安全罪；如果造成重伤、死亡等严重后果，属于以危险方法危害公共安全罪的结果加重犯；但如果只是针对特定对象进行抛物，则构成故意伤害罪或故意杀人罪，比如朝楼下扔了一个哑铃，砸死一路人。由于哑铃只能砸死一个人，所以这构成故意杀人罪。但如果朝楼下跳广场舞的人群扔了一个暖水瓶，弄伤多人，这就构成以危险方法危害公共安全罪。

同时，该意见还指出：过失导致物品从高空坠落，致人死亡、重伤，依照过失致人死亡罪、过失致人重伤罪定罪处罚。在生产、作业中违反有关安全管理规定，从高空坠落物品，发生重大伤亡事故或者造成其他严重后果的，以重大责任事故罪定罪处罚。

杭州蓝色钱江纵火案

莫焕晶因长期沉迷赌博而身负高额债务，为躲债于2015年外出打工。2016年9月，莫焕晶经中介应聘到朱某、林某于杭州市上城区蓝色钱江公寓的家中从事住家保姆工作。2017年3月至6月间，莫焕晶多次窃取朱某家中的金器、手表等贵重物品进行典当、抵押，得款18万余元。同时，莫焕晶又编造老家买房等虚假理由向朱某借款11.4万元。上述款项全部被其用于赌博挥霍一空。

2017年6月21日晚，莫焕晶又用手机上网赌博，输光了连同当晚用朱某家中一块手表典当所得款项在内的6万余元钱款。为继续筹措赌资，莫焕晶决意采取放火再灭火的方式博取朱某的感激以便再次开口借钱。

6月22日凌晨5时许，莫焕晶用打火机点燃书本引燃客厅沙发、窗帘等易燃物品，火势迅速蔓延导致屋内的朱某及其子女四人困在火场中吸入一氧化碳中毒死亡。火灾造成该室及邻近房屋部分设施损毁，损失价值257万余元。火灾发生后，被告人莫焕晶从室内逃至公寓楼下，后被公安机关抓获。

故意放火还是过失

保姆纵火案,相信大家不会陌生。但是在这个案件中,有两个细节值得注意:

第一是莫某辩解自己只是想放一把小火再灭火以便向朱某邀功借钱,不想伤害朱某和三个孩子,本意不希望发生如此严重的危害后果,其以为书本没有被点燃,为了去找更容易燃烧的报纸而将该书本随手扔在沙发上,并非故意引燃窗帘和沙发。通俗一点来说,她认为自己对四人的死亡结果只是一种过失。

这能作为辩护理由吗?

严格说来,故意和过失其实是很难区分的,但是对放火罪的加重结果而言,其实没有必要区分故意和过失。

《刑法》第114条规定,放火、决水、爆炸以及投放毒害性、放射性、传染病病原体等物质或者以其他危险方法危害公共安全,尚未造成严重后果的,处3年以上10年以下有期徒刑。第115条第1款规定,上述行为致人重伤、死亡或者使公私财产遭受重大损失的,处10年以上有期徒刑、无期徒刑或者死刑。

可见,《刑法》第114条的放火罪是基本犯,不需要出现实际损害结果,只要有危害公共安全的具体危险即可入罪。比如张三和李四等六人住在地下室的宿舍,张三和李四有仇,深夜在李四被子上投放烟头,被子被点燃,后来被扑灭,虽然没有出现实害结果,但由于地下室不通风,人很容易被熏死,所以可以直接认定为放火罪的基本犯。

但是《刑法》第115条规定放火罪的结果加重犯,需要出现重伤、死亡等实际损害结果,对于这些损害结果,行为人的心态可以是故意,也可以过失,这都不影响结果加重犯的成立。因此,莫某的这种辩护理由其实无法否定放火致人死亡的成立。

消防只是介入因素

第二是消防队员是否耽误救助。在莫某放火案中,有人认为消防队员可能耽误了救助,如果救助及时,被害人就不会死亡,所以主张莫某和死亡结果没有因果关系。这种论证表面上看是有道理的。但这其实涉及的是刑法中的因果关系,消防队员的救火其实是一个介入因素,这个介入因素是否能够切断莫某纵火和死亡结果之间的因果关系呢?

为了帮助你思考这个案件,不妨参考一个类似的案件,张三重伤幼童离去,幼童母亲李四发现重伤的孩子,感觉治疗花费太多,正好腹中还有一个二宝,不如养好二宝,放弃大宝,遂决定不予救助,导致孩子死亡。

母亲应当救助孩子,但却没有救助,这种不作为可以切断张三的伤害行为和死亡结果的因果关系吗?自然是不可以的,因为母亲的不作为并没有创造独立危险,她其实是利用了张三伤害他人的危险,并没有创造独立的因果流程,因此死亡结果可以看成是张三的伤害行为与母亲的不作为共同导致的。这提醒我们,如果介入因素只是一种单纯的不作为,是无法切断因果关系的。在莫某放火案中,也是一样,即便认为消防队员耽误了救助,这也无法切断莫某和死亡结果的因果关系。

法院最后认为莫某构成放火致人死亡,根据刑法规定,莫某被判处死刑立即执行。

想一想

你如何看待莫某的辩护理由?

043 投放危险物质罪

投放危险物质罪必须是故意投放毒害性、放射性、传染病病原体等物质,危害公共安全的行为。成立本罪当然要危及公共安全,而非个体安全。

白条鸡案和毒丝瓜案

一个经典的案例是白条鸡案。张三欠李四一笔钱不想还，于是拿了一只白条鸡，涂上毒鼠强，挂在李四家门口。李四打开门一看，居然把鸡直接扔了。张三又把鸡捡了起来，扔在李四家米缸。当天晚上李四一家三口喝稀饭，全都中毒而死。本案不构成危险方法类犯罪，而构成故意杀人罪，因为侵犯的对象是特定的人。

一个对比案件是毒丝瓜案。陈某与陆某因琐事多次发生口角，陈某怀恨在心，决意报复。某日晚陈某找来一支一次性注射器，抽取半针筒农药，潜行至陆某门前丝瓜棚处，将农药注入瓜藤上所结的多条丝瓜中。次日晚，陆某及其外孙女食用丝瓜后，出现上吐下泻等中毒症状，后陆某被抢救存活，而陆某外孙女抢救无效死亡。法院认为陈某构成投放危险物质罪，理由是农民种植的蔬菜、瓜果不排除被其左邻右舍摘食，或被用于被害人招待来客，从社会一般人的角度可能危及公共安全。

这个案件还有一个小细节，就是陆某和外孙女送往卫生所时，血压升高，医生是按照高血压来治疗的，根本没有想到会是农药中毒。医生其实出现了一定的工作疏忽，那么陈某对死亡结果承担责任吗？

法院认为，医生的工作疏忽并没有切断因果关系，因为农药中毒的确会导致血压升高，所以医生也算不上重大疏忽，并未创造独立的危险，被害人的确死于农药中毒，陈某被判处死刑立即执行。

领导体内有矿吗

有一个真实案例。古某采矿专业毕业后，在广州一个整形美容手术医院工作，后来赚了很多钱，但跟老板刘某分配不均，怀恨在心。他利用专业途径从辽宁进口了一批工业探伤机。工业探伤机具有放射性铱元素，一般用于探矿。古某就把这个探伤机安装在刘某办公室的天花板上，天天对着刘某照，要看看领导体内有没有矿，结果把刘某彻底照趴下了。最后发现医院的70位工作人员都受到了不同程度的辐射，其中还有两名护士多次流产，都怀疑跟辐射有关。

经鉴定，刘某为重伤，有13人为轻伤，古某的行为就不再只是单纯侵害身体健康，而是危及了公共安全，故构成投放危险物质罪。[1]

投放虚假危险物质罪

刑法中还有一类投放虚假危险物质罪，是2001年12月《刑法修正案（三）》增加的新罪。这项法条的诞生源起于一起真实案件——肖永林案。

2001年10月，上海市市民肖永林被单位处理，怀恨在心，于是给单位领导寄了一包石灰粉，谎称是炭疽粉。同时还给上海市当时的主要领导、东方电视台都寄了石灰粉。当时美国接连发生了9·11袭击事件和炭疽攻击事件，有人把含有炭疽杆菌的信件寄给数个新闻媒体办公室以及两名民主党参议员。这个生物恐怖袭击事件导致5人死亡，17人被感染。

可想而知，当时整个上海陷入恐慌之中，以为也遭受了恐怖袭击。最后发现是虚惊一场，因为只是一包石灰粉。当时还没有投放虚假危险物质罪，法院就定了一个兜底罪，以危险方法危害公共安全罪，判处肖永林4年有期徒刑。

考虑到这种现象常见，当年底全国人大后来通过了新的修正案，增加了一个新罪，叫投放虚假危险物质罪。但是显然，这个条款对于肖永林是没有溯及力的，毕竟从旧兼从轻。

想一想

在2001年，你觉得法院对肖永林案的判决合理吗？

---

[1] 古计明、方振华投放危险物质案，《刑事审判参考》第358号。

044 以危险方法危害公共安全罪

作为兜底罪名，以危险方法危害公共安全罪中的"危险方法"必须和放火、爆炸、投放危险物质、决水具有等价值性。成立本罪并不需要出现死亡、重伤等实害结果，只要存在足以危及公共安全的具体危险就构成犯罪，可以判处3年以上10年以下有期徒刑。如果出现了致人重伤、死亡的实害结果，则可判处10年以上有期徒刑、无期徒刑，甚至死刑。

何谓等价值性呢？比如开车乱撞人，又如朝楼下跳广场舞的大妈扔暖水瓶。肖永林案符合这种等价值性标准吗？

让一个放火的人、爆炸的人、投毒的人都站在台上，旁边再站一个开车乱撞人的人，四个人站在一起还是很和谐的。但是角落里站着一个投石灰粉的人，你会不会觉得破坏了这种和谐的"美感"呢？显然，认定肖永林的行为构成以危险方法危害公共安全罪，并不符合等价值性的解释方法，这也是为什么法律后来会修改。

传播新冠肺炎

2013年，最高人民法院、最高人民检察院《关于办理妨害预防、控制突发传染病疫情等灾害的刑事案件具体应用法律若干问题的解释》规定：如果故意传播突发传染病病原体，危害公共安全的，可以按照以危险方法危害公共安全罪定罪处罚。

2019年末2020年初全面爆发的新冠肺炎，属于突发性传染病，具有高度传染性，故意传播这种疾病当然达到了足以危及公共安全的程度。

但是，在关于本罪的适用上，一个最突出的问题就是如何区分故意和过失？

按照刑法理论，故意包括直接故意和间接故意。直接故意比较好认定，行为人对结果的发生持的是一种希望的态度，比如知道自己感染疾病，故意在他人食物中散播病毒，希望他人被传染。从目前披露的案件来看，这种案例很少。

比较复杂的是区分间接故意和过于自信的过失。在刑法理论中，这本来就是老大难问题。从逻辑上来说，两者的界限非常清晰。然而在经验上，两者的界限其实非常模糊。

江某中案

典型案件的如新冠疫情期间，马鞍山市中心医院心胸外科医生江某中案。据公安机关的通报，1月23日，江某中携妻女回安庆老家，其间三次与其大哥、大嫂一家聚餐。1月27日返回马鞍山市，第二天到医院上班。1月30日晚，江某中出现低热、感冒症状。2月4日，他再次到马鞍山市中心医院上班。2月6日，江某中的大哥、大嫂被安庆市确诊为新型冠状病毒肺炎感染者。当日，江某中和妻子（马鞍山市中心医院消化科医生）停止上班。

经检查，江某中系疑似新型冠状病毒肺炎感染者。马鞍山公安机关成立专案组，对江某中涉嫌以危险方法危害公共安全罪立案侦查。在抗击疫情的关键时刻，采取严厉的刑事政策完全合理。但是政策不能超越法律，罪刑法定仍然是定罪量刑的基本原则。

一般来说，可以从两个角度来把握故意和过失的界限。首先，在认识要素上，虽然两者都认识到可能发生危及公共安全的结果，但是在可能性的概率上是不一样的。间接故意的可能性是高概率的，但在过于自信的过失中，结果发生的可能性则相对要小得多。比如行为人开车看到路上有人但没有减速，因为他认为距离很远，危险不大，但由于路人边走路边看手机，没有注意到疾驶而来的车辆，行为人刹车不及，路人被撞身亡。在这个案件中，行为人显然预见到了行为可能发生车祸的危险，但这种可能性并未达到高概率的程度，因此行为人的主观心态是过失，而非故意。需要说明的是，可能性的高低是要根据行为当时所处的情境进行综合判断，而不能采取事后诸葛亮的事后标准来判断，因为按照事后标准，既然结果已经发生，那根本就是必然，而非可能性。

其次，在意志要素上，间接故意的行为人对于结果的发生持放任心态，结果发生也可以，不发生也可以，无所谓。但在过于自信的过失中，行为人对于结果的发生持否定态度，结果的发生违背行为人的意愿。当然，大部分嫌疑人被抓其实都会主张结果的发生违背了自己的意愿。所以很多时候，放任心态和否定心态的区别还是要从经验上来进行推定，看危害结果的发生可能性是高概率，还是低概率的。如果结果的发生具有极高的概率，那么就足以推定行为人对结果发生持有放任心态。当然，如果没有充分证据证明行为人具有放任的心态，那只能推定行为人的心态是过失的。

具体到江某中案等类似案件，如果行为人已被确诊为新冠肺炎的感染者或者经医疗机构认定为高度疑似病人，仍然拒绝接受隔离，故意前往公共场所，足以导致疾病传播的，才可以认定为故意型的以危险方法危害公共安全罪。但是像江某中案的当事人只是出现低热、感冒症状，并未经医疗机构认定为疑似病人，在当时的情境下，有这种症状并不能高概率地得出行为人可能罹患新冠肺炎，因此，其主观心态不宜认定为故意。否则，所有出现感冒发烧症状的人士都不能出门，甚至不能前往医院，因为前往医院的途中都可能构成以危险方法危害公共安全罪，这种打击面实在太宽。

必须说明的是，以危险方法危害公共安全罪除了故意型的，刑法还规定了过失型犯罪。但是这个罪名是一种实害结果犯，必须要出现致人重伤、死亡或者使公私财产遭受重大损失的实际后果才构成犯罪，如果只是存在一种危及公共安全的具体危险，并未达到犯罪标准。比如，在江某中案等类似案件，如果有证据证明，他们的轻率或疏忽导致多人感染疾病，就可以过失型犯罪论处。

瘟疫与法治

大量涉及传播新冠肺炎的案件涌入司法机关，所以2020年2月11日，最高人民法院、最高人民检察院、公安部、司法部出台《关于依法惩治妨害新型冠状病毒感染肺炎疫情防控违法犯罪的意见》，明确了这个兜底犯罪的适用标准，避免打击的扩大化。

根据这个意见，只有确诊病人和疑似病人才可能构成以危险方法危害公共安全罪。一是已经确诊的新型冠状病毒感染肺炎病人、病原携带者，拒绝隔离治疗或者隔离期未满擅自脱离隔离治疗，并进入公共场所或者公共交通工具的；二是新型冠状病毒感染肺炎疑似病人拒绝隔离治疗或者隔离期未满擅自脱离隔离治疗，并进入公共场所或者公共交通工具，造成新型冠状病毒传播的。

这个标准其实非常严格，对于疑似病人拒绝隔离，不仅要进入公共场所或者公共交通工具，还要造成病毒传播才可以本罪论处。

瘟疫在人类历史此起彼伏，人类从来没有真正制服瘟疫。瘟疫打断了人们习以为常的安排，但是人类社会从来没有按部就班的生活方式，异常也许就是常态。瘟疫让人恐惧，但人类最应该恐惧的是恐惧本身。法治的一个重要功能就在于尽可能给人们提供一种相对确定感，让人不至于陷入无序的恐慌之中。因此，不能因为对于疾病的恐惧就突破法治的基本原则，否则就将陷入另一场更大的瘟疫。

想一想

甲从50楼往楼下跳广场舞的人群投掷自制的土炸弹，致多人被炸伤。乙在高速路上撒满钉子，过路车辆车胎多被扎破。两人该当何罪呢？

事故犯罪

045 交通肇事罪

交通肇事罪，是日常生活中常见的罪名。违反交通运输管理法规，因而发生重大事故，致人重伤、死亡或者使公私财产遭受重大损失的，即构成交通肇事罪。法条规定了三种级别。

第一档是基本型的，违反交通运输管理法规，因而发生重大事故，致人重伤、死亡或者使公私财产遭受重大损失的，处3年以下有期徒刑或者拘役。

第二档是交通运输肇事后逃逸，或者有其他特别恶劣情节的，处3年以上7年以下有期徒刑。

最严重的是第三档，逃逸致人死亡的，处7年以上有期徒刑。

常见的交通肇事案

交通肇事罪，它必须发生在交通运输过程中，违反了交通法规且发生重大事故。违反交通法规和发生事故之间必须要存在因果关系，否则就不构成交通肇事罪。张三喝酒喝多了，在路边车位停车睡觉，结果外卖小哥骑车太着急，撞上车后身亡。张三酒后驾车违反了交规，事实上也发生了事故，但酒后驾车跟事故之间没有因果关系，只要张三停在划定的车位里，就不构成交通肇事罪。

另外一种常见的案件是超速撞人案。张三在限速80公里的路上开到了每小时120公里,超速驾驶,然后又回归到正常速度。突然从草丛中钻出来一个小孩,张三来不及刹车,就把他给撞死了。张三之前一段路的超速驾驶肯定违反了交规,如果不超速,他就不会在这个特殊的时间点到达这个特殊的地方,也就不会撞死小孩。

从表面看,张三的超速和死亡是有因果关系,但你隐隐约约是不是觉得有点不对劲?交通法规中禁止超速的内在目的,是为了保持驾驶者的控制能力,能够在出现突发情况时做出刹车、避让或者停车等反应,而不是防止有人在特殊的时间点到达特殊的地方。在本案中,张三控制能力并没有降低,他是在正常驾驶,因此从实质看超速和车祸没有因果关系。

除了驾驶人员,非交通运输人员也可以构成交通肇事罪。如果骑自行车把人撞死也是可以构成交通肇事罪的,甚至行人乱闯红灯,导致后车连环追尾发生严重事故,也可以构成交通肇事罪。

交通肇事并不一定构成犯罪

不是所有的交通肇事都构成犯罪,只有下列的情况才构成犯罪。

1.死亡1人或者重伤3人以上,负事故全部或者主要责任的。如果肇事者只需负事故的次要责任或者同等责任,很多时候甚至是三方责任,就不一定构成交通肇事罪。比如张三开车把人碾了,最后发现原因是路上施工的井口盖没有盖严。张三碾到井口盖,车子失衡,把一个逆向行驶的骑三轮车的人给撞了。显然,施工方、被害人和张三都有责任,最后认为三人负同等责任,也就是说张三只负三分之一的责任,没有达到主要责任,所以不构成交通肇事罪。

2.死亡3人以上,负事故同等责任的。

3.造成公共财产或者他人财产直接损失,负事故全部或者主要责任,无能力赔偿数额在30万元以上的。财产损失不包括行为人自己的财产。

4.交通肇事致1人以上重伤本身是不构成犯罪的,除非负事故全部或者主要责任,并具有六种情形之一的,以交通肇事罪定罪处罚。这六种情形是：酒驾、毒驾、无证驾驶、明知安全装置不全或失灵、没有牌照或者严重超载，以及为逃避法律追究逃离事故现场。

撞人后逃逸，罪加一等

交通肇事罪有两种加重情节，其刑罚也加重。

第一种加重情节，其刑罚幅度是3年以上7年以下有期徒刑，即交通运输肇事后逃逸或者有其他特别恶劣情节的。

"交通运输肇事后逃逸"是指在发生交通事故后，为逃避法律追究而逃跑的行为，此处的交通事故必须达到犯罪程度。

这种加重情节相当于我们一步一步走台阶，第一级台阶是3年以下，那第二级台阶就3到7年。你如果要走到3到7年这个台阶，先要经过第一级台阶，因此交通运输肇事后逃逸，首先要成立交通肇事罪。

张三在未取得机动车驾驶证的情况下，驾驶越野轿车，在高速公路上超速行驶，导致其驾驶的越野轿车与刘某驾驶的挂车发生碰撞，造成越野车上的乘客郭某受伤并经医院抢救无效而死亡。经鉴定，张三在此事故中负主要责任。事故发生后，张三即被送往医院接受治疗，其在交警询问时，谎称自己的姓名为李四，并编造了虚假的家庭成员情况，且拒不交待肇事经过。当日，张三逃离医院，但昏倒在医院门口。

张三的行为是否构成"交通运输肇事后逃逸"？

法院最后认为成立，理由是张三的前行为已经构成了交通肇事罪的基本构成，同时其在医院治疗时，谎报身份，且拒不向公安机关如实交待肇事经过，说明其具有逃避法律追究的主观目的。张三擅自离开医院的，应认定其在交通肇事后逃逸。可见，只要逃避法律追究就可以理解为逃逸。

逃逸致人死亡

第二种是更为加重的加重情节，其刑罚幅度为7年以上有期徒刑，即逃逸致人死亡。司法解释规定，"因逃逸致人死亡"是指行为人在交通肇事后为逃避法律追究而逃跑，致使被害人因得不到救助而死亡的情形。如果不是为逃避法律追究而逃跑,如报警、自首或者害怕遭人殴打而离开现场而后又自首的,或者不逃避法律责任的,不属于交通运输肇事后逃逸。

从这个法条文的规定,大家会发现,发生事故之后,行为人会产生两个义务,一个是报告义务,一个是救助义务。

"因逃逸致人死亡"需要遵循主客观相统一学说。首先,在主观上,行为人对死亡结果是过失的,如果是故意,就直接构成故意杀人罪。一般说来,肇事后单纯的不救助只能推定为过失。当然如果有把被害人转移到荒郊野外,或者回轮碾压,或者下车伤害的举动,自然可以推定行为人的主观心态为故意。其次,在客观上,逃逸和死亡之间一定要存在因果关系,逃逸发生在死亡之前,逃逸使得被害人得不到救助而死亡。

张三开着货车,在拐弯的时候"咯噔"一声,以为碾了一块石头,没多想就开走了。回到家发现轮胎上有血,回忆起刚才的咯噔之处,开着车返回,发现那旁边围着许多警察,他很害怕就走了。其实被害人在被撞时就死了,请问在这个案件中张三应怎么定性?

按主客观相统一学说,第一在主观上对死亡结果是过失,客观上张三逃逸且对方死了,但逃逸不是指离开现场,逃逸是逃避法律追究,张三是在受害人死后逃避法律追究的,是死亡致人逃逸,而非逃逸致人死亡,所以只属于交通肇事罪的第二档——交通运输肇事后逃逸。

李四开车把人撞了,误以为被害人已死,下车拨打110报警电话,但是自始至终没有透露自己的个人信息。案发地离警察局有点远,警察花了2小时才赶到案发现场,被害人因在此期间无人救助死亡。在警察赶来之前,李四跑了,第二天下午4点李四投案自首。本案中李四对死亡结果是过失,客观上逃逸行为与死亡有因果关系,所以属于逃逸致人死亡。

另一个经典的案件是"我爸是李刚"的主角李启铭案。当时,李少爷驾驶着他的黑色迈腾去河北大学接女朋友,在校园内加速狂冲,撞倒了路上的两名女生,致一名女生重伤,另外一名女生被撞成轻伤。他撞人后没有停车而是继续飙车,最后李少爷被保安拦下来,还透露给保安一个天大的秘密

"我爸是李刚"。五分钟后，受重伤的女生被送往医院，抢救无效死亡。事后证实李刚是当地的公安局副局长。

在这个案件中，李少爷自然有肇事行为，也有逃逸情节，但逃逸和死亡有因果关系吗？逃逸和死亡的因果流程是逃避法律追究使得被害人得不到救助而死亡，但在这个案件中，重伤的女生并没有被耽误救助时间，换言之即便李少爷送她去医院，也无济于事，所以法院认为逃逸与死亡没有因果关系，最后认定李少爷属于交通肇事后逃逸，按照交通肇事罪的第二档刑罚量刑，判处李少爷6年有期徒刑。

连环肇事案

连环肇事案会涉及比较复杂的定性问题，也是日常高发的交通肇事案件。

张三夜晚驾车经过无照明路段时，不小心撞倒李四，后继续前行。数小时后，王五未注意，驾车从李四身上轧过。最后查明是第二辆车把李四碾死了。张三的行为应该如何定性？

首先，张三主观上对死亡结果是过失，客观上有逃逸。逃逸和李四死亡有因果关系，虽然死亡是第二辆车导致的，但是这种介入因素没有切断因果关系。张三自然构成逃逸致人死亡罪。

结果张三找了一个很厉害的辩护律师，律师提出一个新颖的辩护策略，认为尸检结果证明是第二辆车碾压而死，也没有证据证明第一辆车把人碾压到重伤以上的结果。既然无法证明张三碾压到重伤以上的结果，那就意味着第一撞没有达到交通肇事的基本构成要件。既然没有达到交通肇事罪的基本构成要件，那也就不可能升格为交通肇事的加重构成要件！

如果你是检察官，听到律师的辩护，如何回应？

从逻辑上来说，加重构成应该先符合基本构成，就像刚才说的走台阶，要一级一级往上走。但是法律的生命不是逻辑而是经验，如果认为交通肇事中逃逸致人死亡必须符合基本构成要件，那么大部分的逃逸致人死亡都无法认定，因为现有的鉴定技术，很难鉴定出逃逸之前的行为导致了重伤以上结果。因此，这种逻辑会导致法律出现严重的不公平。

所以，最高人民法院在《刑事审判参考》1116号邵大平交通肇事案的指导案例中明确指出："因逃逸致人死亡"的认定，不以逃逸前的交通肇事行为构成犯罪为前提。

总结一下，刚才我们讲第二档，交通运输肇事后逃逸需要符合基本构成要件，但是逃逸致人死亡的交通肇事罪不需要符合基本构成要件。

三组对比案例

关于连环肇事案还有很多问题值得讨论。

上海有一个真实的案件，张三开车把人给撞了，事发点在外环路，属于快车道，车流量极大。张三没有采取任何措施直接跑了，5分钟后另外一辆车把躺在地上的伤者碾死了。法院认为，因为事故发生在快车道，肇事者把人撞了又没有采取任何保护性措施，被害人被后车碾压是极高概率事件，所以主观心态应当推定为主观故意，最后张三被认定为故意杀人罪。

第二个案件是李四在普通道路上撞人，被害人躺在路上，半小时后王五从此处经过，再次碾压被害人。结果查明王五碾压之前被害人就死了，也就是说被害人死于第一次撞击。因此，李四属于交通运输肇事后逃逸，不属于逃逸致人死亡。

第三个案件更为复杂，王六在普通道路上撞人，被害人躺在路上，半小时后王七从此经过，再次碾压被害人。现在鉴定不出被害人是死于第一撞还是第二撞。如果是第二撞造成死亡，王六可能构成逃逸致人死亡，如果是第一撞就造成死亡，王六就构成交通运输肇事后逃逸。当区分不了时，从有利于行为人的角度进行推定，只能推定王六构成交通运输肇事后逃逸。

想一想

张三在交通肇事后即将被害人抱送附近诊所求治，但诊所说必须送县医院，张三速送被害人去县医院抢救，后认为被害人已死，遂将被害人抛弃在河滩上。尸检结果无法确定被害人死于抛弃之前，还是抛弃之后。该案如何处理？

046 危险驾驶罪

危险驾驶罪是2011年《刑法修正案（八）》增加的新罪，指在道路上驾驶机动车追逐竞驶，情节恶劣的，或者在道路上醉酒驾驶机动车等行为。此罪的刑罚不重，仅处拘役和罚金，包括四种行为方式：飙车、醉驾、超速超载和运输危险化学品。

追逐竞驶

情节恶劣的追逐竞驶，也就是所谓的飙车行为。追逐竞驶最核心的点是"竞"，它一定要有竞赛、比拼性质。它可能是多个人竞驶，也可能是一个人竞驶，比如有人专门追警车，还有人专门追救护车，当然还有人专门比计时赛看谁开得快，像最著名的京城二环十三郎案。二环路全程32.7公里，飞车高手在晚上九、十点钟正常车流量的情况下，13分钟能开完，史称二环十三郎。一拨玩车族在比谁开车开得快，这就是典型的追逐竞驶。

有种情况比较有趣，张三开车，李四别了他一下。张三很生气，马上别了回去。两人对着别，就在路上不停地别来别去，互相开斗气车，所幸没有造成什么事故。但是，其实两人的行为都构成危险驾驶罪，而且属于共同犯罪。

醉驾

醉驾即醉酒驾驶机动车，它不包括毒驾，即便毒驾的社会危害性更大，也不能解释为醉驾，这种举轻以明重的当然解释只有实质当然，没有形式当然，属于对行为人不利的类推。同理，醉驾也不能包括醉酒驾驶轮船、飞机，毕竟机动车无法包容轮船、飞机这些交通工具。

血液中的酒精含量大于或者等于80毫克/100毫升为醉酒驾车。粗略估计，两瓶啤酒或者三两白酒，就能达到醉驾标准，喝酒之后千万别开车！

有人平常车里备瓶酒，等警察来了，当着警察的面把二锅头一口吹掉。

他对警察说"不好意思,看到警察就紧张,紧张就喝酒。"这能规避法律吗?很难查出他在见到警察前有没有喝酒。司法解释直面了这个问题,它规定:血液酒精含量是认定是否醉酒的依据。犯罪嫌疑人在公安机关依法检查时,为逃避法律追究,在呼气酒精含量检验或者抽取血样前又饮酒,经检验其血液酒精含量达到醉酒标准的,应当认定为醉酒。

超载超速和运输危险化学品

这两种危险驾驶行为都是《刑法修正案(九)》规定的,超载超速是指从事校车业务或者旅客运输,严重超过额定乘员载客,或者严重超过规定时速行驶的。可见,刑法打击的只是客运车的严重超载超速,货运车超载超速并不构成危险驾驶罪。

现在有意见认为应该在危险驾驶罪里面增加货运车超载的情形,也有意见认为这样立法有可能导致处罚范围扩大。对于大货车司机超载行为,当然应当严肃处理,但是一律通过刑罚措施来治理,并不一定能取得良好的效果。最好的社会政策是最好的刑事政策,刑罚只是治理社会矛盾的最后手段。

最后一种危险驾驶罪,是违反危险化学品安全管理规定运输危险化学品,危及公共安全的。

你会发现,在前几类危险驾驶罪的行为类型中,都没有出现危及公共安全的表述,但运输危险化学品却有这个限定。所以在理论上,我们认为前三类危险驾驶都是行为犯,并不需要证明危险驾驶行为危及了公共安全,比如张三喝了四两白酒后醉酒驾车,张三被查后辩解说自己平常的酒量两斤起步,喝这点酒一点都不影响开车,反而更加清醒,这肯定不能作为辩护理由,只要故意达到醉驾程度,自然就可以构成危险驾驶罪。但是在运输危险化学品这类危险驾驶罪中,司法机关必须证明运输行为危及了公共安全,才能构成犯罪。

醉酒驾车一律构成犯罪吗

最高法公布的全国法院审判执行数据显示，在审结的刑事案件中，危险驾驶罪首次超越盗窃罪，排在第一位。醉驾型的危险驾驶罪已经成为当前第一大刑事案件。

有人提出对于醉酒驾车没有必要一律以犯罪论处，毕竟刑罚是最严厉的惩罚措施。

危险驾驶罪的刑罚虽然不重，只有拘役，但它毕竟是故意犯罪，有很多连带的后果，比如《律师法》规定：申请人有下列情形之一的，不予颁发律师执业证书：律师法规定受过刑事处罚的，但过失犯罪的除外。

但是这会出现一个怪异的现象，张三醉酒驾车，没有发生任何事故，其行为构成危险驾驶罪，判处拘役，属于故意犯罪。李四醉酒驾车，发生了致人死亡的严重事故，其行为构成交通肇事罪，判处有期徒刑3年，但却属于过失犯罪。因为交通肇事罪对于违反交通法规（如醉酒驾车）是故意的，只是对死亡结果是过失的，但整体上还是认为是过失犯罪。

所以，张三和李四相比，从刑罚来看，李四判得更重。张三拘役结束后是不能做律师，但是李四徒刑结束后还是可以从事律师职业的。

鉴于危险驾驶罪作为故意犯罪的连带后果，所以有观点认为醉驾没有必要一律以犯罪论处。

这里涉及对刑法体系性的认识，虽然醉酒驾车型危险驾驶罪是一种行为犯，只要醉酒驾车，无论是否存在危及公共安全的具体危险，都可以构成犯罪。但是《刑法》关于犯罪的定义中有一个但书条款：情节显著轻微、危害不大的，不认为是犯罪。同时也规定对于犯罪情节轻微不需要判处刑罚的，可以免予刑事处罚。这些总则的原则性规定对于刑法分则中的任何犯罪甚至故意杀人都有约束力。所以，2017年最高人民法院《关于常见犯罪的量刑指导意见(二)（试行）》规定了"对于醉酒驾驶机动车的被告人，应当综合考虑被告人的醉酒程度、机动车类型、车辆行驶道路、行车速度、是否造成实际损害以及认罪悔罪等情况，准确定罪量刑。对于情节显著轻微危害不大的，不予定罪处罚；犯罪情节轻微不需要判处刑罚的，可以免予刑事处罚"。

比如张三凌晨3点收工后喝了3瓶啤酒，车停在夜宵摊门口，张三家住在夜宵摊对面。车位就在夜宵摊5米外，张三怕第二天早上被警察贴条，一看路上没有一人，于是把车开到5米外的车位停好。从形式上看，这符合了危险驾驶罪的构成要件，但这可能就属于情节轻微不需要判处刑罚的，可以免予刑事处罚。

重庆万州公交车坠江事故

2018年10月28日，公交公司早班车驾驶员冉某正常上班，驾驶22路沿路线正常行驶。当天9点，乘客刘某在A站上车，其目的地为B站。由于道路维修改道，22路公交车不再行经B站。刘某因不知道公交线路已改道且未理会司机的报站提醒，乘车过站后与司机发生争执逾5分钟，行至万州长江二桥时演变成互殴，约2秒后司机冉涌失去对公交车控制，导致越过中心线后撞击对向行驶的红色轿车与护栏后落入长江中。事故导致司机及刘某在内的15人遇难。

这个案件大家不会陌生，对于乘客与驾驶员发生争执互殴导致重大事故，应当如何处理，在司法实践中有一定争议，主要涉及以危险方法危害公共安全罪和交通肇事罪的区分。

在司法实践中，乘客与驾驶员发生争执互殴导致重大事故，存在两种情况。

1.殴打行为足以致驾驶人员失去对车辆的有效控制，从而直接引发交通事故的。

2.殴打行为不足以致驾驶人员失去对车辆的有效控制，但引发驾驶人员擅离驾驶岗位进行互殴，导致车辆失去控制，进而间接引发交通事故的。

对于第一种情形，刑法理论没有争议地认为，由于乘客殴打行为直接导致了车辆失控，危及了公共安全。对此，乘客的行为应当以危险方法危害公共安全罪的定罪量刑，比如万州事件的乘客。

祝久平以危险方法危害公共安全案

祝在扬州市广陵区湾头镇搭乘12路无人售票公交车，因未及时购票而遭到司机的指责，祝遂生不满，便辱骂司机，并上前扇打司机的耳光。司机停车后予以还击，双方厮打，后被乘客劝止。司机重新启动公交车在行驶过程中，祝久平再生事端，勒令司机立即停车，并殴打正在驾驶的司机，并与司机争夺公交车的变速杆，致使行驶中的公交车失控，猛然撞到路边的通信电线杆后停下。结果通信电线杆被撞断，车上部分乘客因此受伤，公交车受损，直接经济损失近万元。

法院最后认为：祝在行驶的公交车上，无理纠缠并殴打正在驾驶公交车的司机，并与司机争夺公交车的变速杆，导致行驶中的公交车失控，虽然只发生撞断路边通信电线杆、公交车受损、部分乘客受伤、全部直接经济损失近万元的后果，但已足以危及不特定多数人的生命健康及其他重大财产的公共安全，其行为符合以危险方法危害公共安全罪的构成要件，依照《刑法》规定，判决如下：被告人祝久平犯以危险方法危害公共安全罪，判处有期徒刑3年。[1]

司机的责任

在第一种情形中，值得研究的是司机是否应当追究刑事责任。在祝久平案中，司机回击这是人之常情，很难想象被殴却不还手的现象。但是，在从事高度危险的职业中，人之常情也要受到一定的限制，如果明知回击行为会引发车辆失控的严重后果，但却轻信可以避免，或者疏忽大意根本没有预见会出现如此严重的后果，这应当认为存在刑法意义上的过失。当然，过失犯罪，只有出现严重的实害结果才能追究刑事责任。在祝久平案中只出现了危及公共安全的具体危险，而无实际的严重后果，所以自然无法追究司机的责任。

---

[1] 祝久平以危险方法危害公共安全案，《刑事审判参考》第319号。

对于第二种情形，车辆失去控制造成交通事故是由驾驶人员擅离职守直接所致，但乘客的殴打行为又是引发驾驶人员擅离职守与其对殴的唯一原因。对此，乘客和司机的行为应当如何定性，则存在一定的争议。

比较重要的判例如陆某某、张某某以危险方法危害公共安全、交通肇事案。

被告人陆某某当班驾驶无人售票公交车，当车行驶至市区某站时，被告人张某某乘上该车。陆某某遂叫张往车厢内走，但张未予理睬。陆见上车的乘客较多，再次要求张往里走，张某某不仅不听从劝告，反以陆某某出言不逊为由，挥拳殴打正在驾车行驶的陆，击中陆的脸部。陆某某被殴后，置行驶中的车辆于不顾，离开驾驶座位，抬腿踢向张某某，并动手殴打张，被告人张某某则辱骂陆某某并与陆扭打在一起。这时公交车因无人控制偏离行驶路线，公交车接连撞倒一相向行驶的骑自行车者，撞坏一辆出租车，撞毁附近住宅小区的一段围墙，造成骑自行车的被害人龚某某当场死亡，撞毁车辆及围墙造成财物损失人民币超2万元。陆某某后投案自首。

在这个案件中，检察机关认为两人都构成以危险方法危害公共安全罪，向法院起诉，但法院最后认为陆某某构成以危险方法危害公共安全罪，但因有自首等从宽情节，判其有期徒刑8年。对于张某某，法院则认为其构成交通肇事罪，判处其有期徒刑3年。[1]

法院之所以认为张某某构成交通肇事罪，而非以危险方法危害公共安全罪，主要是考虑很难证明张某某对危害公共安全的后果存在主观故意，所以最后以过失的交通肇事罪追究其刑事责任。

具体到重庆万州的同类案件，乘客刘某和驾驶员冉某之间的互殴行为导致恶性事故，如果两人没有死亡，那就涉嫌犯罪，也一定会涉及危险方法危害公共安全罪与交通肇事罪的适用问题。

---

[1] 陆某某、张某某以危险方法危害公共安全、交通肇事案，《刑事审判参考》第197号。

紧急情形中的阻却事由

司法解释还规定了两种排除犯罪性事由，一种是正当防卫，一种是紧急避险。

对正在进行的妨碍安全驾驶的违法犯罪行为，乘客等人员有权采取措施予以制止。制止行为造成违法犯罪人损害，符合法定条件，应认定为正当防卫。所以乘客在打司机，张三从旁边气不过，拿着一壶开水从乘客头上浇了过去，乘客吱哇乱叫，这直接认定为正当防卫。

正在驾驶公共交通工具的驾驶人员遭到妨碍安全驾驶行为侵害时，为了避免公共交通工具倾覆，采取紧急制动措施，这是典型的紧急避险。乘客跟司机扭打在一起，司机紧急刹车，导致人员伤亡，甚至后车也发生冲撞，这对司机而言是紧急避险。但是乘客还是可以构成以危险方法危害公共安全罪。

法治的基本要义是要培养民众的规则意识，无论尊贵、卑贱、富裕、贫穷，都要受到规则的约束。如果人们非但不愿意遵守规则，反而视遵规守法为弱者的行径，那么你我是否也会遭遇万州事件，就只能听天由命了。

妨害驾驶罪

2020年11月，南昌有一个陈姓法学研究生被判以危险方法危害公共安全罪，据说他还通过国家司法考试，取得律师执照。陈某在乘坐大巴车时，因未听见报站错过下车，与司机发生争执。在要求中途下车被拒绝后，陈某辱骂司机，并在大巴车行驶至高架处时，用手击打司机头部，司机紧急制动致使后车追尾。该案发生后，他的律师执照已注销。

在这个案件中，值得研究的是，陈某的击打行为是否达到了和放火、爆炸、决水、投放危险物质罪同等的危险程度呢？

还记得我们之前讨论的肖永林案吗？让放火、爆炸、决水、投放危险物质的罪犯和陈某一起站在台上，和谐吗？

可能不太好回答吧。

这就是为什么《刑法修正案（十一）》增加了一个新罪——妨害驾驶

罪。对行驶中的公共交通工具的驾驶人员使用暴力或者抢控驾驶操纵装置，干扰公共交通工具正常行驶，危及公共安全的，处1年以下有期徒刑、拘役或者管制，并处或者单处罚金。驾驶人员在行驶的公共交通工具上擅离职守，与他人互殴或者殴打他人，危及公共安全的，也构成这个犯罪。

无论是乘客在公交车上打司机；还是司机和乘客吵架，离开驾驶室和乘客对打，都可以构成妨害驾驶罪。

这个罪的刑罚最高不超过1年有期徒刑，属于轻罪，所以它是抽象危险犯，也就是行为犯，并不需要达到以危险方法危害公共安全罪的具体危险（危害公共安全）。当然，如果干扰公共交通工具行驶的行为造成了致人伤亡或者其他严重后果，那就同时构成以危险方法危害公共安全罪的结果加重犯，从一重罪则应以危险方法危害公共安全罪定罪处罚。

无论如何，冲动是魔鬼，这句我们还是需要时刻谨记。

想一想

如果你乘坐的公交车上，乘客与司机发生了争执，你该怎么做？

第五章

破坏社会主义市场经济秩序罪

伪劣商品犯罪

047 生产、销售伪劣商品罪

破坏社会主义市场经济秩序罪属于经济犯罪，跟普通大众最最相关的就是生产、销售伪劣商品罪。

生产、销售伪劣商品罪包括9种具体罪名：生产、销售伪劣产品罪；生产、销售假药罪；生产、销售劣药罪；生产、销售不符合安全标准的食品罪；生产、销售有毒、有害食品罪；生产、销售不符合卫生标准的医用器材罪；生产、销售不符合安全标准的产品罪；生产、销售伪劣农药、兽药、化肥、种子罪；生产、销售不符合卫生标准的化妆品罪。

其中，"生产、销售伪劣产品罪"与其他8种犯罪是普通法与特别法的法条竞合关系。

买假货犯法吗

在这9种犯罪中，大部分犯罪都必须出现了实际损害结果才构成既遂，但是有两种犯罪只需要出现具体危险不需要实害结果就可成立既遂，它们是生产、销售不符合安全标准的食品罪，生产、销售不符合标准的医用器材罪，成立这两种犯罪，必须达到足以危及人体健康的危险。

还有两种最严厉的犯罪，只需要有行为就可以成立既遂，它们是生产、销售有毒、有害食品罪和生产、销售假药罪，只要在生产、销售的食品中掺入有毒、有害的非食品原料的，或者销售明知掺有有毒、有害的非食品原料的食品的行为，或明知是假药而生产、销售的，就构成犯罪。这两种犯罪都保留了死刑条款。

虽然有卖就有买，但刑法只打击伪劣产品的销售者，并不惩罚单纯的购买者。知假买假是不构成犯罪的。但是购买者买后明知是伪劣产品又卖给他人的，那就另当别论，可能单独构成销售伪劣商品类犯罪。

生产、销售伪劣产品罪

生产、销售伪劣产品罪是指生产者、销售者故意在产品中掺杂、掺假，以假充真、以次充好或者以不合格产品冒充合格产品，销售金额在5万元以上的行为。销售金额5万元以上不满20万元的，处2年以下有期徒刑或者拘役；销售金额20万元以上不满50万元的，处2年以上7年以下有期徒刑；销售金额50万元以上不满200万元的，处7年以上有期徒刑；销售金额200万元以上的，处15年有期徒刑或者无期徒刑；以上刑期均并处销售金额50%以上2倍以下罚金或者没收财产。

我们可能都有买到伪劣产品的经验。比如我买东北大米，仔细一看，发现是湖南大米，这也是伪劣产品，因为名实不符。或者我想买新米，张三卖给我陈米，这是以次充好，以不合格产品冒充合格产品，也属于伪劣产品。

现实中，卖假货的人很多，刑法对本罪的打击力度是有起点的，要求销售金额在5万元以上。这是一个典型的数额结果犯，只有达到数额标准才构成犯罪既遂。销售金额，既非利润也不是违法所得，而是指生产、销售者出售伪劣产品所得和应得的全部违法收入，比如卖出去的东西还没有回款，也属于销售金额。

但是，卖假货的人一般很少有记账的习惯，很难证明其销售金额达到5万元。最高法院通过司法解释解决了这个问题，把5万元的销售金额看成既遂标准，而不是成立标准。换言之，如果行为人的销售金额没有达到5万，虽然不构成既遂，但只要你的货值金额达到了15万，就可以认定为未遂。

例如，张三卖假的东北大米，卖出了3万，存货有13万，构成犯罪吗？分开来看好像既不是既遂，也不是未遂。但是卖出的3万也算作是存货的一部分，所以货值金额有16万，可以构成生产、销售伪劣产品罪的未遂。

想一想
为什么"生产、销售假药罪"和"生产、销售有毒、有害食品罪"保留了死刑条款？

048 食品安全

民以食为天，食品安全事关民众的生死安危，所以刑法规定了两种犯罪：生产、销售不符合安全标准食品罪和生产、销售有毒、有害食品罪。

有毒、有害食品在概念上其实也属于不符合安全标准的食品，两者如何区分呢？通俗一点讲，有毒、有害就是绝对不能吃，而不符合安全标准就是相对不能吃，或者说创造条件其实还是可以吃的。

大头娃娃事件
生产、销售不符合安全标准食品罪是指生产、销售不符合食品安全标准的食品，足以造成严重食物中毒事故或者其他严重食源性疾病的行为。本罪是具体危险犯，一定要证明足以造成后果才定罪。基本刑处3年以下有期徒刑或者拘役；对人体健康造成严重危害或者有其他严重情节的，处3年以上7年以下有期徒刑；后果特别严重的，处7年以上有期徒刑或者无期徒刑；以上刑期均可并处罚金或者没收财产。

一个令人心酸的案件是"大头娃娃"事件。从2003年开始，安徽阜阳100多名婴儿陆续患上一种怪病，脸大如盘，四肢短小。后来发现，这些婴儿都是因为食用空壳奶粉造成营养不良。国务院调查组证实，不法分子用淀粉、蔗糖等价格低廉的食品原料全部或部分替代乳粉，再用奶香精等添加剂进行调香调味，制造出劣质奶粉，婴儿生长发育所必需的蛋白质、脂肪以及维生素和矿物质含量远低于国家相关标准，但没有发现铅、砷等有毒、有害物质超标，也没有检出激素成分，基本排除受害婴儿受到毒性物质侵害的可能。

当时在认定这个案件的时候就产生了争议，很多销售奶粉的小卖铺的销售金额很少在5万元以上，难以构成生产、销售伪劣产品罪。同时，生产、销售不符合安全标准食品罪要求足以造成严重食物中毒或者其他严重食源性疾病。而营养不良属于食物中毒或食源性疾病吗？

按照世界卫生组织的定义，凡是通过摄食进入人体的各种致病因子引起的，通常具有感染性的或中毒性的一类疾病，都称之为食源性疾患。营养不良似乎既非感染性又非中毒性。

但是法律的定义可能也没有必要拘泥于医学术语，还是可以从民众对该语言的最大理解来进行解释，在普通民众看来，将食源性疾病解释为吃出来的病没有超越这个词语的极限。这就是为什么后来最高司法机关在司法解释中就明确指出：婴幼儿食品中生长发育所需营养成分严重不符合食品安全标准的，也可以构成生产、销售不符合安全标准食品罪。

制毒、售毒可处死刑

生产、销售有毒、有害食品罪是指在生产、销售的食品中掺入有毒、有害的非食品原料的，或者销售明知掺有有毒、有害的非食品原料的食品的行为。本罪是抽象危险犯，只要有发生行为就可定罪。

基本刑处5年以下有期徒刑；对人体健康造成严重危害或者有其他严重情节的，处5年以上10年以下有期徒刑；致人死亡或者有其他特别严重情节的，处10年有期徒刑、无期徒刑或者死刑。以上刑期均可并处罚金或没收财产。

我们知道，给猪头脱毛是很麻烦的一件事情，张三用工业松香加热给生猪头脱毛，并将加工后的猪头分离出猪头肉、猪耳朵、猪舌头、肥肉等销售给当地菜市场内的熟食店，销售金额达61万余元。李四明知张三所销售的猪头系用工业松香加工脱毛分离得到的仍予以购买，并做成熟食在其经营的熟食店进行销售。经鉴定，被扣押的松香系工业松香，属食品添加剂外的化学物质，内含重金属铅，经反复高温使用后，铅等重金属含量升高，长期食用工业松香脱毛的禽畜类肉可能会对人体造成伤害。张三和李四的行为如何定性？两人成立共同犯罪吗？

两人没有进行犯意沟通和交流，不成立共同犯罪，张三有生产和销售两组行为，所以构成生产、销售有毒、有害食品罪，李四只有销售行为，所以单独构成销售有毒、有害食品罪。

想一想

李四跟张三两家都开鸭脖店，但是李四的生意不如张三好。李四趁张三不备，在他做鸭脖的卤水里投入大量的亚硝酸盐。张三当晚做鸭脖子时，觉得卤水有刺鼻的味道，以为天太热馊了，但舍不得倒掉，依然做了鸭脖子，结果导致客人食用后重伤甚至死亡，请问该案如何处理？

049 生产、销售假药罪

电影《我不是药神》的故事原型是陆勇案，案件的核心就在于其是否构成生产、销售假药罪。

在刑法中，生产、销售假药罪是指明知是假药而生产、销售，危害人体健康的行为。基本刑处3年以下有期徒刑或者拘役；对人体健康造成严重危害或者有其他严重情节的，处3年以上10年以下有期徒刑；致人死亡或者有其他特别严重情节的，处10年以上有期徒刑、无期徒刑或者死刑。以上刑期均并处罚金或者没收财产。

2002年，时年34岁的陆勇罹患慢粒白血病，医生推荐服用"格列卫"这种抗癌药。这是进口药品，一盒售价高达23500元，每个月需要服用一盒，昂贵的医疗费用让陆勇无法承受。陆勇年迈的父亲虽然已经退休，但是为了分担孩子的重担，也开始外出工作，在一次洽谈业务时车祸身亡。

2004年6月，陆勇通过朋友得知印度有一种"格列卫"的仿制药，药效和真药几乎相同，但一盒仅售4000元。陆勇开始服用印度仿制"格列卫"，发现确实有效后，介绍给其他白血病患者，并且到印度购买仿制药。很多病友让其帮忙购买此药，后来因为"团购"人数众多，仿制药每盒仅200元左右。

为方便给印度汇款，陆勇从网上购买了3张信用卡，将一张卡交给印度公司作为收款账户，另外两张因无法激活，被他丢弃。

2014年4月，沅江市公安局以涉嫌妨害信用卡管理罪和销售假药罪，将陆勇向湖南省沅江市人民检察院移送审查起诉。

该案引起民众的强烈关注。陆勇的数百名病友联名写信，请求司法机关对其免于起诉。2015年1月27日，湖南省沅江市检察院向法院请求撤回起诉。陆勇最终获释。

"假药"的界定

按照当时的法律，陆勇所售卖的仿制药的确属于假药。刑法中的假药是根据《药品管理法》有关假药的定义来界定的。陆勇所购买的印度仿制药没有批文、不具备合法渠道，因此被药监部门定性为"假药"。

将未经批准的进口药品视为假药来源于2001年《药品管理法》的修正，1984年的《药品管理法》并无类似规定。

尽管如此，在2001年《药品管理法》修正后的十年间，生产、销售未经批准的进口药品虽然是一种违法行为，但并不构成生产、销售假药罪。因为原刑法规定的生产、销售假药罪必须要达到足以严重危及人体健康的程度才能入罪。如果进口药品有医学上的疗效，虽然未经批准进口在法律上以假药论，但显然无法达到足以严重危及人体健康的程度，也就不构成本罪。

情况在2011年发生了变化。为了加大对生产、销售假药罪的打击力度，2011年2月25日，全国人大常委会通过了《刑法修正案（八）》，删除了原刑法所要求"足以严重危及人体健康"的限定条件。从此，只要生产、销售假药，即便没有危及人体健康，也可以犯罪论处。

刑法的处罚范围被极大地扩张，"我不是药神"式的案件如潮水一般涌至司法机关，这种现象可能是立法者始料未及的，法律与情理发生了严重的冲突。2014年最高司法机关出台司法解释，试图限制立法的过度严厉，该解释规定："销售少量根据民间传统配方私自加工的药品，或者销售少量未经批准进口的国外、境外药品，没有造成他人伤害后果或者延误诊治，情节显著轻微危害不大的，不认为是犯罪。"但是，像陆勇这样的案件，显然不属于销售少量药品。

"假药"罗生门

山东聊城肿瘤医院陈宗祥医生因向患者推荐"假药"，也涉嫌销售假药罪，这同样让人反思假药概念的合理性。

据报道，癌症晚期患者王某住院期间，在主治医生陈宗祥的推荐下，通过第三方途径购买了一款名为"卡博替尼"的抗癌药。服药后，王某出现呕吐、厌食等反应，其家属将买来的药送食药监部门鉴定，结果显示为"假药"。陈医生承认推荐"卡博替尼"，但认为法律上的"假药"在医学上未必假，其推荐只是为了延长患者的生命，并未从中牟利。

"卡博替尼"系美国Exelixis公司研制的抗癌药，对治疗多种癌症广泛有效，因而也成为许多癌症患者的福音。不过，由于国内至今没有引进，患者只能出国或通过代购的方式购买。调查发现，网上有多个版本的"卡博替尼"（仿制药，价格相对低廉）的代购途径，王某购买的系印度产的卢修斯，每盒13800元。

是非曲直，众说纷纭。有人将王某的家属斥为"农夫与蛇"里的蛇，还有律师公开表示：生产、销售假药罪不设门槛，都应当追究刑事责任。由于诸多压力，对于陈医生的行为，当地公安后以情节显著轻微不予立案。

法律的进步

在上述案件的合力下，新修订的《药品管理法》对何为假药、劣药，重新做出界定。假药包括：所含成分与国家药品标准规定的成分不符的药品，以非药品冒充药品或者以他种药品冒充此种药品，变质的药品，所标明的适应症或者功能主治超出规定范围的药品。其中，最令人瞩目的就是进口国内未批的境外合法新药不再按假药论处。该法于2019年12月1日起施行，法律的一个小小进步，背后的故事是沉重的。

但是，药神案件并不会高枕无忧，虽然进口国内未批的境外合法新药不再按假药论处，但是还可能触犯其他罪名。

在现代社会，刑法的触角涉及社会生活的方方面面，如果只从技术角度来看，我们所有的行为都有构成犯罪的可能。一个精致的法律技术主义者会敏锐地觉察到，以《我不是药神》的主人公程勇从境外偷运仿制药品售卖的行为，触犯刑法上的诸多犯罪：首先偷运入境行为构成走私普通货物物品罪。其次还构成非法经营罪。需要说明的是，非法经营罪不需要以营利为目的，以亏损为目的以慈善为动机的非法经营也可以构成非法经营罪。

上海版"药神"郭桥案就是典型。郭桥是上海美华丁香妇儿门诊部的法定代表人，在为儿童接种疫苗时，从境外采购未经国家批准进口、检验的疫苗而被捕。这里有两个背景值得注意，一是很多儿童家长希望能够为孩子接种进口疫苗，二是我国在2014年2月到2017年3月期间，因药品审批原因中断了针对2岁以下婴幼儿的7价肺炎疫苗的进口，断供长达3年之久。2015年7月至2016年11月，美华门诊部非法从新加坡的诊所采购了11种儿童用进口疫苗，共1.3万余支，其中80%为13价肺炎球菌疫苗，还包括轮状病毒疫苗、水痘疫苗、五联疫苗和六联疫苗，采购总额近千万元。

一审法院以销售假药罪对此案进行了判决，郭桥被判处有期徒刑7年，罚金200万元，美华门诊部被判处罚金1200万元。郭桥不服，提起上诉，2019年11月27日，也即修订后的《药品管理法》正式实施的前4天，上海高院做出二审裁定，撤销郭桥案一审原判决发回重审。检察机关也做出变更起诉决定书，以走私罪向法院重新提起公诉，郭桥后被判处2年有期徒刑。由于郭桥自2018年1月一直被羁押，判决生效时差不多羁押了2年，所以判决不久郭桥即期满释放。

法律与道德

刑法是最严厉的惩罚手段，这种惩罚必须具备道德上的正当性，虽然一种违反道德的行为不一定是犯罪，但一种道德上被容忍甚至被鼓励的行为一定不是犯罪。在世界各国，消极道德主义也即以道德正当性作为排除犯罪的理由都被普遍认可。无论如何，善行都不能论以犯罪，否则违法就并非不义，反而成为荣耀了。

长期以来，不少司法机关都存在机械司法的问题，将司法活动等同于电脑运算。这种无视民众道德情感的行为，从司法者个人角度而言虽然是"安全的"，但从社会角度看却降低了司法的公信力。

司法人员总是期待最高司法机关出台司法解释，但如果司法解释姗姗来迟，司法机关是否有勇气径直根据道德上的相当性做出除罪的决定呢？比如有关药品的司法解释规定了免责条款，但仅针对的是生产、销售假药罪，对于走私普通货物物品罪、非法经营罪却没有类似规定，司法人员是否有适用同样法理的担当呢？

刑法的合理性不是来自形而上学的推理，而是来自它所服务的道德观念。如果法律过于刚性，司法的作用不是让它更加刚硬，而是要用道德的润滑剂让法律柔软，满足民众的常情常感。

英国刑法学家詹姆士·斯蒂芬在《自由·平等·博爱》写道：在任何情况下，立法都要适应一国当时的道德水准。如果社会没有毫不含糊地普遍谴责某事，那么你不可能对它进行惩罚，不然必会"引起严重的虚伪和公愤"。公正的法律惩罚必须取得在道德上占压倒优势的多数的支持，因为"法律不可能比它的民族更优秀，尽管它能够随着标准的提升而日趋严谨"。

妨害药品管理秩序罪

在《我不是药神》这类案件中，如果海外的代购药品对人体有严重的危害，如果不进行打击，似乎也不太合适。这就是为什么《刑法修正案（十一）》规定了一个新的犯罪叫做妨害药品管理秩序罪，认为如果未取得药品相关批准证明文件生产、进口药品或者明知是上述药品而销售的，如果足以严重危害人体健康的，可以处 3 年以下有期徒刑或者拘役，并处或者单处罚金；对人体健康造成严重危害或者有其他严重情节的，处 3 年以上 7 年以下有期徒刑，并处罚金。

按照 2019 年 12 月 1 日起施行的《药品管理法》的规定，未取得药品相关批准证明文件生产、进口药品不再属于假药，但是一律放任不管，肯定不行。据说当时讨论是否增设这个罪名时，有关机构曾经希望把其规定为行为犯，但这其实又回到以前的老路，不可避免地会导致处罚范围的无限扩大，因此新的修正案还是用"足以严重危害人体健康的"这种具体危险作为门槛，避免打击过度，让本来已经可能告别牢狱之灾的"药神"又受囹圄之苦。

想一想
你在观看《我不是药神》时，觉得主人公程勇构成犯罪吗？

走私与公司犯罪

050 走私罪

走私罪是违反海关法规，逃避海关监管，进行走私活动，破坏国家海关监管制度，情节严重的行为。除了走私毒品罪以外，其他的走私罪都不再有死刑，毕竟走私跟人命是没关系的。

走私罪可分为以下三类。

1.走私普通货物、物品罪，构成这种走私罪必须有逃避应缴税额。

2.走私特定的货物，比如武器、弹药、核材料、淫秽物品等法律禁止或限制出入境物品，这些犯罪无须有逃避应缴税额的要素，只要违反国家规定，就构成犯罪。

3.走私国家禁止进出口的货物、物品罪，是一种兜底罪，用来填补前两类走私罪之间的空白。比较常见的禁止物品有珍稀植物制品、疫区的肉类、报废车辆等。

小心代购成走私

走私普通货物、物品罪有两种类型，一种是数额较大型，一种是蚂蚁搬家型。

数额较大型走私，只要偷逃应缴税额较大即可构成犯罪，司法解释将其规定为"偷逃应缴税额在10万元以上不满50万元的，应当认定为偷逃应缴税额较大"，各省、市、自治区在10万至50万区间内根据情况来确定，但是可以肯定的是，如果偷逃税款达到50万就构成犯罪。所以代购也有风险，很有可能涉嫌走私普通货物物品罪。不管代购人是帮一个人还是帮好多人代购，所有的数额会加总计算应缴税额。

比如曾引起民众沸议的空姐代购案。离职空姐李某航多次携带从韩国免税店购买的化妆品入境而未申报，逃税113万余元，北京市二中院一审以走私普通货物罪判处有期徒刑11年，罚金50万元。2013年5月，北京高院二审将此案发回重审，后判决李某航有期徒刑3年，罚金4万元。

曾经还有大量让人心酸的走私案件，比如走私抗癌药品，犯罪分子为自己或亲友从海外购买药品，但却论以走私，不仅药品没收，还要身陷囹圄。如果非要以犯罪来测试人伦根本，这只能说是法律的悲哀。

蚂蚁搬家型走私，是指在1年内曾因为走私给予2次行政处罚后又走私的，直接认定为走私罪。前两次给予行政处罚可以是因为走私普通货物，也可以是走私特定物品，但是后一次又走私的，仅限于走私普通货物、物品。比如张三从海外购买多台苹果电脑，入关时没有申报，被查获，这是行政违法，可以进行行政处罚，三个月后再次帮朋友代购苹果电脑也没有申报，再次受到行政处罚，如果第三次再犯就构成走私罪。

走私文物罪

刑法中有走私文物罪。何谓文物，那肯定是和人类文明有关的遗物和遗迹。但是，2005年全国人大常委会发布的立法解释却规定，刑法有关文物的规定，适用于具有科学价值的古脊椎动物化石、古人类化石。按照这个解释，走私恐龙蛋就有可能构成走私文物罪。

我对这个立法解释一直有困惑，按理来说无论是立法解释还是司法解释，都只是对法律条文的阐释，不能类推创造新的规则，否则就会违反罪刑法定原则。

后来我才发现自己学艺不精，因为立法解释的这个规定根本不是创造规定，它本身就是《文物保护法》的规定，《文物保护法》列举了五种需要国家保护的文物后，在最后一款又规定"具有科学价值的古脊椎动物化石和古人类化石同文物一样受国家保护"。可见，立法解释只是对法律条文的再申明，并没有创造新的规则。

但是问题又出现了，具有科学价值的古脊椎动物化石、古人类化石属于文物，那走私无脊椎动物化石该当何罪呢？比如走私三叶虫化石，三叶虫化石可能比恐龙蛋还珍贵。

很明显，三叶虫不属于古脊椎动物化石，所以无法为文物这个概念所包容，同时也不能构成走私普通货物物品罪，因为这个罪需要一定的逃税金额作为构成要素。

走私三叶虫化石这类案件其实是一个明显的法律漏洞，但2009年《刑法修正案（七）》把这个漏洞给补上了，立法机关把原规定的"走私国家禁止进出口的珍稀植物及其制品的"调换了一下字序，同时加了一个等字，变成"走私珍稀植物及其制品等国家禁止进出口的其他货物、物品的"。也就是说把以前的走私珍稀植物及其制品罪，改成了走私国家禁止进出口的货物、物品罪。这显然是一个兜底的罪名，只要是走私特定物品和普通物品无法打击的罪名，都可能以这个罪名来处理。

后续走私和单向走私

走私一般都有一个从关内到关外，或者从关外到关内的过程。但后续走私发生在中国境内，没有通关过程，包括以下两种情况。

1.保税物品未经许可而内销，也就是通常说的未经批准出口转内销。中国是全球最大的代工企业国之一，就像苹果手机很多都是富士康生产的，它的原材料由美国公司提供，这批原材料在进入中国时是不交税的，属于保税物品。但是如果你截留了其中一批原材料，在中国境内销售，也就逃避了关税。后续走私的本质，其实就是逃避关税型的犯罪。

2.擅自将特定的减免税货物在境内销售牟利的，这也逃避了关税，构成后续走私。比如张三是中国香港籍，以向内地某机关捐赠汽车的名义，办理了7份免税进口的批文。张三后从香港免税进口汽车20辆，车辆价值共200多万，汽车被运到内地后被卖掉，这就属于典型的后续走私。这里的牟利既包括积极牟利，也包括消极牟利，如洪某系独资企业老板，因欠他人巨额债务，私自将免税购买的，原价100万的两辆进口轿车，以市场价160万元充抵债务，很明显使得国家少收了关税，这也属于后续走私。

大部分走私犯罪既包括出口走私，也包括进口走私。但刑法中有个奇特的规定是单向走私，对于文物和贵重金属，只打击出口不打击进口。1999年发生过一个真实案件，林某从香港携带84公斤黄金入境没有申报，当场被抓。法院觉得很为难，因为走私贵重金属罪禁止出口，不禁止进口。所以一度认为林某的行为不构成犯罪。显然，这种理解就太过于机械，林某虽然不构成走私贵重金属罪，但如果走私贵重金属入境，偷逃税额数额较大，完全可以构成走私普通货物、物品罪。还有一类单向走私正好相反，是禁止进口不禁止出口，大家都知道，这就是走私废物罪了。

想一想
为什么会有单向走私的规定？

051 妨害对公司、企业的管理秩序罪

妨害对公司、企业的管理秩序罪中最重要的罪名就是非国家工作人员的商业贿赂，既包括非国家工作人员受贿罪，也包括对非国家工作人员行贿罪。

非国家工作人员受贿罪是指公司、企业或者其他单位的工作人员利用职务上的便利，索取他人财物或者非法收受他人财物，为他人谋取利益，数额较大的行为。根据司法解释，6万元就达到了数额较大的标准。基本刑处3年以下有期徒刑或者拘役；数额巨大的，《刑法修正案（十一）》将法定刑最

高刑提高到了无期徒刑。

对非国家工作人员行贿罪是指为谋取不正当利益，给予公司、企业或者其他单位的工作人员以财物，数额较大的行为。构成此罪必须为谋取的是不正当利益。基本刑处3年以下有期徒刑或者拘役，并处罚金；数额巨大的，处3年以上10年以下有期徒刑，并处罚金。

为他人谋取利益

非国家工作人员受贿罪中的索贿和收受贿赂都必须为他人谋取利益，对比国家工作人员构成的受贿罪，只要其有主动索要贿赂的行为，无须为他人谋取利益就可以成立犯罪，显然这也体现了对公职人员犯罪更严厉的打击态势。

当然，为他人谋取利益可以是正当利益也可以是不正当利益，"为他人谋取利益"只是一个主观目的，这种目的并不需要实际实现。换言之，只要有为他人谋取利益的许诺，即便没有实际办事，也成立了目的要素。

在非国家工作人员受贿罪中，还有一种情况是单纯受贿，这是指在经济往来中，违反国家规定，收受各种名义的回扣、手续费，归个人所有的，也可构成此罪。这种受贿并不需要为他人谋取利益。只要在经济往来中违规收受了回扣、手续费放进自己腰包，数额达到6万以上，就可能构成犯罪。

医生收红包

医生可能在三种情况下收受红包，一是做手术时收受患者红包，二是收受药商的回扣，三是医院领导采购药品收受红包。

对于第一种情况，一般不构成犯罪，因为这种现象比较普遍，刑法是一种最后法，不宜轻易使用，而且如果做手术的医生可以构成犯罪，那么塞红包的患者也可以构成行贿，这样打击面未免太宽。当然，医生的这种行为违反职业道德，可以进行纪律处分，但没有必要上升到犯罪高度。

第二种情况就比较复杂，以2006年湖北随州打击医院商业贿赂案为例，当时检察机关发现，有药商为向随州市中心医院销售药品，常年向医生行贿，每支药品回扣8元（医院售价每支28元左右）。涉嫌科室各有一套分配方法。其中一个科室有9名医生，其分钱规则是：药商根据微机管理员提供的开单情况，定期将提成交给科室副主任，由副主任分给每位医生。然后，每位医生从中拿出12.5%送给主任。初步查明，该科室2年接受回扣总额50多万元，主任收受6万多元。这种案件就有必要用刑法打击。但是涉及的问题是，医生属于国家工作人员还是非国家工作人员，如果是前者那就构成受贿罪，如果是后者那就构成非国家工作人员受贿罪。

这里主要涉及对刑法身份犯的解释。对于身份，不要只看表面，而要看实质。比如村官受贿案，如果村官利用村务管理之便受贿，那就是非国家工作人员受贿罪；如果利用公务管理之便，比如张三想当兵，村长负责相应的工作，张三给村长塞钱，这个时候村长所负责的就是公务管理，自然构成受贿罪，张三构成行贿罪。

大部分医生都在公立医院，属于事业单位工作人员，但是医疗工作主要还是一种技术性工作，而非公务管理。利用开处方来收受医药代表的回扣主要涉及对处方权的定性，这种权利只是一种技术性权力，而非公共事务管理的权力，所以应该以非国家工作人员受贿罪论处。

至于第三种情况，比如2010年至2019年7月，谢某利用担任某地卫生院院长期间，在采购药品过程中，交待其药房负责人采购医药代表代理公司的药品，收受药品采购回扣共计100多万归个人所有。医院领导利用药品采购权收受贿赂，这就是典型的利用公共事务管理的便利，应该以受贿罪定罪量刑。法院也的确以受贿罪判处谢某有期徒刑3年2个月。

想一想

家长张三逢年过节，都给老师购买礼品，是否构成对非国家工作人员行贿罪？

金融犯罪

052 贷款诈骗罪和骗取贷款罪

贷款诈骗罪，主观上一定要以非法占有为目的，客观上采取虚构事实、隐瞒真相的方法向银行或其他金融机构骗取贷款。

非法占有的目的一定产生在贷款之前，但是所有的人被抓都会说"我想还"，于是就需要用证据推定，这也是贷款诈骗罪和骗取贷款罪最大的区别，在客观上它们的方法是一模一样的，都是骗取银行的贷款，但关键要看主观上有没有非法占有的目的。

骗取贷款、票据承兑、金融票证罪，是2006年《刑法修正案（六）》规定的新罪，指以欺骗手段取得银行或者其他金融机构贷款、票据承兑、信用证、保函等，给银行或者其他金融机构造成重大损失或者有其他严重情节的行为。

曲沪平案

2005年，中国的楼市开始高涨，国务院要求各银行自查风险。结果上海浦东发展银行发现有严重的违规放贷行为，有一个叫曲沪平的人，居然向银行办理住房按揭贷款高达数亿。你想一想，个人买房向银行能贷数亿，还是2005年，这多么可怕。

后来越查越觉得触目惊心，与曲沪平有关的住房贷款竟达91笔，包括浦发银行陆家嘴支行89笔、卢湾支行2笔，金额估计在4亿元左右。这些贷款被用来购买上海中心城区黄浦、卢湾、浦东等地的高档物业。贷款的代理人全是曲沪平，提供按揭中介服务的均为上海优佳投资管理有限公司，公司的老板是美籍华裔顾某。顾老板假借他人名义向银行办理住房按揭贷款，套取银行的贷款来炒房。等楼价高涨之后，公司再抛售房产。据说后来一个保安惊奇地发现自己居然买了房，而且还是高档楼盘，还有人每个月为其支付月供，所以要求住进去，这才东窗事发。

顾老板构成贷款诈骗罪吗？不妨再思考一个更为经典的案件。

黄光裕案

黄光裕，原国美集团的老板，2004、2005、2008年三度问鼎胡润百富榜之大陆首富，在2006年福布斯中国富豪榜亦排名第一。2010年黄光裕因非法经营罪、内幕交易罪和单位行贿罪被判处有期徒刑14年。

其实，黄光裕在2006年就因为涉嫌骗贷被公安机关调查。黄光裕经营的第一个地产项目是北京鹏润家园项目，离金融街大概6公里。1999年，鹏润家园一期落成后，销售不佳。为了解决资金问题，黄光裕采取了虚假按揭的方式从中国银行北京分行套取资金。据称，黄光裕当时弄了大量的个人身份证向银行办理虚假按揭，得到了约3亿元的资金。此外，黄光裕还被认为利用一家担保公司从银行骗取了约4亿元的汽车贷款，也是利用给职工买车的幌子，当时的车贷一度是零首付，在手法上与骗取房贷类似。

银行贷款要当心

顾老板和黄老板的行为构成贷款诈骗罪吗？

其实不太容易认定，因为认定贷款诈骗罪必须要证明在贷款之前就有非法占有，也就是不想还钱的目的，而这个目的是很难证明的。在上述两个案件中，顾老板和黄老板应该都是想赚了钱再还回去，所以很难推定他们有非法占有的目的。

随着一大批这类案件的出现,《刑法修正案（六）》就规定了一个骗取贷款罪,算是填补了这个法律漏洞,根据从旧兼从轻原则,此罪名对于顾老板和黄老板是没有溯及力的。

骗取贷款这种案件在司法实践中很常见,比如张三买房向银行贷款,用的是假流水、假收入证明,就可能涉嫌此罪。很多人贷款出来的钱是愿意还的,但这不是辩护理由,如果连钱都不想还,那就是更严重的贷款诈骗罪了,骗取贷款罪最高可判7年有期徒刑,但贷款诈骗罪最高可达无期徒刑。

按照司法解释,凡以欺骗手段取得贷款等数额在100万元以上的,或者以欺骗手段取得贷款等给银行或其他金融机构造成直接经济损失数额在20万元以上的就可以骗取贷款罪立案追诉,所以大家向银行贷款一定不要欺骗。

想一想
张某为了买房,通过伪造相关材料,以欺骗手段获取银行贷款300万元,后无法归还银行本息,张某构成哪项罪名?

053 洗钱罪

洗钱罪,是指明知是毒品、黑社会性质的组织、恐怖活动、走私、贪污贿赂、破坏金融管理秩序、金融诈骗犯罪的违法所得及其产生的收益,掩饰、隐瞒其来源和性质的行为。通俗来讲就是把黑钱变成白钱。

相应刑罚,没收实施犯罪的所得及其产生的收益,处5年以下有期徒刑或者拘役,并处或者单处洗钱数额5%以上20%以下罚金;情节严重的,处5年以上10年以下有期徒刑,并处洗钱数额5%以上20%以下罚金。

什么是洗钱

洗钱（Money laundering）这个名词还真和洗衣店（laundry）有关。20

世纪初，美国芝加哥有一个犯罪团伙，请了一个高才生做财务总监。他开了一家洗衣店，为顾客洗衣物。然后把洗衣所得与赌博、走私等犯罪所得混在洗衣收入中，最后通过纳税申报，扣除税款后，黑钱就被洗白。

1979年刑法没有规定洗钱罪，1997年刑法才规定洗钱罪，但当时洗钱行为的上游犯罪只有毒品犯罪、黑社会性质的组织犯罪和走私犯罪三种犯罪。

上游犯罪是一个非常形象的说法，洗钱是把上游犯罪流下来的钱洗干净。2001年美国9·11事件后，《刑法修正案（三）》又把恐怖活动犯罪增加了进去，2006年《刑法修正案（六）》又增加了三种上游犯罪：贪污贿赂犯罪、破坏金融管理秩序犯罪、金融诈骗犯罪。

构成洗钱罪应当以上游犯罪事实成立为认定前提，但这种事实成立并不一定需要以犯罪论处，比如张三贩毒，李四洗钱，但李四案发时，张三死亡，或者张三是个10岁的大毒枭，这些都不影响李四洗钱罪的成立。

洗钱的本质就是用各种方式掩饰黑钱的来源和性质，司法实践中比较常见的洗钱有：赌博式洗钱，黑钱放进赌场，最后回收的钱就相当于被部分漂白了，因为搞不清楚钱是怎么来的；混业经营式洗钱，就是把合法的生意跟非法的生意掺在一起，最后也能把钱漂白；汇款式洗钱，通过银行的方法把钱给转出去，也是典型的洗钱；跨境式洗钱，只要把犯罪收益带出境外都叫洗钱。比如，在深圳湾口岸客运出境车道，一辆前往香港的两地牌小客车，被发现车中央扶手箱位置有一个特制暗格。拆开一看，里面有金砖44块，每块重1千克，合计44千克，初估价值逾1000万元。如果司机将他人受贿所得换成黄金带到香港，这显然可以构成洗钱罪，当然还构成走私贵重金属罪。

制止洗钱

当前，外逃人员经常通过洗钱的手段进行资产转移，以设立各种空壳公司、离岸公司、虚假交易合同来运作，以逃避监管，有时很难发现，比如张三是官员，受贿惊人，准备外逃，找了一个外贸公司和境外某企业签订一份虚假的二手飞机交易合同，通过外贸公司把赃款汇至境外企业，境外企业收到钱后扣除必要费用，把钱存入张三设在瑞士银行的账户。因此，打击洗钱不仅要完善国内的监管，还要依靠国际的司法协助。

2005年12月，联合国的《联合国反腐败公约》为国际司法协作提供了一个广阔的前景，试图断绝腐败官员出逃国外的后路，让其竹篮打水一场空。其中最值得称道的如下。

首先，《公约》对洗钱犯罪规定了特别的域外管辖权。无论对上游犯罪是否有刑事管辖权，只要洗钱行为发生在国内，该缔约国就可以直接依据本国法律进行管辖[1]。如我国某官员受贿后，通过金融机构将贿赂款汇至美国，作为缔约国的美国就可直接依照本国法律对中国官员进行处理。

其次，《公约》建立了赃款剥夺制度，这是对外逃官员的釜底抽薪。《公约》规定了一整套完备的境外追逃、追赃机制。它包括直接追回和间接追回两套机制。直接追回是指缔约国可以在赃款所在地法院提起民事诉讼，取得外逃官员的贪腐所得。间接追回也即缔约国可以径直在本国对腐败官员提起诉讼，根据生效判决请求赃款所在的缔约国对赃款予以没收。为了更具操作性，《公约》甚至还规定，可以采取必要措施，以便在因为犯罪人死亡、潜逃，或者缺席而无法对其起诉的情形或者其他相关情形下，能够不经过刑事定罪而没收腐败犯罪所得资产，以便进行资产返还[2]。在这个背景下，我国的《刑事诉讼法》也有重要的修改。

2021年生效的《刑法修正案（十一）》删除原法律中"协助"一词，意味着"自洗钱"也可以构成本罪。例如，张三贩卖毒品之后自己洗钱，洗钱行为不再属于不可罚之事后行为，张三除了构成贩卖毒品罪，还构成洗钱罪，应当数罪并罚。这其实也是为了和《公约》接轨。

想一想

对七种上游犯罪以外的犯罪进行洗钱，应该如何处理呢？

1　《联合国反腐败公约》第42条"管辖权"第1款。
2　《联合国反腐败公约》第53、54条。

054 非法集资犯罪

非法集资犯罪不是一个法定概念，在我国刑法中其实没有非法集资犯罪的分类，它是一个学理概念。我国刑法涉及非法集资的罪名共有七个：欺诈发行股票、债券罪；擅自设立金融机构罪；非法吸收公众存款罪；擅自发行股票，公司、企业债券罪；集资诈骗罪；组织、领导传销活动罪；非法经营罪。

司法实践中比较常见的主要是非法吸收公众存款罪、集资诈骗罪和非法经营罪。

非法吸收公众存款罪

所有的非法集资犯罪，在客观上其实都是非法吸收公众存款，所以这个罪名是非法集资犯罪的基础性罪名。

非法吸收公众存款罪，是指非法吸收公众存款或者变相吸收公众存款，扰乱金融秩序的行为。认定此罪有四个标准。

1.非法性。未经有关部门依法批准或者借用合法经营的形式吸收资金。

2.公开性。通过媒体等手段向社会公开宣传，包括口耳相传。

3.利诱性。所谓利诱性就是明天会更好，你把钱给我，我让你钱生钱。

4.社会性。最关键的特征是它必须是向社会公众，对不特定对象吸收资金。向特定的个体比如说向亲友或单位内部人员吸收资金，那就不构成非法吸收公众存款。

"亿万富姐"吴英案

2005年5月至2007年2月，吴英以非法占有为目的，用个人或企业名义，采用高额利息为诱饵，以注册公司、投资、借款、资金周转等为名，从林卫平、杨卫陵、杨卫江等11人处非法集资，所得款项用于偿还本金、支付高息、购买房产、汽车及个人挥霍等，涉嫌集资诈骗共计近3.9亿元。

吴英案件中辩论的焦点就是特定性和社会性。吴英的辩护律师指出，吴英的11名借款对象均是其亲朋好友,并非社会公众。但是公诉人指出,吴英的这些亲友下面又有无数个下线,比如说林某有数百个下线,林某一人就提供吴英数亿元的集资款。这毫无疑问是社会性。

为了避免这样的争辩,后来规范性文件对特定性做了一定的限制:在向亲友或者单位内部人员吸收资金的过程中,明知亲友或者单位内部人员向不特定对象吸收资金而予以放任的;或者以吸收资金为目的,将社会人员吸收为单位内部人员,并向其吸收资金的。这两种情况依然符合社会性。

其实大家在生活中会看到,许多小企业非法吸收公众存款,因为很多民营企业在发展过程中需要资金,无法从银行贷款,就只能向公众集资。对这部分的犯罪没有打击的必要,因为它没有动摇金融管理秩序。司法解释也指出,非法吸收或者变相吸收公众存款,主要用于正常的生产经营活动,能够及时清退所吸收资金的,可以免予刑事处罚;情节显著轻微的,不作为犯罪处理。

这项司法解释是在回应孙大午案所引发的争论。孙大午是一位著名的民营企业家,1989年,孙大午创立河北大午农牧集团有限公司。他所创办的大午集团有1千多职工,企业有工厂、公园、学校、医院。大午集团很有企业责任,在大午医院里,职工和村民每月只用1元,就能享受合作医疗。1996年开始,大午集团采用"职工入股"的方式融资,后来逐渐扩大到附近的村民,利息都比银行存款高。2003年5月29日,孙大午被指向3000多户农民借款达1亿8千多万元,被捕入狱。徐水法院以"非法吸收公众存款罪"判处孙大午有期徒刑3年,缓刑4年。这个案件引发了极大的争论,很多人认为孙大午根本不构成犯罪。司法解释在无罪说和有罪说中显然采取了定罪但免刑的折中立场。

想一想

银行有没有可能构成非法吸收公众存款罪?

055 集资诈骗罪

集资诈骗罪跟非法吸收公众存款罪，在客观上是完全一样的，最大的区别就体现在主观上有没有非法占有的目的，就是行为人吸纳资金之前想不想还的问题，这点很像贷款诈骗罪和骗取贷款罪。非法吸收公众存款罪的最高刑是10年，但集资诈骗罪的最高刑是无期徒刑。

养殖蟑螂案

有一个奇怪的案件和养殖美洲大蠊有关，大家可能不知道美洲大蠊，但是蟑螂都不会陌生。南方会飞的大蟑螂叫做美洲大蠊，北方那种小蟑螂叫做德国小蠊，其实这两种蟑螂都原产非洲，后来为什么分别冠名为美洲大蠊和德国小蠊就不得而知了。

蟑螂也有利用价值，比如可以入药。王某、吴某、徐某等人成立了一个公司，宣称公司能够利用美洲大蠊生产预防癌症的食品和药酒，并与养殖户签订回收合同，承诺实行最低价保护制度。大量的农户高价购买他们的美洲大蠊幼虫，并与公司签订了《美洲大蠊养殖回收合同》，承诺4个月后美洲大蠊幼虫长成成虫后高价回收。但其实，该公司不具备履行合同能力，王某等人拿到钱后也根本没有投入生产，只是挥霍浪费，最后还卷款潜逃。养殖户培育的成千上万的美洲大蠊除了毁灭，别无他法，也不可能放蠊归山啊。

这些人的行为是非法吸收公众存款罪，还是集资诈骗罪呢？

你会发现，在客观上非法吸收公众存款的四性都具备了，非法性、公开性、利诱性、社会性，所以关键要看其主观上有无非法占有的目的。

所有的行为人在被抓时都会说自己其实想还钱，只是最后对形势出现误判还不起了，才出此下策走为上策。因此，司法解释对非法占有进行了规定，主要是根据一般人的生活经验进行推定。比如集资后不用于生产经营，或者用于生产经营活动与筹集资金规模明显不成比例的，致使集资款不能返还的，或者携带集资款逃匿的，这都可以推定行为人从一开始就有非法占有的目的。显然，在养殖美洲大蠊养殖案中，是完全可以认定为集资诈骗罪的。

P2P 理财案

2018年，大量的P2P平台爆雷，出现了一大批金融难民。

P2P是英文peer to peer lending（或peer-to-peer）的缩写，意即个人对个人的点对点网络借款，是一种将小额资金聚集起来借贷给有资金需求人群的一种民间小额借贷模式。P2P平台就相当于一个在网上把借款人和出借方撮合起来的平台，它并不保证出借方一定能够获得保本保息。在某种意义上，平台就相当于媒婆、红娘，把男女双方介绍成对，并不保证两人就一定能结婚，也不保证婚后就一定幸福美满。

按照规定，平台是不能为自身或具有关联关系的借款人融资，也不能直接或间接接受、聚集出借人的资金，更不能向出借人提供担保或者承诺保本保息。但是，很多P2P平台对这些禁令全都置若罔闻，爆雷也就在所难免。

e租宝事件

最知名的P2P案件之一莫过e租宝事件。该案受害者遍布全国各地，涉及115万人，集资资金共计762亿余元，未兑付款项380亿元。判决书指出：被告单位安徽钰诚控股集团、钰诚国际控股集团有限公司于2014年6月至2015年12月间，在不具有银行业金融机构资质的前提下，通过"e租宝""芝麻金融"两家互联网金融平台发布虚假的融资租赁债权项目及个人债权项目，包装成若干理财产品进行销售，并以承诺还本付息为诱饵对社会公开宣传，向社会公众非法吸纳巨额资金。其中，大部分集资款被用于返还集资本息、收购线下销售公司等平台运营支出，或用于违法犯罪活动被挥霍，造成大部分集资款损失。

e租宝发布的投资项目70%都是虚假的，公司高管大肆挥霍集资款项，公司负责人丁宁把集资款中的12亿"赠予"张某、王某、谢某等e租宝高管，最后出现溃烂局面可想而知。

法院以集资诈骗等罪判处丁宁、丁甸兄弟无期徒刑，张某等20多名高管获刑有期徒刑3至15年不等。其中以行业专家的身份加入e租宝，为其站台和背书的学者杨某，也被判有期徒刑4年6个月。

e租宝案中，许多人倾家荡产，跳楼自尽，社会影响极其恶劣。不知还在服刑或者已经出狱的涉案人等良心是否还有不安。当然，在某种意义上，丁宁、丁甸兄弟要感谢2015年《刑法修正案（九）》的修改，因为这次修改取消了集资诈骗罪的死刑条款。

想一想

传销方式集资，是不是一种集资诈骗罪？

056 信用卡诈骗罪

金融诈骗罪，是指在金融活动中，采用虚构事实或者隐瞒真相的方法，骗取数额较大的公私财物的行为。本罪侵犯的法益是复杂法益，既侵犯了金融管理秩序，又侵犯了财产权利，属于诈骗罪。

金融诈骗罪是特殊的诈骗罪，它与诈骗罪在客观方面是相同的，都是行为人实施欺骗行为，导致被害人陷入认识错误，被害人基于认识错误处分财产，最后行为人因此获得财产。主要有贷款诈骗、集资诈骗、票据诈骗、金融凭证诈骗、信用证诈骗、信用卡诈骗、保险诈骗等，不知是不是因为骗子太多，所以规定了那么多诈骗类的犯罪。

信用卡诈骗罪

现在几乎人人都有信用卡，而且根据立法解释，信用卡是指商业银行或其他金融机构发行的，具有消费、支付、信用贷款、转账结算、存取现金等全部功能或部分功能的电子支付卡，只要具备任何一种功能都叫信用卡，所以借记卡也属于刑法意义的"信用卡"。花呗、白条这类互联网信用支付产品也是信用卡，因为这些平台都具有金融牌照。

信用卡诈骗罪是以非法占有为目的，利用信用卡骗取财物，数额较大的行为。包括如下行为方式，使用伪造或者使用以虚假的身份证明骗领的信用卡的；使用作废的信用卡的；冒用他人信用卡的；恶意透支的。

基本刑处5年以下有期徒刑或者拘役，并处2万元以上20万元以下罚金；数额巨大或者有其他严重情节的，处5年以上10年以下有期徒刑，并处5万元以上50万元以下罚金；数额特别巨大或者有其他特别严重情节的，处10年以上有期徒刑或者无期徒刑，并处5万元以上50万元以下罚金或者没收财产。

信用卡逾期与恶意透支

恶意透支则是指持卡人以非法占有为目的，超过规定限额或者规定期限透支，并且经发卡银行两次有效催收后超过3个月仍不归还的行为。

信用卡逾期的现象并不少见，那是不是发卡银行只要催收，持卡人没有归还，就可以推定他有非法占有的目的呢？不一定。哪怕催收100次，持卡人客观上一直还不起，也不能直接证明他有非法占有的目的，因为非法占有目的一定要产生在透支前。

司法解释规定了一些推定"以非法占有为目的"的情形：明知没有还款能力而大量透支，无法归还的；使用虚假资信证明申领信用卡后透支，无法归还的；透支后通过逃匿、改变联系方式等手段，逃避银行催收的；抽逃、转移资金，隐匿财产，逃避还款的；使用透支的资金进行犯罪活动的；其他非法占有资金，拒不归还的情形。这六点都是根据生活经验来进行推定的。

非常独特的一个现象是，恶意透支型的信用卡诈骗罪的入罪标准比其他类型的信用卡诈骗罪都要高。2009年的司法解释认为一般的信用卡诈骗，只要数额在5000元以上就达到了犯罪标准，但是恶意透支型却要达到1万元才可入罪，2018年司法解释又修改了标准把恶意透支型信用卡诈骗罪的犯罪标准提高到5万，其他类型则保持不变，还是5000元。这可能是考虑恶意透支型这种信用卡诈骗是最常犯的一种类型，毕竟手上有卡和手上无卡相比，前者更容易激发人的犯罪欲望。

为了鼓励行为人及时还款，新的司法解释还把恶意透支数额的计算时间点推迟到公安机关刑事立案时，立案前还的钱都不再计算为透支数额。而且，在提起公诉前全部归还或者具有其他情节轻微情形的，可以不起诉；在一审判决前全部归还或者具有其他情节轻微情形的，可以免予刑事处罚。但是，曾因信用卡诈骗受过两次以上处罚的除外。

信用卡套现

信用卡套现，就是指使用销售点终端机具（POS机）等方法，以虚构交易、虚开价格、现金退货等方式向信用卡持卡人直接支付现金，情节严重的，可构成非法经营罪。"套现"其实是银行的业务，如果你没有银行执照却染指这个业务，那就可能构成非法经营罪。

套现者一般不构成犯罪，但如果属于恶意透支的，可以信用卡诈骗罪论处。

比如张三到超市去买花生，张口就要买30万的花生。老板吓坏了，说店里总共两包花生。张三说"我不真要花生，我刷30万，你把30万块钱给我行吗？"老板说："我疯掉了吗？！"张三承诺给老板1万提成，老板答应了。超市老板就属于提供套现，构成非法经营罪。如果张三从套现之初就不想还钱，构成恶意透支，定信用卡诈骗罪。

现在私下提供信用卡套现的人并不少见，各种街边的小广告都贴着信用卡套现，这其实都可能构成犯罪。现在还有很多年轻人循环套现，以卡养卡，这一般不属于犯罪，但如果哪天资金链条断裂，还循环套现，就有可能逼近恶意透支了。所以一定要有好的用卡习惯，不要过度超前消费。

机器能不能被骗

"机器不能被骗"是法律上的一个基本逻辑，比如张三拿着一张门禁卡插进ATM机，结果吐出1万块钱，这就不算是骗，而是偷，因为这根本都不能算信用卡；或者李四指着ATM机，说："给我吐钱，不吐钱我打你。"结果ATM机抽风了，真吐钱了，这依然是盗窃，不是抢劫，因为ATM机不能被骗，也不可能被抢。不要认为这是笑话，2018年云南罗平就有三个来取款的女生，发现ATM机自己吐钱4900元。还好她们选择了报警，如果当时她们起了贪心，把钱拿回去，那就麻烦了。因为，这不是骗，而是偷。盗窃罪的成立标准只要3000元就够了。

但法律和司法解释经常突破机器不能被骗这个原理。因为现在的信用卡经常在网上银行、电话银行等机器中使用，法律逻辑必须迁就经验理性。所以，司法解释规定拾得他人信用卡并在自动柜员机（ATM机）上使用的行为，属于"冒用他人信用卡"的情形，构成犯罪的，以信用卡诈骗罪追究刑事责任；盗窃、抢劫信用卡并使用，依照盗窃罪或抢劫罪定罪处罚，无须区分对机器和对人。

刑法规定"盗窃信用卡并使用构成盗窃"，由于盗窃罪的入罪标准是1000—3000元，而一般的信用卡诈骗罪入罪标准是5000元，所以正确区分盗窃罪和信用卡诈骗罪就显得尤为重要。

想一想

甲盗窃了乙的借记卡与身份证，记下了借记卡的卡号后将借记卡偷偷放回原处。随后，甲持乙的身份证并冒充乙向银行挂失，由于甲能向银行工作人员准确提供借记卡的姓名、卡号与密码，使银行工作人员信以为真。但甲并没有要求银行工作人员为其补办新的借记卡，而是让银行工作人员将乙借记卡中的7000余元全部转入自己的另一借记卡。甲是否构成信用卡诈骗罪？

其他经济犯罪

057 侵犯著作权罪

侵犯著作权罪是以营利为目的,侵犯他人著作权或者与著作权有关的权利,违法所得数额较大或者有其他严重情节的行为。基本刑处3年以下有期徒刑或者拘役,并处或者单处罚金;违法所得数额巨大或者有其他特别严重情节的,处3年以上10年以下有期徒刑,并处罚金。

根据《刑法修正案(十一)》的修正,一共有六种情形。

1.未经著作权人许可,复制发行、通过信息网络向公众传播其文字作品、音乐、美术、视听作品、计算机软件及法律、行政法规规定的其他作品的;

2.出版他人享有专有出版权的图书的;

3.未经录音录像制作者许可,复制发行、通过信息网络向公众传播其制作的录音录像的;

4.未经表演者许可,复制发行录有其表演的录音录像制品,或者通过信息网络向公众传播其表演的;

5.制作、出售假冒他人署名的美术作品的;

6.未经著作权人或者与著作权有关的权利人许可,故意避开或者破坏权利人为其作品、录音录像制品等采取的保护著作权或者与著作权有关的权利的技术措施的。

复制与发行

司法解释认为"复制发行"包括复制、发行或者既复制又发行的行为。我们都知道复制和发行,也知道只复制不发行,那什么叫做只发行不复制呢?

警察在张三家里面发现大量的盗版书籍,但是没有证据证明是张三制造的,刑法中并没有规定非法持有侵权复制品罪,于是就看张三有没有发行行为,如果有推销之类的发行行为,就可以构成只发行不复制的侵权行为。

司法解释对"发行"的描述是:包括总发行、批发、零售、通过信息网络传播以及出租、展销等活动。另外,侵权产品的持有人通过广告、征订等方式推销侵权产品的,属于"发行"。

你会发现,按照这个司法解释,所有视频网站都可能面临犯罪的追诉。

要搞懂这个问题,我们先来思考与侵犯著作权罪相关的一个罪名——销售侵权复制品罪。比如张三将盗版光盘予以出售,获利颇丰,这就构成销售侵权复制品罪。司法解释规定的追诉标准是违法所得数额在3万元以上,或者非法经营数额在5万元以上的。

20世纪90年代,租碟非常流行。很多碟片店的碟都是盗版的,但是你不能直接认为是碟片店的老板复制出了盗版,只能认定他持有盗版的碟。他把碟租给你的行为,能够解释为发行吗?"出租"是不是一种发行?

你会发现,出卖行为很容易理解为发行行为,构成销售侵权复制品罪。但是出租是无法解释为销售的,因为它不会导致物品的所有权发生转移。为了解决这个难题,司法解释就把出租行为解释为发行。

有些不正规视频网站,网友上传盗版的视频资源后又被其他人下载,盗版视频可看成是视频网站所有,这种下载播放行为也可解释为发行,因此只要视频网站主观上有营利目的,就可认定为侵犯著作权罪。需要说明的是,主观上的营利目的可以是直接营利也可以是间接营利,以刊登收费广告等方式直接或者间接收取费用的情形,也属于"以营利为目的"。

侵犯著作权的行为与侵犯著作权罪

违法行为跟犯罪行为,一个是大概念一个是小概念,所有的犯罪行为都是违法行为，但并不是所有的违法行为都是犯罪行为。

本罪所惩罚的侵犯著作权的行为仅包括侵犯作品的复制权、发行权、专有图书的出版权、美术作品的署名权。如果所侵犯的是其他的著作权，例如，作品的修改权、非美术作品的署名权等，比如恶搞、鬼畜，只是违反著作权法的行为，但不构成侵犯著作权罪。

何谓视听作品

不知你有没有注意，《刑法修正案（十一）》把原法条的电影、电视、录像作品用视听作品一词予以替换。为什么进行这种替换呢？

只要你平常上视频网站估计就会理解。法律不断地适应着社会生活的实际需要，就像短视频作品属于电影吗？不是。属于电视吗？更不是。说它是录像作品好像也有些怪异，但是这肯定是视听作品。

马上又有人问了，视听作品是视和听作品，还是视或听作品？如果是前者，那么只有画面没有声音的作品或者只有声音没有画面的作品都不属于视听作品。这肯定不合适，音频作品自然也是视听作品，哑剧也是视听作品。

办公软件破解版

不知道大家在安装电脑办公软件比如文字处理工具时，用的是正版还是盗版？现在经常有人售卖破解版软件，这种行为是否构成侵犯著作权罪呢？

你会发现，《刑法修正案（十一）》规定了一个条款"未经著作权人或者与著作权有关的权利人许可，故意避开或者破坏权利人为其作品、录音录像制品等采取的保护著作权或者与著作权有关的权利的技术措施的。"其实针对的就是这种现象。

虽然购买盗版软件不构成犯罪，但是卖家是可能构成犯罪的。为了避免售卖者陷入牢狱之灾，大家还是自觉使用正版软件为妙。

想一想

KTV播放盗版歌曲，该行为是否属于"发行"，从而构成侵犯著作权罪？

058 合同诈骗罪

合同诈骗罪是故意犯罪，指以非法占有为目的，在签订、履行合同过程中，虚构事实或隐瞒真相，骗取对方当事人财物，数额较大的行为。基本刑处3年以下有期徒刑或者拘役，并处或者单处罚金；数额巨大或者有其他严重情节的，处3年以上10年以下有期徒刑，并处罚金；数额特别巨大或者有其他特别严重情节的，处10年以上有期徒刑或者无期徒刑，并处罚金或者没收财产。

合同诈骗肯定发生在合同过程中，主观上非法占有的目的可以产生在合同签订前，还可以产生在合同履行过程中。

合同诈骗罪跟诈骗罪

合同诈骗罪跟诈骗罪之间最大的区别，就在于合同诈骗罪一定是扰乱市场秩序的犯罪。本罪的合同一定是经济合同，如果这个合同跟市场秩序无关，比如订婚的彩礼合同，通过谈恋爱来骗钱，直接定诈骗罪即可。

在大城市，很多人连谈恋爱的时间都没有。婚介所就有些不良的婚介人员，号称只为少数金领服务，想相亲先交50万，提供优质相亲对象。他们仔细研究相亲材料后安排婚托，投你所好，结果你就迷恋上了。婚介人员又说，相亲对象很抢手，想单独相亲再交50万，享受VIP服务。这显然是个骗局，构成诈骗，那它是普通诈骗还是合同诈骗呢？关键在于婚介合同属不属于经济合同。婚介合同其实相当于中介合同，中介合同属于经济合同。而且此类案件也会动摇正常的婚介市场秩序，因此可定合同诈骗罪。

合同诈骗罪与诈骗罪的区别还在于，合同在诈骗时是否起到关键作用。

比如，张三是中药材商，号称他家有好多"手拉着手"的人形何首乌。但其实都是红薯假冒的，把红薯刷上黑漆，就变成手拉手的何首乌了。结果某公司签订了1吨的何首乌销售合同，收到才发现是1吨刷过漆的红薯。这份何首乌销售合同完全没有实际作用，纯粹是个幌子，所以只定诈骗罪。

合同诈骗罪与金融诈骗罪

行为人实施金融诈骗罪，经常会采取经济合同的形式，例如，保险诈骗罪会采取保险合同，贷款诈骗罪会采取贷款合同，因此，这存在竞合，原则上适用金融诈骗罪，但是在诈骗数额特别巨大的情况下，合同诈骗罪处罚可能会更重，则可以适用合同诈骗罪。

有时表面上进行金融诈骗，但若没有侵犯金融秩序，则只能以合同诈骗罪论处。例如，骗取他人担保申请贷款，由于行为人无法偿付贷款时，银行并无财产损失，只有担保人的财产会遭到损失，因此只能以合同诈骗罪论处。当然，如果行为人提供虚假担保或者重复担保，骗取银行或者其他金融机构贷款的，则构成贷款诈骗罪。

想一想

甲得知乙公司要发展代理商，便找到与乙有合作的李某，李某答应没问题，并让甲宣称已与乙取得合作，以免错过商机。后甲与丙公司签订合同，丙向甲购买乙生产的机器设备，甲在合同上亦宣称是乙的代理商。合同签订后，丙向甲支付300万元货款，但甲后与乙没有达成合作。甲由于经济困难，只能归还丙200万元。甲的行为是否构成合同诈骗罪？

059 非法经营罪

非法经营罪是指违反国家规定，非法经营，扰乱市场秩序，情节严重的行为。基本刑处5年以下有期徒刑或者拘役，并处或者单处违法所得1倍以上5倍以下罚金；情节特别严重的，处5年以上有期徒刑，并处违法所得1倍以上5倍以下罚金或者没收财产。

非法经营罪是经济领域中的"口袋罪"，包括四种行为方式：一是未经许可经营法律、行政法规规定的专营、专卖物品或者其他限制买卖的物品的，比如没有执照卖烟、卖酒、卖盐、卖药；二是买卖进出口许可证、进出口原产地证明以及其他法律、行政法规规定的经营许可证或者批准文件的，这就是俗称的买卖批文；三是未经国家有关主管部门批准非法经营证券、期货、保险业务的，或者非法从事资金支付结算业务的，比如没有执照的私募基金，如果向不特定人募集就可能触犯此款；四是其他严重扰乱市场秩序的非法经营行为。

王力军无证收购玉米

王力军2008年开始从事玉米经销商，从农民处收购玉米，但是并未办理粮食收购许可证。而根据《粮食收购资格审核管理暂行办法》，"凡常年收购粮食并以营利为目的，或年收购量达到50吨以上的个体工商户，必须取得粮食收购资格"。王力军在收粮时与一名卖粮农民发生纠纷，后被举报。

2016年4月15日，临河区人民法院判决王力军构成非法经营罪。法院认为，王力军违反国家法律、行政法规规定，未经粮食主管部门许可，非法收购玉米，非法经营数额21万余元，数量较大。符合非法经营罪中第四款"其他严重扰乱市场秩序的非法经营行为"规定，判处其有期徒刑1年，缓刑2年，并处罚金2万元。

该案引起广泛关注，2016年12月16日，最高人民法院就此案做出再审决定，指令巴彦淖尔市中级人民法院对本案进行再审。法院认为，在本案中，王力军从粮农处收购玉米卖予粮库，没有严重扰乱市场秩序，且不具有与刑法规定的非法经营罪前三项行为相当的社会危害性，不具有刑事处罚的必要性。2017年2月17日，巴彦淖尔中院再审改判王力军无罪。此案后来入选2017年推动法治进程十大案件。

出版个人志案

曾有网络文学写手，因私自印刷并发售自己的小说（亦称"个人志"），以"非法经营罪"被法院判处有期徒刑。案件在网络文学圈中引起热议。

从形式的角度，定罪不成问题。国务院公布的《出版管理条例》明确规定，

"对于擅自从事出版物的出版、印刷或者复制、进口、发行业务……依照刑法关于非法经营罪的规定，依法追究刑事责任……"同时，《最高人民法院关于审理非法出版物刑事案件具体应用法律若干问题的解释》也对此行为有过详细的界定，入罪门槛很低，只要"（1）经营数额在5万元至10万元以上的；（2）违法所得数额在2万元至3万元以上的；（3）经营报纸5千份或者期刊5千本或者图书2千册或者音像制品、电子出版物5百张（盒）以上的"，就可以非法经营罪论处。

但在实质层面上，值得研究的是出版个人志的行为是否会严重扰乱市场秩序？非法经营罪立法的本意在于对社会主义市场经济秩序进行保障。市场经济不能是完全自由放任的，必要的管理是合理的。但是管理的本质是为了促进市场繁荣有序，而非遏制市场的蓬勃发展。

因此，我们必须审视当前法律的出版管理是否促进了出版市场的繁荣，是否拓展了人类思想与知识的成就。按照《出版管理条例》的规定，许多社会生活中司空见惯的行为可能都涉嫌违法甚至犯罪。比如现在流行的制作个人微博书、微信书，或者将个人公众号的文章印刷集结，严格按照条例的规定，只要达到相应的数额标准，似乎都有构成犯罪的可能。

然而，当一种行为呈现普遍性的违法，我们可能需要反思这种法律是否已经滞后，是否已经成为市场发展的阻碍。变化无穷的市场往往比人类理性更能够实现资源的有效配置。

如果不考虑社会的现实，机械地维护既定的法律，可能会导致法律尊严的丧失。首先，当违法成为普遍现象，选择性执法就会成为一种常态。执法人员甚至可能基于偏见而有选择地查处案件。这不仅会极大降低法律的公正性，也会导致权力的滥用。另外，这也一定会造成举报制度的滥用，人们会将公权力机关作为打击报复的工具，以致法律无限放大人性的幽暗，不仅没有促进正义，反而制造了更多的罪恶。

美国大法官路易斯·布兰代斯提醒人们："对人们自由思想、未来希望及想象力的吓阻是危险的；因为恐惧会导致自由的压抑；长期之压抑将导致怨愤；而怨愤则将威胁稳定。"在很多时候，疏导可能更能促进社会的稳定。

水军删帖案

2013年9月9日，最高司法机关发布了一个司法解释，认为：违反国家规定，以营利为目的，通过信息网络有偿提供删除信息服务，或者明知是虚假信息，通过信息网络有偿提供发布信息等服务，扰乱市场秩序，个人非法经营数额在5万元以上，或者违法所得数额在2万元以上的，或者单位非法经营数额在15万元以上，或者违法所得数额在5万元以上的，属于非法经营行为"情节严重"，以非法经营罪定罪处罚。

最著名的案件就是网络推手"立二拆四"非法经营案了。被告公司与某旅游公司签订推广合同，约定被告公司对旅游公司"888万元包机去伦敦看奥运会开幕式"旅游项目进行炒作。被告人负责策划，并选择女模特假扮炫富女，被告人拍摄相关图片，利用昵称为"杨×"的个人微博号在互联网上发布"干爹888万带我包机看伦敦奥运"等虚假信息，引发网民关注，以达到炒作旅游公司奥运奢华游项目的目的，这种行为无疑已经构成非法经营罪。[1]

但是，如果水军行为只是损害个人的名誉，而与商业信誉和商品声誉无关，那么网络水军这种行为就并未侵犯市场秩序，也就不构成非法经营罪。绝对不能因为只要网络水军以营利目的删帖、发帖达到相应数额，就一律以非法经营罪论处。比如网络水军受雇为某奖项候选人进行投票，或者为宣传造势删除候选人的负面报道以及发帖粉饰该候选人，就不宜以非法经营罪论处。

疯狂的口罩

2020年新冠肺炎疫情期间，最高人民法院、最高人民检察院、公安部、司法部通过了一个司法意见，又增加了两类非法经营犯罪。一个是"在疫情防控期间，违反国家有关市场经营、价格管理等规定，囤积居奇，哄抬疫情防控急需的口罩、护目镜、防护服、消毒液等防护用品、药品或者其他涉及

---

[1] 杨秀宇作为×1公司直接负责的主管人员非法经营案，（2014）朝刑初字第1300号。

民生的物品价格，牟取暴利，违法所得数额较大或者有其他严重情节，严重扰乱市场秩序的"，另一个是"违反国家规定，非法经营非国家重点保护野生动物及其制品（包括开办交易场所、进行网络销售、加工食品出售等），扰乱市场秩序，情节严重的，依照刑法规定，以非法经营罪定罪处罚"。

根据司法解释，口罩生产、销售商坐地涨价，牟取暴利个人非法经营数额在5万元以上，或者违法所得数额在1万元以上的；单位非法经营数额在50万元以上，或者违法所得数额在10万元以上的，就可以立案追诉。

反对意见主要站在自由放任的立场，认为如果将此类行为规定为犯罪，会极大地打击口罩生产、销售商的积极性，反而会导致口罩供不应求，不利于防控疫情。因此，稳妥的办法是通过市场手段进行调整，必要的时候应当由国家加大口罩的投放，来平抑物价，而没有必要用刑法手段来进行打击。

这种观点当然有合理之处，我们必须接受对立观点对我们立场的调整和修正，永远不要在自己看重的立场上附加不着边际的价值。人类事务复杂万分，很多时候不是非此即彼，非黑即白的。正如任何问题都有正说、反说、折中说三种主要的立场，相对合理的观点往往是合乎中道的。

然而，没有哪个国家对于重要物质采取彻底的自由放任主义，也很少有国家采取彻底的管制主义，大部分地方都是在两者之间寻找折中。政府要尊重市场隐藏的奥秘，对于市场看不见的手要充满敬畏，永远不要傲慢到可以调控一切市场资源。但是，政府也不能无所作为，在特殊情况下政府当然应该依法进行合理的价格管制。

如果完全采取自由放任，一定会导致强者对弱者赤裸裸的剥削。想一想卖淫和吸毒的例子就很容易明白。一般说来，只有在经济上处于不利地位的人士才会选择卖淫，如果卖淫能够被合法化，这就把人当成了商品，人的尊严也就荡然无存。吸毒虽然是你的自由，但是如果这个自由不被限制，也会导致他人利用了你的弱点去谋取私利。一如雨果的《悲惨世界》，芳汀为了养活自己的女儿，出卖自己头发、牙齿、身体，这种自由真的不应该被限制吗？人是目的，人不是纯粹的手段，我们既不能把他人，也不能把自己当成纯粹的手段，人不仅要尊重他人，也要尊重自己。

口罩的权利

经济学上的自由放任主义在哲学上依然是功利主义的补充，经济学上的效用只是一种结果正义的体现，但是以后果来证明行为的合理性充满着大量的变数，无论何种模型都很难穷尽人类社会的一切变量。认为政府对口罩进行管制会挫伤生产、销售商的积极性，最终导致一罩难求。但是，这种观点可能忽视了有很多民众因为经济原因而根本没有购买口罩的能力和意愿，最终只有富人能够享有口罩，而穷人根本买不到口罩，这不也会导致疫情的扩展吗？

当然，没有哪个社会能够彻底地禁止剥削，法律要区分可容忍的剥削和不能容忍的剥削，自由放任主义必须要接受道德主义的调整，对于严重违反道德的剥削是不能容忍的，法律对其进行制裁也是合理的，这不是对自由的干涉，这反而是对自由的补充。一如高利借贷，国家不能将信用卡、银行放贷等所有存在高额利息现象予以禁绝，否则会极大地影响金融市场的发展，也会导致高利贷从明处走向地下。但是，对于特别严重的高利放贷，这种赤裸裸的剥削显然是法律无法容忍的，司法解释认为它构成非法经营罪的规定也是合理的。

因此，口罩涨价一倍两倍也许可以接受，但是有些商家一个口罩平常卖20块钱，而疫情期间居然高达数百上千，这种发国难财的商家具有严重的悖德性，对其进行惩治不仅在实然上合法合规，也在应然上合情合理。

在抗击疫病的斗争中，许多医疗工作者自愿把自己置于危险之中，这种高贵的精神令人感动。一位医生在请愿书中写道："此事我没有告诉××（其丈夫）。个人觉得不需要告诉，本来处处都是战场。"人生何处无战场，在利弊权衡与德行生活之间经常存在冲突与争斗。法律虽然无力劝人向善，但至少要对严重违背道德的剥削行为进行打击，否则不法行为就会如没有防控的疫病一样蔓延，最终导致社会的瓦解崩溃。

想一想

2020年疫情期间，你如何看待口罩涨价现象？

第六章
侵犯公民人身权利、民主权利罪

生命健康

060 故意杀人

人身犯罪侵犯的是人身权利和民主权利，包括生命、健康、性自治权、人身自由、名誉、民主权利等。这些权利表面上属于个人利益，但在抽象上与公共利益关系密切。

因此，个人能否自由处分这些权利，在法律上就有很大争议。例如，授权他人杀害自己，授权丈夫重婚，授权他人侮辱自己，是否构成犯罪？一般认为，比较重要的个人利益（如生命权、重大的身体健康权），以及明显带有公共利益属性的个人利益（如民主权利、婚姻权利），个人是不能自由处分的，但相对次要的个人利益（如名誉权），一般可以自由处分。

故意杀人罪

生命权是行使一切权利的基础。故意杀人的行为在所有国家中都是最严重的刑事罪行，其法定刑通常是该国刑法规定的最高刑罚。

在我国，故意杀人的，处死刑、无期徒刑或者10年以上有期徒刑；情节较轻的，处3年以上10年以下有期徒刑。

刑法中，几乎所有犯罪的刑罚安排都是从轻往重排，但故意杀人罪却是一个例外，其刑罚从重往轻排，首选刑是死刑，这也体现了杀人偿命这种朴素的道德观念。

故意杀人肯定是非法剥夺他人生命的行为，犯罪对象应当限制解释为"他人"，自杀行为不构成犯罪。胎儿和尸体不是故意杀人罪的对象。本人堕胎不是犯罪，故意造成妇女堕胎，损害妇女身体健康的，构成故意伤害罪。

法律意义上的人

某地发生一桩疑难案件，甲驾驶小型汽车不慎撞击孕妇乙，致使离预产期还有20天的乙受伤并剖宫产，婴儿治疗5天后死亡。法医鉴定意见为：因其母交通事故致羊水早破，胎盘早剥，引起其宫内窒息及新生儿呼吸窘迫综合征，继发肺泡内透明膜形成，终因呼吸循环衰竭死亡。甲负事故全部责任。

甲是否构成交通肇事罪呢？这里的关键在于甲的肇事行为属于致人死亡还是致人重伤呢？不同的结论得出罪与非罪的两种答案。根据交通肇事罪的规定，在一般情况下，肇事致一人重伤，除非有无证驾驶、醉驾、毒驾、严重超载、逃逸等情形外，并未达到入罪标准，但如果肇事致一人死亡，只要负事故的主要责任，就可构成犯罪。

争议的焦点在于甲所伤害的对象是胎儿、母体，还是婴儿。如果是前者，由于胎儿不属于法律意义上的人，因此对胎儿的伤害只能评价为对母体的伤害，根据《人体重伤鉴定标准》，损伤致早产或者死胎属于对孕妇的重伤。但是如果伤害的对象是婴儿，那就属于致人死亡。

如果采取第一种观点，那么甲就不构成犯罪，这明显抵触人的常识，而且也会导致许多荒谬的结果。比如张三故意使用药物伤害胎儿，想让孩子出生后成为严重的残疾，最后也出现了这种严重的后果。如果认为伤害的对象是胎儿，由于伤害行为发生在孩子出生之前，因此不能视为对婴儿的伤害，而且由于孕妇正常生产，对于孕妇没有伤害，所以甚至不构成犯罪。

尊重生命

无论是故意伤害罪，还是故意杀人罪，犯罪对象都是人。但什么是"人"，这个概念并无精准的定义。人从出生时开始，死亡时结束，但何谓出生、何谓死亡并无一致意见。在学理上,围绕着出生的标准,至少有独立呼吸说、脱离母体说、阵痛说、全部露出说、部分露出说等诸多学说。从表面上看,将未出生的"人"解释为已经出生的"人"似乎超越了语言的极限,属于罪刑法定原则所禁止的类推解释。

但是,这种表面上的矛盾其实是错误地割裂了行为与结果的关系,很多时候犯罪行为与结果并不需要同时同地发生。

张三在A地发射导弹,击中千里之外的李四,如果李四在张三发射导弹时还没有出生,但在导弹坠落时正好出生,这难道不能认为是对李四的攻击吗?再如张三开枪瞄准李四,不料误中王五,虽然他意欲攻击李四,但最终导致王五死亡,这不也属于对王五的侵害吗?因此,只要结果是对人的伤害,那就不再属于对胎儿的侵害。这无论在法理上,还是在常理上都可以理解。

对于疑难案件中的甲,应当以交通肇事罪追究刑事责任。类似的案件还有很多,比如一位快临产的孕妇因邻里纠纷被张三杀害,送医抢救过程中,胎儿被剖宫产生出,出生时是活体,后因抢救无效死亡。张三对孕妇构成故意杀人罪,对孩子也可以间接故意的杀人罪追究刑事责任。

我们要尊重生命,法律要保护我们的生命权,包括胎儿的权利。

想一想

20世纪以来,随着女性地位崛起,堕胎日益成为极具争议的问题。赞同者与反对者各执一词。赞同者认为堕胎是女性的个人生育选择权,而反对者则认为胎儿的生命比选择权更为重要。你觉得哪种立场更合理呢?

061 自杀行为

杀人与自杀

在一些特殊情况下,自杀行为是由他人引起的。一般来说,张三跟我吵架，吵不赢就想不开自杀了，我不需要为此负刑事责任，因为吵架算不上是违法行为，或者即便违法，也是轻微的违法行为。

但是如果行为人实施了某种犯罪行为而导致他人自杀的，关键要看犯罪行为跟自杀在经验法则上有没有因果关系。例如，非法拘禁、侮辱或诽谤等，引起被害人自杀的，应当承担刑事责任，但是不能够以故意杀人罪来定罪，只能在量刑上予以考虑。

胁迫、欺骗他人自杀的，如果自杀属于经验法则上的高概率，属于借刀杀人的形式，是间接正犯，可以构成故意杀人罪。例如，张三学习非常刻苦，考了全校第十名。结果他还不知道成绩，来问老师考得怎么样。老师说很遗憾就差1分进前十，结果他跳楼自杀了。根据生活经验，考试成绩与自杀不属于高概率事件，没有因果关系，老师对张三的跳楼不负刑事责任。

又如张三找医生看病，医生发现张三是多年前的情敌，就骗张三说其得了绝症，只剩一周的寿命，而且死相很惨，实际上张三非常健康。张三受不了打击就跳楼自杀了。在这种情况下存在因果关系，医生把张三当成了杀他自己的工具，属于故意杀人罪的间接正犯。

相约自杀

恋人殉情，两人相约跳崖自杀。男生让女生先跳，说自己随后就到，结果女生跳崖身亡。其实这是男生设下的圈套，真实意图在于剥夺对方生命。这就是相约自杀中的欺骗性自杀，在本案中，男生是否构成故意杀人罪，取决于人们对于女方理性能力的评价。

有人认为，本案中，女方自杀是真实意思表示，危险是自己造成的，所以男生不构成犯罪。这种观点过于理性，世界上并不存在冰冷的理性人，只存在有着诸多弱点的一般人。为爱痴狂的女子在这种情况下不可能拥有完全的理性决定能力，男生设套让女士跳崖就像让疯子和醉鬼从楼上跳下来是一样的，都是把对方当成了杀她自己的工具，所以主流刑法理论都认为男方构成故意杀人罪的间接正犯。

恋人殉情，两人相约跳崖自杀，结果女生香消玉殒，男生自杀未遂。这并不存在欺骗行为，就没必要再处罚男生了。

恋人殉情，两人相约跳崖自杀，女生临阵不敢跳，让男生帮她一把。男生一脚把女生踹下去，自己接着跳，掉在女生尸体上没摔死。在这个案例中，男生不是在帮人自杀，而是在实行杀人行为，可以构成故意杀人罪，当然这属于得到被害人承诺的杀人，和安乐死一样，是可以从宽处理的。

安乐死

一般说来，安乐死可以分为积极安乐死和消极安乐死，前者是采用积极的措施加速患者的死亡进程，如给患者注射或服用剧毒药品、麻醉药物让其迅速死亡，而后者则是通过停止、放弃治疗，让患者自然死亡。

我国的立场与大多数国家相同，消极安乐死不构成犯罪，但对积极安乐死，主流的刑法理论及司法实践从来都认为这属于故意杀人，只是在量刑时可以从轻。

率先对法律提出挑战的是王某成及医生蒲某升。

1986年6月23日，陕西汉中市的夏素文因肝硬化腹水病情恶化，神志不清，被儿子王某成送到汉中市传染病医院救治。因不忍看到母亲生不如死的痛苦，王某成跪地向蒲某升求情，希望对母亲实施安乐死，蒲某升最终开具了处方，并让王某成在处方上签字。随后，他同另一位医生分别给患者用了若干毫克的"冬眠灵"注射药。1986年6月29日凌晨，患者夏素文死亡。

后王某成和蒲某升被检察机关以故意杀人罪起诉。1991年5月6日，一审法院判决两人无罪，但检察机关提起抗诉，1992年6月25日，二审法院维持了原判。法院虽然判处两人无罪，但巧妙地回避了安乐死这个问题。因为"冬眠灵"是慎用品，而非忌用品，其致死量是800毫克，但蒲医生给患者只用了87.5毫克。法院最后认为，医生的行为不是导致患者死亡的直接原因，夏素文的直接死因是肝性脑病、严重肝肾功能衰竭，不排除褥疮感染等原因，也就是说蒲医生对夏文素实施的并非真正的安乐死。如果药物是患者致死的直接原因，法院就无法回避了。王某成被释放之后，患上了胃癌，他多次希望能有人对他实施安乐死，但均遭拒绝。2003年8月3日凌晨，王某成在极度的病痛中停止了呼吸。

生存,还是死亡?这个哈姆雷特式的诘问,在安乐死中被追问到了极致。

关于安乐死的法律性质,关键的问题在于人是否有权处分自己的生命?如果这个问题的答案是肯定的,那么无论是帮助自杀,还是安乐死,不说是助人为乐,也绝非犯罪。但如果答案是否定的,那么把它们视为犯罪的传统观点就具有合理性。

想一想

你会赞同安乐死吗?为什么?

062 协助自杀

教唆和帮助正常的成年人自杀,是否构成犯罪,有一定的争议。但是如果教唆和帮助的对象是不能够正常理解自己行为能力的人,比如说精神上受到了刺激或者是喝醉的人,就属于典型的故意杀人罪的间接正犯。

北京有一桩令人唏嘘不已的案件,刘某的丈夫秦某长年卧病在床,因病痛折磨,时常在深夜大声叫喊,从而影响家人和周围邻居的休息,房东为此要求刘某一家搬家,刘某因而也对丈夫秦某诸多抱怨。一日凌晨3时左右,刘某在其暂住地内与秦某发生口角,刘某说:"你怎么不去死啊!"丈夫说早有此念,但苦于连死的能力都没有。刘某遂将屋内的"敌敌畏"主动提供给秦某服用,造成秦某"敌敌畏"中毒死亡。[1]

在这个案件中,其实并不属于标准的帮助自杀,法官也回避了帮助自杀的问题。因为,在标准的帮助自杀情况下,行为人并不实施故意杀人的实

---

1 刘祖枝故意杀人案,《刑事审判参考》第746号。

行行为，只是为自杀者提供便利条件；但在得到被害人承诺的杀人中，行为人则实施了故意杀人的实行行为，只是这种行为是当事人所同意的。在本案中，为丈夫提供毒药是帮助自杀行为，但是当丈夫中毒，负有救助义务的亲人不予救助，在法律上则是故意杀人罪的实行行为（不作为），只是这种实行行为是被害人所承诺的。所以，这个案件相当于相约自杀的第三种情况，只是行为人的实行行为是不作为，而非作为。

协助自杀是犯罪吗

一位少女觉得人生灰暗，在网上发帖准备自杀，当她在楼顶犹豫是否要跳，围观的张三不停地怂恿"你到底跳不跳啊，不要耽误大家时间了"。女孩感到人世间已经没有任何温情，飞身一跃，自杀身亡。

你觉得张三构成犯罪吗？

我国司法实践和刑法理论界的主流观点，都认为帮助自杀应当以故意杀人罪论处。只是这种观点现在受到了很多新潮学者的批评。

现行刑法对故意杀人罪的规定只有寥寥数语，"故意杀人的，处死刑、无期徒刑或者10年以上有期徒刑；情节较轻的，处3年以上10年以下有期徒刑"。

从法条上看，故意杀"人"的对象并未限定为"他人"，这不同于故意伤害罪（故意伤害他人身体的……）的规定。之所以这么规定，就是为了打击帮助自杀等自杀关联行为。

帮助不仅包括物质上的帮助，还包括精神上的教唆或鼓励。当准备跳楼的女孩犹豫不决，冷血看客的喝彩与怂恿是一种典型的精神帮助，客观上对自杀者的死亡结果具有原因力。只要有证据证明，看客们主观上希望或放任女孩死亡，就可以认定为故意杀人罪。

值得注意的是，帮助自杀者并未直接实施杀人行为，杀人是自杀者亲力亲为。这不同于得到被害人承诺的杀人，如医生对患者实施积极安乐死，又如应自杀者之托将其勒死，在这些行为中，自杀者以外的他人直接实施了故意杀人行为。在刑法理论中，这构成故意杀人罪没有障碍，虽然杀人得到了被害人的承诺，但是包括我国在内的大部分国家都认为生命权不能被承诺放弃。

生命神圣观念

也许有人会问，自杀不是犯罪，帮助自杀何罪之有？

诚然，现代刑法不再将自杀视为犯罪，但为自杀提供帮助的行为仍应为法律所禁止。自杀不是法律推崇的行为，为自杀者提供帮助，无视生命之价值，是对他人生命的变相剥夺。

基于生命神圣的观念，自杀虽然不是犯罪，但它亦是一种违法行为。在康德看来，人是目的，不是纯粹的手段。谋杀和自杀都把人当成纯粹的手段，没有把人的人性当作目的来尊重，都违反了"禁止杀人"这个绝对命令。

许多国家都直接规定了帮助自杀罪，如《意大利刑法典》第580条："致使他人自杀的，鼓励他人的自杀意愿的，或者以任何方式为自杀的实施提供便利的，如果自杀发生，处以5至12年有期徒刑。如果自杀没有发生，只要因自杀未遂而导致严重的或者极为严重的人身伤害，处以1年至5年有期徒刑"。甚至在安乐死合法化的荷兰，其刑法第294条也规定："故意鼓动他人自杀，协助他人自杀或替他人找到自杀方法，且该自杀行为随后发生了的，对犯罪人，处3年以下监禁，或处四级罚金。"

我国刑法虽然没有帮助自杀罪的规定，但是刑法第300条规定了组织、利用会道门、邪教组织、利用迷信致人重伤、死亡罪，其刑罚最高可达无期徒刑。该罪涉及的也是一种典型的帮助自杀行为。

至于其他的帮助自杀，我国刑法虽然没有明确规定，但依然可以通过合理的刑法解释学予以规制。

不法是连带的，责任是个别的。这是大陆法系有关共同犯罪的一般理论。13岁的未成年少年与18岁的男子一起实施性侵，两人具备共同的强奸不法行为，属于强奸罪的共同犯罪，成立轮奸这种加重型的强奸罪。只是由于13岁的少年没有达到责任年龄，不构成犯罪。但此责任排除事由只能由未成年人个别享有，无法连带排除18岁男子轮奸的罪责。

同理，在刑法理论中，一般可以把帮助自杀者视为和自杀者共同实施了故意杀害自己的杀人不法行为。对自杀者本人在道德情感可以宽宥，没有处罚必要，应排除其责任。但责任排除只能针对自杀者本人，无法连带至帮助者。因此帮助自杀者应以故意杀人罪追究其刑事责任。在司法实践中，这属于情节较轻的故意杀人罪，可处3年以上10年以下有期徒刑。

自由与奴役

当然，有个别学者反对这种立场。他们认为，自杀根本就不是违法行为，或者认为自杀是合法的，或者是既不违法又不合法的中立行为。根据这种立场，帮助自杀不应该以犯罪论处。

但是，这种观点不仅在理论上是错误的，在实践上也可能导致极其可怕的后果。

无论是将自杀视为合法行为还是中立行为都是对"生命神圣"这个观念的消解。其哲学依据是极端自由主义，在代表人物约翰·穆勒看来，只要行为不妨害他人，法律就不得干涉。但这种理论完全是真空中的假想理论，人的任何行为都不可能与他人完全无关。社会是一个有机的整体，人与人之间有着千丝万缕的联系。自杀虽说是个人的选择，但是它所产生的后果不可能不妨碍他人。

事实上，即便穆勒也反对自杀。在穆勒的自由观念中，自由并不允许一个人有放弃自由的自由。这就是为什么即便按照穆勒的观念，得到他人承诺的杀人（如安乐死）依然要以故意杀人罪论处。因为人没有放弃自己生命的自由，这种放弃已经根本上妨碍了人的自由，因此是错误的。

更为可怕的是，一旦消解"生命神圣"这个基本的观念，看似无拘无束的自由必然带来绝对的奴役。那些竭力宣扬自由的斗士往往成为自由最危险的敌人。在历史上，强调人之自由的安乐死与臭名昭著的纳粹有着紧密的联系，将残疾人、精神病人视为没有生存价值的人群，予以毁灭。名曰人道关怀，实为国家谋杀。一旦生命神圣的观念被忽视，一切罪恶也就有了合理性。历史不是单纯的故事，它总是不断重复。人类的悲哀在于从历史上唯一得到教训就是从来不吸取教训。

网络自杀

当前，随着互联网发展，许多国家出现网络自杀这种新现象。在互联网上有专门的自杀网站，为有自杀想法的人提供交流的空间，寻找自杀伴侣，共同策划自杀方案。更有甚者，在这些自杀网站上，还有专门为自杀者提供的《完全自杀手册》，详细列举了各种可行自杀方法及其痛苦程度。更令人咋舌的是，还有人在网上发帖，为他人自杀提供技术服务。

如果自杀是合法的，或者中立的，那么类似的网站就无法取缔。

《刑法修正案（九）》规定了非法利用信息网络罪，对于自杀网站完全可以用这个罪名进行规制。法条文的规定是"设立用于实施诈骗、传授犯罪方法、制作或者销售违禁物品、管制物品等违法犯罪活动的网站、通讯群组的……"，显然，适用这个罪名的前提是将自杀视为"违法犯罪活动"。

想一想

生命是神圣的，自杀是错误的，帮助自杀则构成故意杀人罪。你赞同这种观点吗？

063 故意伤害罪

故意伤害是非法损害他人身体健康的行为，以伤害后果为标准，伤害可分为轻伤、重伤、伤害致人死亡3种情形。

重伤是指使人肢体残疾或者毁人容貌的；使人丧失听觉、视觉或者其他器官机能的；其他有重大伤害的。特别残忍手段，是指采取朝人面部泼镪水、用刀划伤面部等方法毁人容貌，挖人眼睛，砍掉双脚等。

故意伤害他人身体的，处3年以下有期徒刑、拘役或者管制；致人重伤的，处3年以上10年以下有期徒刑；致人死亡或者以特别残忍手段致人重伤造成严重残疾的，处10年以上有期徒刑、无期徒刑或者死刑。

重伤不能承诺

值得注意的是，重伤是不能承诺的。

福建有一个真实案件，曾某无力偿还炒股时向黄某借的10万元，遂产生保险诈骗的念头，并在中国人寿、太平洋、平安保险三家保险公司以自己为被保险人，投保了保险金额为41.8万元的意外伤害保险。曾某找到黄某，劝说黄某砍掉他的双脚，用以向保险公司诈骗，并承诺将所得高额保险金中的16万元用于偿还黄某的10万元本金及红利。[1]

黄某最初不答应，感觉这太吓人，但最后不经劝，勉强答应。后来黄某用随身携带的砍刀将曾某双下肢膝盖以下脚踝以上的部位砍断。之后，黄某将砍下的双脚装入塑料袋，骑着摩托车跑了。留下曾某一个人在"演戏"。曾某谎称被抢，让老婆去保险公司理赔，结果被保险公司揭穿。曾某不仅赔了两条腿，一分钱也没要着，而且还要因为保险诈骗罪（未遂）坐牢。在这个案件中，黄某也构成保险诈骗罪的共同犯罪，同时还构成故意伤害罪（重伤），因为重伤是不能承诺的。

帮助、教唆自伤和帮助、教唆自杀不同，毕竟刑法规定的是"故意伤害他人的"，而不是像故意杀人罪那样规定的是"故意杀人的"，所以自伤本身就不符合故意伤害的构成要件，帮助、教唆自伤者自然也就不构成犯罪。

自伤与伤害

自伤行为一般不构成犯罪，但是有一个例外，战争期间，军人自残逃避军事义务的，构成战时自残罪。同时，如果利用他人的自伤来达到伤害的目的，也可能成立故意伤害罪的间接正犯。

比如张三和李四一起爬山，李四被无毒的菜花蛇咬了一口，张三骗李四说蛇有剧毒，如果不把手掌砍掉必然毒发身亡。李四吓坏了，赶紧把手剁掉。张三就属于故意伤害的间接正犯。

---

[1] 曾劲青、黄剑新保险诈骗、故意伤害案，《刑事审判参考》第296号。

再如，王五在杯子里面灌了一杯水，这杯水下了泻药，一喝就要连拉四天，拉成重伤。王五耍了一个小聪明，他知道王六喜欢贪小便宜，于是在王六面前打开杯子闻了一下，说这个水好，一杯五千块，一天喝一杯，学习效果特别好。王五把杯子放在桌上，故意走开去上厕所，王六看到这杯五千块钱的水，心里痒痒的，喝了一口，立刻跑去上厕所，连拉五天，拉成重伤。在这个案件中，王五同样是把王六当成了伤害他自己的工具，属于故意伤害的间接正犯。当然，王五如果端给王六喝，王六喝后，拉成重伤，这属于故意伤害的直接正犯。

故意伤害致人死亡跟过失致人死亡

故意伤害致人死亡和过失致人死亡，对死亡结果都是过失的，那两者应该如何区分呢？

区分的关键在于对轻伤的结果是故意还是过失，前者有伤害的故意，而后者没有伤害的故意。例如，张三在小区挥舞羽毛球拍，击中骑自行车的妇女，致其死亡，这就属于过失致人死亡。

再如张三和李四爬梯子，争着上房揭瓦。一楼爬到三楼，一直在吵架。张三爬到了四楼那么高的时候，李四忍无可忍，拿起一块石头就砸他。结果张三躲避时，从三楼摔下去摔死了。李四对死亡结果也许是过失的，但是拿着石头砸张三，有伤害的故意。李四构成故意伤害致人死亡。

想一想

甲、乙共谋伤害丙，在甲、乙二人下手之机，乙却拔出短刀猛地向丙的心脏部位刺去，丙躲闪，但仍受重伤。甲和乙分别构成什么罪？

064 组织出卖人体器官罪

组织出卖人体器官罪打击的是器官的中间商，一般处5年以下有期徒刑，并处罚金；情节严重的，处5年以上有期徒刑，并处罚金或者没收财产。

未经本人同意摘取其器官，或者摘取不满18周岁的人的器官，或者强迫、欺骗他人捐献器官的，依照故意伤害罪、故意杀人罪的规定定罪处罚。

违背本人生前意愿摘取其尸体器官，或者本人生前未表示同意，违反国家规定，违背其近亲属意愿摘取其尸体器官的，依照盗窃、侮辱、故意毁坏尸体、尸骨、骨灰罪定罪，处3年以下有期徒刑、拘役或者管制。

组织是指行为人实施领导、策划、控制他人出卖人体器官的行为。组织者往往以给器官捐献者支付报酬为诱饵，拉拢他人进行器官出卖，这种出卖行为得到了受害人的同意。

因而在这类案件的审理中，很多被告人很生气，觉得自己没有做坏事，反而在做好事。让穷人有钱，病人有供体，医生做手术拿钱，医院还赚钱了，甚至国家还可以收税，这简直是多方共赢。但是你会发现被告人的这种想法，是一种纯粹后果论的功利主义，但是这种功利主义无法解释这个罪名的正当性。这里最关键问题还是道德主义的禁止剥削原理。

如果没有道德规则的约束，纯粹的功利主义必然导致强者对弱者的剥削，这本身也提醒我们没有什么自由是真正无关他人的。如果（成人之间的）器官捐赠、卖淫等行为遵循不受约束的自由主义，那么一定会导致权贵阶层对弱势民众毫不掩饰的剥削。1930年，意大利的一个富翁向一个年轻人购买了一只睾丸，并请外科医生为他做了移植手术，愤怒的民意导致器官移植法律的出台[1]。

1　[美]乔尔·范伯格：《刑法的道德界限》(第四卷)，方泉译，商务印书馆2013年版，第182页。

17岁少年卖肾案

如果违背他人意愿，摘取他人器官的，或者摘取不满18周岁的人的器官，或者强迫、欺骗他人捐献器官的，不构成组织他人出卖人体器官罪，而应按照故意伤害罪或故意杀人罪处理。所以，只有完全行为能力人才能自主决定，无行为能力人和限制行为能力人无权决定，甚至包括其监护人和法定代理人也无权代理决定。

2011年，为买苹果手机，17岁安徽少年王某上网找到黑中介，远赴千里之外的湖南省郴州市卖了一只肾，得到2.2万元，而他的肾脏实际上卖出约22万元，剩下的全部由中介等人瓜分。

回家后，家人察觉到王某身体的异样，检查结果显示为肾功能不全，经鉴定其伤情构成重伤。王某母亲立即报案。

据法院审理查明，何某因债务缠身，企图通过做非法买卖人体活体肾脏的中介谋取利益，通过他人联系肾源和摘取肾脏的医院。手术当晚，涉案人员也未对"供体"王某的年龄等基本身份信息情况进行核实，便切除了王某的右肾。后来，何某等人以故意伤害罪判处3至5年不等的有期徒刑，协助手术医生也构成故意伤害罪，属于故意伤害罪的帮助犯。

收肾不办事案

组织出卖人体器官罪和故意伤害罪的一个重要区别在于，器官的提供者有无同意摘除器官。如果王某已经18岁，得到他同意的器官摘除就不构成故意伤害罪，但依然可以构成组织出卖人体器官罪。

在本案中，有一个小问题，何某欺骗王某肾脏卖了2.2万，其实卖了22万，这属于欺骗吗？

我们知道欺骗导致同意无效，但这种对价格的欺骗属于刑法意义上的欺骗吗？

如果一种欺骗按照社会一般人的生活经验能够高概率地让他人处分利益，这种欺骗一般就属于实质性欺骗，进而导致同意无效。但是，是否属于实质性欺骗还必须同时考虑伦理规范的需要。

张三想当处长，找了一个老领导，给领导送了50万，领导把钱扔了，说："我还缺钱吗？如果你真的想感谢我，可以送一个肾给我。"张三无奈把肾送给了领导，但领导收了肾之后，并没有帮张三解决职务。领导欺骗了张三，构成故意伤害罪吗？

本案关键在于，从社会一般人的生活经验，如果领导说送肾就给你提拔，你会同意吗？估计很少会有人同意，所以这种欺骗就不属于实质性欺骗，张三的同意有效，领导不构成故意伤害罪。

同理，在商品交易过程中，价格的欺骗也并非实质性欺骗。同样的商品，张三卖给李四1万，卖给王五10万，这也并不属于对王五的欺骗，而是商业交往中一种可以允许的行为。所以，何某欺骗王某肾脏卖了2.2万并非刑法意义上的欺骗，不构成故意伤害罪。

自律的自由

多年之后，记者采访王某，王某追悔莫及，但是世上并没有后悔药，他已经成了重度残疾。

很多时候，你以为你有自由，其实你并不一定有自由。自由一定要受到伦理的约束，如果自由不受到伦理的约束，一定会导致放纵，一定会导致强者对弱者的剥削。

真正的自由是什么？真正的自由是自律的自由，而不是放纵的自由。

不过中国人更欣赏的是放纵的自由，据说严复在翻译穆勒的 *On Liberty* 这本书的时候，他怎么找也找不到一个词语跟Liberty对应，后来他想到了柳宗元的一首诗"破额山前碧玉流，骚人遥驻木兰舟。春风无限潇湘意，欲采蘋花不自由"。

试想这种意境：在湘江放舟，春风无限，想采一朵花送给远方的朋友，却因官事缠身不得自由。严复觉得真是贴切，遂将"liberty"译为"自由"。

这种自由其实是一种无拘无束的自由。阿Q想跟吴妈睡觉，吴妈不同意，他觉得不自由。如果人人都采这种自由观，社会秩序可能会大乱。

自由一直都有积极自由和消极自由之分，积极自由也即Free to do something，而消极自由则是Free from something。张三看到李四的杯子觉得好，想拿来用，这是积极自由。法律不可能保障这种自由，法律保障的是消极自由，李四的杯子可以免于被他人拿走的自由。同理，在性犯罪中，法律显然并不保障你想和他人发生性关系的自由，法律所保障的只是他人可以拒绝和任何人发生性关系的自由。

卵子属于器官吗

当前除了有器官黑市，还出现了卵子黑市。涉案者非法组织从事人体卵子商业化赠卵和供卵行为，瞄准高校女生，据说名校在读的女生，出售一颗卵子可获得数万元。但这种私下售卖卵子的行为对女性身体伤害极大，有很多女生因为卖卵导致卵巢破裂无法生育。

有一名17岁少女卖卵甚至差点丧命。为了促进排卵，该女生打了7天左右的激素，手术一次性共取出21颗卵子，获得1万元的报酬。但由于过度的注射激素，结果使得该少女的卵巢从鸡蛋般大小增大到猪心那么大，受到身体内部的压迫不断出血。

但是收购者能够构成组织出卖人体器官罪吗？这涉及对器官的解释，卵巢属于器官无疑，但卵子只是卵巢所分泌的产物，将其解释为器官，就属于罪刑法定原则所禁止的类推了。如果收购卵子的行为导致他人重伤，可以构成故意伤害罪。

想一想

在同意无效的情况下，行为人主观上需要明知他人不满18岁吗？如果他人自愿出卖器官，行为人误认为他人已满18岁，但客观上他人不满18岁，这应该如何定性呢？

性自由权

065 强奸罪

强奸罪是以暴力、胁迫或者其他手段，违背妇女意志，强行与其性交或奸淫幼女的行为。一般处3年以上10年以下有期徒刑；情节恶劣的，处10年以上有期徒刑、无期徒刑或者死刑。

强制手段与反抗

强奸罪中的暴力、胁迫或其他手段都必须足以压制一般妇女的反抗，使其不能反抗、不敢反抗或不知反抗。

刑法在抢劫罪中也使用了"暴力、胁迫或其他手段"的表述，但是相同的术语，含义并不一定相同。抢劫罪既可以针对男性，又可以针对女性，但强奸罪针对的只能是女性，所以一定要从女性的角度来理解"不能反抗、不知反抗或不敢反抗"。

美国纽约有个经典的案件叫电梯案。在纽约的一栋公寓楼，一名49岁的女子在晚上9点搭乘电梯，一个15岁的少年也走进电梯。少年身高1米8多，女子身高1米58。电梯运行后，少年直接对女子说："把衣服脱了。"女子没说什么就把衣服脱了。两人发生关系后，女方立即报警。请问在这个案件中属不属于强奸？

请你设身处地想一想，两者身高相差那么悬殊，而且在电梯里面，女方孤立无援，如果你是这个女的，你敢不敢反抗，你可能是不敢反抗的。所以，法院最后认为少年构成强奸。

No means No 规则

当人们提及强奸，通常想象的是这样一种情境：夜黑风高，陌生人手持凶器，以暴力相威胁，强行和被害人发生性关系，此种情境下的不同意一目了然。然而这类典型的性侵犯案件已越来越少，绝大多数性侵犯往往发生在熟人之间，在这些案件中，两人也许因为约会而见面，被告人没有使用暴力或暴力威胁，被害人也没有身体上的反抗，性行为甚至是在卧室发生的，对于这类案件应如何定性，大家存在很大的分歧。

在世界范围内，很多国家开始采取No means No规则，就是"不等于不"规则，女方语言上拒绝和哭泣应该视为一种拒绝的意思表示。

对迈克·泰森（Mike Tyson）这位著名的拳击运动员的审判就是"不等于不"标准的经典实践。泰森被指控于1991年7月强奸德斯雷·华盛顿（Desiree Washington）。当日，华盛顿受泰森之请，与其共同驾车游玩，途中曾与泰森亲吻。次日凌晨她与泰森一起进入泰森在旅馆的套房。他们看了会电视，然后华盛顿起身去了洗手间。当她从洗手间出来的时候，泰森已脱光了衣服，并把华盛顿按倒在床上。当时，华盛顿在语言上对性行为表示拒绝，但泰森没有理会，于是在对方的哀求声中与她发生了性行为。

出事25小时后，女方到当地一家医院的急诊室做了检查。检查结果表明，女方的子宫颈口上有两处被磨损的伤痕。几天后，华盛顿正式向当地警察局报案：控诉泰森强奸。在审理过程中，初审法院的12名陪审员一致裁定，泰森罪名成立。上诉法院也维持了原判。对此案件，采取的就是"不等于不"标准。在泰森看来，一位年轻女子接受其邀请驾车游玩，同意亲吻，并于凌晨回到旅馆与其独处本身就是对性行为表示同意的意思表示，因此在性行为发生过程中，语言上的拒绝其实只是一种象征性的反抗。但是，根据"不等于不"标准，女性在语言上的拒绝应当受到尊重，泰森的这种错误认识,即使是真诚的,也是不可原谅的。[1]

"不等于不"标准其实是对行为人施加的一种特殊义务,要求行为人尊重对方语言上的拒绝权。如果行为人没有履行这种义务,比如错误地认为被害人语言上的拒绝是半推半就,那么他必须为这种错误认识付出代价。行为人应当把对方视为有理性的人,在进行性行为之前,应当有义务睁开自己的眼睛和使用自己的大脑,不要试图读懂对方的心,而是要给她说出自己意愿的权利。和一个没有意图表示的人发生性行为完全是把对方当成了客体,如果还无视对方语言上的拒绝,那行为人显然是在已有的伤害上又添侮蔑。这种非人性的行为加深了对对方人格和自治权的否定,因此必须承担刑事责任。

总之,交往中最重要的就是尊重,在法律上,没有半推半就这个概念,要么是同意,要么是拒绝。女性语言上的拒绝应当获得法律的尊重。如果一个男性出于花花公子式的哲学,认为女生说不就是半推半就,这是他的评价误认,必须要为错误的价值观付出代价。

欺骗与强奸

欺骗会导致同意无效,但是只有在规范上具有实质意义的欺骗才可以否定承诺的效力。不妨看三个案件:1.甲冒充某女的丈夫与其发生性关系;2.甲冒充有钱人与女方发生性关系;3.甲冒充明星与某女粉丝发生性关系。

上述案件,行为人是否构成强奸罪,这就涉及欺骗与同意。何种欺骗能够否定同意的有效性?如果一种欺骗按照社会一般人的生活经验能够高概率地让他人处分利益,这种欺骗一般就属于实质性欺骗,进而导致同意无效。但是,是否属于实质性欺骗还必须同时考虑伦理规范的需要。法律要推行良善的价值观,不能和不道德的社会现实同流合污。在法律中必须坚持只有在婚姻关系内的性行为才是正当的,其他一切的性行为都不正当,都应推定为低概率事件。夫妻之间发生性关系是高概率事件,所以冒充别人丈夫发生

---

[1] 泰森案,*Tyson v. State*, 619 N.E.2d 276, 292, 300 (Ind. Ct. App. 1993)。

性关系，属于强奸，同意是无效的；但是如果冒充有钱人或者明星，去跟女方发生关系，在规范上被认为是低概率事件，因此同意是有效的，不构成犯罪。因此，例1属于强奸，例2、例3都不能认定为强奸。

在司法实践中，除了冒充妇女的丈夫进行强奸属于欺骗型强奸，还有两种情况：以治病名义强奸妇女；组织和利用会道门、邪教组织或者利用迷信奸淫妇女。

想一想
以自杀相威胁要求与女方发生关系，是否构成强奸罪？

066 性同意年龄

刑法规定，奸淫幼女的以强奸罪从重处罚。司法实践中，幼女的标准是不满14周岁，也就是说，只要故意和幼女发生性关系，无论幼女同意还是拒绝，都构成强奸罪。

这里就涉及一个同意年龄的概念。法律在此处采取家长主义，通过限制不满14周岁的幼女的性自由来对幼女进行保护，以防止强者对弱者的剥削。

明知与奸淫幼女

在奸淫幼女的案件中，行为人最常见的辩护理由就是不知道对方是幼女。奸淫幼女属于强奸罪的一种特殊情况，作为故意犯罪，司法机关必须要证明行为人对年龄存在明知。

明知是可以按照经验进行推定的，2013年最高人民法院、最高人民检察院、公安部、司法部《关于依法惩治性侵害未成年人犯罪的意见》：知道或者应当知道对方是不满14周岁的幼女，而实施奸淫等性侵害行为的，应当认定行为人"明知"对方是幼女。对于不满12周岁的被害人实施奸淫等性侵害行为的，应当认定行为人"明知"对方是幼女。

按照意见，我国的司法实践中，幼女可以分为两段，一段是不满12周岁，一段是12至14周岁。不满12周岁的女孩属于小学生，很容易推定出行为人存在"明知"，没有任何辩护理由；存在困惑的案件主要集中在12至14周岁的区间段，司法意见认为应当根据一般人的生活经验来判断：对于已满12周岁不满14周岁的被害人，从其身体发育状况、言谈举止、衣着特征、生活作息规律等观察可能是幼女，而实施奸淫等性侵害行为的，应当认定行为人"明知"对方是幼女。行为人需要证明自己确实不知道对方是幼女。

有一个真实的案件，张三（23岁）在公园见到一戴红领巾的女生乙（13岁半，164厘米），即上前调戏，并将乙骗到偏僻处，以交朋友为名奸淫了乙。在审理时，张三辩解说，乙长得高，不知是幼女，而且发生两性关系时没有采取暴力，不应以奸淫幼女定罪。而法院认为，红领巾是少年儿童佩戴的，这是基本常识。因此，可以推定存在故意。

同意年龄有无调高的必要

当前世界各国在同意年龄问题上有一个明显的趋势，那就是提高性同意年龄，主要是考虑到人的性生理发育与性心理发育是不一致的。人类的性成熟更多表现在性心理的成熟。个体在性生理发育成熟的过程中，与之伴随的是性心理的形成和发展。

研究表明，性心理的初步形成期是在15至17岁，其表现就在于早恋现象的出现。到18岁以后，性心理才逐渐发育成熟。人们才能正确认识男女两性的关系，形成正常的性情感和性意志，能够自觉按照社会道德规范和法律要求，主动控制自己的性冲动和性行为，这才是个人性成熟的基本标志[1]。考虑到性成熟并不单纯依赖于生理上的成熟，而那些生理刚刚发育成熟的女性往往更容易成为男性的性欲对象，因此许多国家都提高了性同意年龄，把保

1　彭晓辉：《性科学概论》，科学出版社2002版，第326页。

护对象扩大到少女。

需要说明的是，大部分国家很少规定单一的同意年龄，通常会根据刑事政策的需要规定数个不同幅度的同意年龄。比如美国《模范刑法典》规定了三个年龄，10岁、16岁和21岁。与不满10岁的女性发生性行为是二级重罪，与10岁至16岁之间的女性发生性行为则是三级重罪，但如果男方对于女性存在信任地位，比如是对方的监护人或对其福利负有通常的监督职责之人，则年龄是21岁。比如说监护人和被监护人，医生和患者，教师和学生等，这是利用信任地位形成的性剥削。美国50个州在修改刑法时都参照《模范刑法典》，即使绝大多数州觉得21岁偏高，大部分州的规定也至少是18岁。

我国其实也借鉴了这种做法，比如把不满14周岁区分为12岁和14岁两个年龄段。同时，司法意见指出："对已满十四周岁的未成年女性负有特殊职责的人员，利用其优势地位或者被害人孤立无援的境地，迫使未成年被害人就范，而与其发生性关系的，以强奸罪定罪处罚。"该意见也明确了负有特殊职责人员的范围，也即对未成年人负有监护、教育、训练、救助、看护、医疗等特殊职责的人员。

但是，司法意见毕竟不是法律，其权威性有限，而且司法意见认为特殊职责人员与未成年人发生性行为构成强奸罪仍然限定为"利用其优势地位或者被害人孤立无援的境地，迫使"就范。也就是说必须在被害人不同意的情况下，性行为才构成犯罪。因此，很容易被人钻法律漏洞。

因此，我一直认为有必要在刑法中增设滥用信任地位型强奸罪。当双方存在特定关系，未成年人对特殊职责人员有关性的同意在法律中应视为无效，只要与未成年人发生性关系，特殊职责人员就应该以强奸罪论处。

许多国家都有类似的立法，当行为人与被害人存在信任关系，由于双方地位不平等，未成年人对性行为的同意是无效的，信任关系的存在也导致被害人无从反抗，这种滥用信任关系的行为明显侵犯未成年的性自治权。特殊职责人员对未成年人具有优势地位，滥用优势地位与未成年发生性行为是一种赤裸裸的剥削，必须予以严惩。换言之，法律对未成年人要起到家长的作用，限制未成年的性自由正是为了防止强者假借自由之名欺凌弱者。

滥用信任地位型强奸的立法是为了防止行为人滥用优势地位剥削弱者的性利益，但如果被害人是正常的成年人，法律则没有必要对其自由进行过多的干涉。因此，世界各国通常都把此类犯罪行为的被害人限定为未成年人，当然这里的未成年人并不限于普通的未达性同意年龄的人，它要高于一般的同意年龄。

这也是为什么《刑法修正案（十一）》增设了特定职责人员性侵罪——对已满14周岁不满16周岁的未成年女性负有监护、收养、看护、教育、医疗等特殊职责的人员，与该未成年女性发生性关系的，处3年以下有期徒刑；情节恶劣的，处3年以上10年以下有期徒刑。

已满14周岁不满16周岁的未成年少女，虽然她们在身体可能发育成熟，但是性心理可能发育仍不充分，她们非常容易成为具有信任地位者性剥削的对象，因此，法律要通过限制她们的自由来保护她们。

自由不能成为放纵私欲的借口，也不能成为强者剥削弱者的说辞，否则人与兽就没有区别。人是目的，不是纯粹的手段，在任何时候，避免人的物化，重申对人的尊重都是法律要极力倡导的价值。

青梅竹马的辩护理由

郎骑竹马来，绕床弄青梅。两小无猜是人们对少年男女感情的一种浪漫写照。随着生理的发育成熟，有些孩子会尝试早恋，这在当前的中学生中并不罕见。如果双方发生性行为，刑法是否要进行干涉呢？

必须认识到，之所以规定一定年龄以下的人没有性同意能力，主要是为了防止大人利用孩子的无知来满足自己的欲望。然而很少有孩子会利用未成年人的无知，他们往往是在好奇心的驱使下发生性行为的。性行为的发生一般经过双方同意，有时甚至是未成年人主动诱惑。双方对性行为的发生都有责任，由一方承担这种责任显失公平。因此司法解释认为，"14岁以上不满16岁的男少年，同不满14岁的幼女发生性行为，情节显著轻微，危害不大的……不认为是奸淫幼女罪，责成家长和学校严加管教"。

如何理解此处的"情节显著轻微"呢？首先，其前提必须是双方自愿。当少年采取暴力、胁迫等手段实行性侵犯，这当然是犯罪，比如15岁的小孩，把幼女灌醉了，实施迷奸，这当然构成强奸。只不过考虑行为人年幼，对其应当从轻或减轻处罚。其次，双方年龄应当相差不多。如上文所述，对于你情我愿之事，法律所要打击的仅仅是行为人利用未成年人的无知。而在相似年龄的男女之间发生的性行为却一般不属于法律所关涉的对象。因为这很少会有利用对方未成年的情况。在双方自愿的情况下，只对一方施加刑事责任是不公正的。美国《模范刑法典》规定，对于不满16岁的未成年人实施的法定强奸，其处罚条件是至少比被害人大4岁。[1] 我们或许可以借鉴年龄差来理解"情节显著轻微"，把这称为两小无猜的辩护理由。

想一想

广东云浮一数学教师多次奸污班上女生，并以不再给孩子上课做威胁，不让孩子声张。受害女孩上了初中后，才在老师的鼓励下报案。在法庭上，教师声称女孩身材高大，不知道她未满14周岁。你觉得可信吗？

067 强奸罪的加重情节

强奸罪有六种加重情节，可以处10年以上有期徒刑、无期徒刑或者死刑，分别如下。

1.强奸妇女、奸淫幼女情节恶劣的。情节恶劣，是指强奸手段残酷、强

---

[1] 美国法律学会，《模范刑法典》（第二部分特定罪刑的定义，220.1 至 230.5），费城，宾夕法尼亚州，第 376 页。
The American Law Institute. Model Penal Code and Commentaries (Part II Definition of Specific Crimes §§ 220.1 to 230.5)[M], Philadelphia:PA, P376.

奸一人多次或者强奸孕妇等。比如新闻曝光亲生父亲强奸生女，这就可以认定为情节恶劣。

2.强奸妇女、奸淫幼女多人的。多人，一般指3人以上。

3.在公共场所当众强奸妇女、奸淫幼女的。这里的当众强奸是指在公众场所以使不特定人可以看到、听到的方式强奸妇女。

当前还有一种特殊的方式，就是在强奸的时候开直播，网络空间可以扩张解释为公共场所，适用加重情形。如果有人在直播时点赞打赏，自然可以理解为帮助犯。但是，如果行为人拍了性侵视频，然后把视频发在网上，就不能理解为在公共场所当众强奸妇女，因为犯罪地点依然是私密场所，发视频的行为构成传播淫秽物品和侮辱罪，从一重罪。

4.两人以上轮奸的。轮奸必须有两人以上实施了强奸罪的奸淫行为。只要数人在客观上有轮奸行为，即便其中的参与人未达刑事责任能力，这仍然属于轮奸，达到刑事责任能力的人要承担轮奸的罪责。甲、乙、丙三人试图迷奸李四，甲、乙实施奸淫时，丙望风。甲、乙奸淫后，丙开始实施，发现李四是自己的同学，遂放弃，并送李四回家。丙成立轮奸的既遂，不过系从犯。

5. 奸淫不满十周岁的幼女或者造成幼女伤害的。这是《刑法修正案（十一）》增加的一种加重情节，只要和不满十周岁的幼女发生关系，就可以适用此档刑罚。

6.致使被害人重伤、死亡或者造成其他严重后果的。这必须是性行为本身导致对方重伤、死亡或造成其他严重后果。甲将某女强暴后，女方害怕再次被强暴，跳入河中逃生。由于水性不好，大呼救命，甲任由女方淹死。死亡结果并非性行为本身导致的，所以甲的行为构成强奸罪和（不作为）故意杀人罪，应当数罪并罚。

强奸儿媳案

有一个极为怪异的案件就是强奸儿媳案。

滕某长期以来想勾引儿媳妇，一直勾引未果，他就找了好朋友董某，说："麻烦你一个事，要不你去勾引我儿媳妇，因为我儿媳妇只要是外人都同意，我再去抓奸，然后她就会和我发生关系的"。

董某答应了，于是勾引滕某儿媳，果然勾引成功。结果滕某捉奸在床，对儿媳妇说："你不答应自己人，外人倒同意。你如果不和我发生关系，我就告诉我儿子"。他儿媳妇没办法，就跟公公发生了关系。

这个案件非常经典，滕某构成强奸罪没有问题，但董某是否构成呢？董某跟女方发生关系，得到了女方的同意，表面上不构成强奸，但他通过这种方法来帮助滕某强奸，所以还是构成强奸罪的帮助犯。需要注意的是，在这个案件中两人都和女方发生了关系，但不构成轮奸，因为轮奸必须是两个人都在违背妇女的意愿下和女方发生关系。[1]

我们经常说人禽兽不如，有时这是在侮辱禽兽，因为禽兽是做不出这样的事情的。

杀人强奸案

张三得知同村女青年李某独自在家，遂产生强奸念头。当日19时许，张三打开李某家的大门后进入，将李某摔倒，并用石块、手电筒、拳头击打其头部，后掐其颈部，致李某昏迷。随即，张三将李某抱至堂屋床上强奸。后张三发现李某已死亡，遂将其尸体藏于现场地窖内。也就是说，他完全是通过杀人的方法实施强奸，或者对女方的死活是不管不顾的。

经鉴定，李某系被他人用质地较硬的钝器打击头部致严重颅脑损伤而死亡。权威判例认为，采取足以致人伤亡的暴力手段实施强奸，并最终导致被害人死亡的，属于强奸致人死亡，以强奸罪一罪论处。张三后被判处死缓，限制减刑。

如果张三的辩护律师提出了一个奇怪的辩护意见，认为没有证据显示李某的具体死亡时间，很有可能张三在实施强奸的时候，是在侮辱尸体。

面对这种辩解，如果你是法官，你如何应对？

---

[1] 滕开林、董洪元强奸案，《刑事审判参考》第395号。

其实很好解决，即便按照律师的辩解，张三的行为也可以分拆为两段：第一段实施了故意杀人构成故意杀人罪；第二段主观上想强奸，客观上侮辱尸体，构成强奸罪的未遂，最后数罪并罚，也完全可以判处死刑。

自杀与强奸有因果关系吗

曹某遇到前来找工作的赵女，遂以自己的饲料厂正需雇佣职工推销饲料为名，答应雇佣赵某某。

一日，曹某以带赵某某回自己的饲料厂为由，将赵某某骗至城镇的一旅店内，租住了一间房，使用暴力两次强行奸淫了赵某某。赵某某在遭强奸后，一直精神抑郁，被医院诊断为神经反应症，于2001年5月21日服毒自杀身亡。

现在的问题在于，强奸与自杀有因果关系吗？

如果有，就属于强奸造成严重后果，可处10年以上有期徒刑、无期徒刑或死刑；如果没有因果关系，就只能在3至10年有期徒刑这个幅度量刑。

这里涉及了经验主义和理性主义的争论，在理性主义看来，自杀是被害人自由意志的决定，危险是被害人自招的，因此不具备法律上的因果关系。但是从经验主义看来，在这种情况下，自杀在经验上具有高概率，所以存在因果关系。

法院最后认为曹某属于强奸"造成其他严重后果"，判处曹某有期徒刑15年，剥夺政治权利3年，并赔偿经济损失。[1] 这其实也是司法实践中的通常做法，在司法实践中，所谓因强奸"造成其他严重后果"，除包括因强奸引起被害人自杀或者精神失常外，还包括造成被害人怀孕分娩或者堕胎等其他严重危害被害人身心健康的后果。

想一想

自杀与强奸案中，你如何看待最终的判决呢？

---

1 曹占宝强奸案，《刑事审判参考》第228号。

068 职场中交易与强奸

张三是某公司老板，以让女员工下岗为要挟发生性关系，女员工一想到年幼的孩子，迫于无奈答应了，张三的行为构成强奸吗？

这种案件在职场中并不罕见，类似的案件还有张三以提拔为条件，要求女员工和自己发生关系，张三构成强奸吗？

强迫与交易

此类案件的关键是区分强迫与交易，理论上似乎很好区别，但在事实上，两者却非常难以区分。因为正常的交易行为中也会伴随着某种压力，而这种压力在一定条件下很有可能转化为强制。

交易和强迫的区分依据还是应该从选择自由的角度说起。在现实社会中，由于资源分配的不均等，人们并没有绝对意义上的选择自由，人生而自由，却无处不在枷锁之中。一个无家可归的少女，面对男性的性要求，她有没有更多选择的机会呢。如果把这种交易行为以犯罪论处，未免反应过度。大同社会的黄金美梦只能高山仰止，心向往之。如果幻想用法律，尤其是刑法来激进地改变社会现实，那将会是人类的灾难。选择自由只能相对而言，它并非是指没有任何压力，无拘无束的自由。

权利虽可以自由处分，但不能侵害他人的权利，己所不欲，勿施于人。为了某种利益，自愿放弃行使权利，应该理解为交易。从相对方而言，如果她必须在行为人提供的两种她都享有权利的事情做出选择，那么她就丧失了选择自由。比如某职高体育老师刘某以让女生成绩不及格为由威胁，17岁女孩被迫和刘某发生了关系，这就构成强奸。老师没有权利任意让学生不及格，他必须公正地对待学生，这不仅是道德义务，也是法律义务。至于张三作为老板以开除为由进行威胁，这也构成强奸，因为雇主也并不拥有滥用权力辞退他人的权利，员工获得公正对待的权利是受到劳动法保护的。但是，张三以提拔为由和女方发生关系则更多是一种交易。至于少女无家可归案，行为人当然拥有让少女离开住宅的权利,解人危难,善待弱者不过是对人们的道德要求,而非法律义务,少女并没有赖在别人家不走的法律权利,因此这种行为更多是交易而非强制。

法律保护的范围

滥用信任地位型强奸的立法是为了防止行为人滥用优势地位剥削弱者的性利益,但如果被害人是正常的成年人,法律则没有必要对其自由进行过多的干涉。因此,世界各国通常都把此类犯罪行为的被害人限定为未成年人,当然这里的未成年人并不限于普通的未达性同意年龄的人,它要高于一般的同意年龄。

现实社会并不是绝对完美的社会,男性在总体上具有绝对的优势,因此女权主义者会激愤地指出,人类中一切异性之间的性行为都是强奸。虽然这种言语过于偏激,但是在现实生活中,为了生计而出卖肉体的现象却屡见不鲜。那些幻想着出人头地、平步青云的女子甘愿放弃操守的行径,亦是层出不穷。虽然她们在内心深处可能认为自己没有选择的机会,但这一切在法律上,只能被冷冰冰地定性为交易。

那些利用对方贫穷、虚荣的行为人在道德层面上可能有罪,但用刑法来惩罚这一切不道德的性交易,就反应过度了。在强制不明显的情况下,判断行为人的行为是否属于威胁,首先要遵循合理反抗规则,判断这种威胁是否足以造成一般人无从反抗,同时再从选择自由的角度来判断这种威胁的实质是交易还是强制。只有强制之下的性行为才具有惩罚的正当性。

自由不能成为放纵私欲的借口,也不能成为强者剥削弱者的说辞,否则人与兽就没有区别。人是目的,不是纯粹的手段,在任何时候,避免人的物化,重申对人的尊重都是法律要极力倡导的价值。

想一想

职场性骚扰新闻频发,你会如何看待这些案件?

069 猥亵与强奸

猥亵犯罪包括强制猥亵、侮辱罪和猥亵儿童罪。

强制猥亵、侮辱罪以暴力、胁迫或者其他方法强制猥亵他人或者侮辱妇女的，可以处5年以下有期徒刑或者拘役。如果聚众或者在公共场所当众犯前款罪的，或者有其他恶劣情节的，则可处5年以上有期徒刑。

这个罪名以前是强制猥亵、侮辱妇女罪，被害人只能是妇女，但是2015年《刑法修正案（九）》认为男性也可以成为强制猥亵的被害人，所以罪名随之调整。

猥亵儿童的，依照强制猥亵、侮辱罪从重处罚。

性别中立主义立法

比较域外立法，一个明显的特点就是不少国家都采取性别中立主义立法。

在传统的强奸罪中，被害人仅限于女性。在女权主义者看来，这种做法是对传统的男尊女卑观点的肯定。传统的观点认为在性行为中男性积极进取，女性消极被动，因此实施性侵犯的只可能是男性而非女性。女权主义者认为应当抛弃这种偏见，女性在性行为中并不必然处于消极的态度，因此她们倡导性别中立主义的立法，以期达到符号意义上的男女平等。

这种性别中立主义的立法主要表现如下。

1.罪名的修改。由于强奸（rape）这个罪名本身就预设了女性的被害地位，因此许多地方都试图用其他中性的词语进行替代。如美国有些州将强奸罪修改为性侵犯罪（sexual assault）、性攻击罪（sexual battery）或犯罪性性行为罪（criminal sexual conduct）。

2.承认女性对男性，甚至同性之间的性侵犯，法律不再认为性侵犯的被害人只能由女性构成。如德国1998年新刑法典将"强迫妇女"修改为"强迫他人"；意大利新刑法中关于性暴力的规定也以中性的"他人"取代以往的规定。

3.扩大对性交的理解。传统的性交仅指男女生殖器的结合，这反映的是一种生殖目的的性交观，它起源于对贞操观念的强调，女性失贞的标志就是生殖器相结合。无疑，这种性交观同样强调男性在性交中的支配性作用。许多地方开始扩大对性交的理解。如美国《模范刑法典》规定，性交包括肛交和口交。又如法国1994年新刑法典规定，"任何性进入行为"均为强奸罪，包括肛交、口交以及异物进入等性侵害行为。

猥亵与侮辱

《刑法修正案（九）》把强制猥亵、侮辱妇女罪修改为强制猥亵、侮辱罪也是性别中立主义立法的一种体现。当然，性别中立主义立法更多具有符号意义，性侵犯罪的被害人主要是女性，调查显示，即使在采取性别中立主义立法的美国，90%—99.4%的强奸被害人都是女性。[1]

猥亵是指以刺激、满足性欲为目的，使用性交以外的方法对他人实施的性侵犯行为。但是强制猥亵、侮辱罪还必须采取强制手段，这种强制手段包括暴力、胁迫或者其他足以压制一般人反抗的方式。如果只有猥亵没有侮辱，比如在地铁上的咸猪手之类性骚扰行为，由于没有采取强制手段，只能进行行政处罚，但不构成犯罪。

侮辱的被害人只能是女性，它是直接损害女性性自治权的具有猥亵性质的行为，如强迫女性观看他人的猥亵行为，或者强迫妇女自己实施猥亵行为的情形。

猥亵儿童

强制猥亵、侮辱罪的犯罪对象是14周岁以上，必须采取强制手段违背

---

[1] 布兰德·斯特林斯，《私人暴力的公共危害：强奸、性别歧视和公民身份》，《哈佛民权 - 公民自由法评论》第 28 期。
Brande Stellings, Note, *The Public Harm of Private Violence: Rape, Sex Discrimination, and Citizenship*, 28 Harv. C.R.-C.L. L. Rev.P185, 186 n.3 (1993).

对方意愿的情况下实施的,如果猥亵的是不满14周岁的儿童,无论对方是男童还是与女童,无论对方形式上是否同意,也无论采取强制手段还是平和手段,都应以猥亵儿童罪定罪。比如借助网络通信手段,诱使女童暴露身体隐私部位或做出淫秽动作,就可以猥亵儿童罪论处。

猥亵儿童案件常见报端,比如江西省婺源县法院审理的江某猥亵案,年近七旬的教师江某被控猥亵十几名未满14周岁的女学生。根据检察机关的指控,江某在教室讲台上和办公室,多次对该校十余名幼女进行猥亵,经妇科检查,其中6人身体多个部位有不同程度的损伤。

因此,在司法实践中,如何区分猥亵儿童罪与强奸罪,一直是一个老大难问题。由于儿童特殊的生理结构,刑法理论普遍认为,只要行为人和女童有过性器官的接触就可以成立强奸,且是强奸既遂。1984年,最高人民法院、最高人民检察院、公安部《关于当前办理强奸案中具体应用法律若干问题的解答》明确指出:只要双方生殖器接触,即应视为奸淫既遂。虽然这份解答在2013年被废止,但对于强奸幼女应当采取性器接触说的理论不应有丝毫松动。

在涉及性侵儿童的案件中,只要有足够的证据证明行为人与儿童有过性器官的接触,那就应该以强奸罪论处。如果有强奸罪的五种加重情节,就可适用最高达死刑的加重情节。

王董事长条款

相信大家还记得王董事长猥亵案。2019年7月,某上市公司董事长王某因猥亵9岁女童被司法机关逮捕。据悉,犯罪行为发生于当年6月29日下午,地点为上海一家五星级酒店。女童验伤发现阴道有撕裂伤,构成轻伤。涉案人王某五十余岁,是某上市公司的董事长,富可敌国。

一审法院后以猥亵儿童罪判处被告人王某有期徒刑5年。但这个判决引发民众广泛讨论,相当多的民众认为判决太轻。这里涉及的一个重要法律问题在于猥亵儿童罪的加重条款不明确。猥亵儿童罪的基本刑是5年以下有期徒刑,有加重情节可以处5年以上有期徒刑。1997年刑法规定的加重情节只有两种,也即聚众或者在公共场所当众犯猥亵儿童的。2015年刑法修正案(九)又增加了一个兜底条款——或者有其他恶劣情节的,处5年以上有期徒刑。

但是何谓其他恶劣情节?并不是特别好认定。

这就是为什么《刑法修正案(十一)》对此进行了明确。新的修正案在以往法律规定的基础上,规定了四种加重情节:(1)猥亵儿童多人或者多次的;(2)聚众猥亵儿童的,或者在公共场所当众猥亵儿童,情节恶劣的;(3)造成儿童伤害或者其他严重后果的;(4)猥亵手段恶劣或者有其他恶劣情节的。

每一个法律的修改背后都有无数个令人悲伤的案件。

想一想

儿童性侵案件中,认定强奸罪的难点是什么?

侵犯自由

070 非法拘禁罪

非法拘禁罪，是以拘押、禁闭或者其他强制方法，非法剥夺他人人身自由的行为。一般处 3 年以下有期徒刑、拘役、管制或者剥夺政治权利。具有殴打、侮辱情节的，从重处罚。致人重伤的，处 3 年以上 10 年以下有期徒刑；致人死亡的，处 10 年以上有期徒刑。

本罪所侵犯的法益是他人人身活动的自由，所以行为对象一定是他人，不可能拘禁自己。这种自由的剥夺必须以被害人认识到为必要。例如，我每天晚上，趁张三睡觉的时候，把他房门给锁上。次日在他快醒来前1个小时，又把锁打开，张三一直不知道自己被关了起来，虽然这可能干涉了张三梦游的自由，但不构成非法拘禁罪。

剥夺人身自由

非法拘禁罪有两个最基本的特征，非法性和剥夺性。

首先，通过合法方法剥夺他人人身自由不构成犯罪，比如警察依法执行公务拘留他人。但如果没有法律依据，非法逮捕拘留自然构成犯罪。

其次，非法拘禁必须剥夺人身自由，而非限制人身自由。刑法对于剥夺和限制人身自由有明确的区分，比如刑法中强迫劳动罪就使用了限制人身自由的表述：以暴力、威胁或者限制人身自由的方法强迫他人劳动的。

剥夺人身自由既包括直接剥夺，也包括间接剥夺，前者如捆绑他人，后者如将他人关在房间中。但无论如何，都必须拘束他人的人身自由。

对于人身自由剥夺可以是有形剥夺，也可以是无形剥夺，比如在妇女洗澡时将其衣服拿走，又如在他人家门口放置毒蛇猛兽。这种无形剥夺的判断必须根据被害人所属的一般人的标准来衡量其活动自由是否完全受限。若某人戏弄智障人士，在其站立部位画了一个圈，告知其不能走出圈外，否则就会被雷电劈死。智障人士信以为真，足足站立一天之久。从智障人士所属的群体出发，他不敢走出圈外合情合理，所以也可以理解为无形剥夺。又如采取威胁方法，让人不敢出门，担心出门会被泼粪殴打，这也能认定为非法拘禁。但如果仅仅是贴身跟随的方式，是无法认定为剥夺人身自由的。

软暴力

司法实践中有一种软暴力，指行为人为谋取不法利益或形成非法影响，对他人或者在有关场所进行滋扰、纠缠、哄闹、聚众造势等，足以使他人产生恐惧、恐慌进而形成心理强制，或者足以影响、限制人身自由、危及人身财产安全，影响正常生活、工作、生产、经营的违法犯罪手段。

软暴力的本质就是"软"，采取软暴力非法剥夺人身自由，就可以构成非法拘禁。但如果没有剥夺人身自由，比如贴身型讨债，债务人走到哪跟到哪，你可以去想去的任何地方，但行为人像苍蝇一样跟着你，像粘在衣服上的口香糖一样粘着你。你走到哪儿我跟到哪儿，你出门我也出门；你上厕所我蹲你旁边，我还给你递一张纸；你跟你女朋友看电影，我买一张票坐你旁边。我也不打你，我也不骂你，我就让你恶心。你吃饭我坐你旁边，我一直对你笑脸相迎，但就是让你不爽。这种限制人身自由的方法就不具备剥夺性，不能认定为非法拘禁罪。

索债拘禁

以索债（不论是合法债务，还是非法债务）为目的非法扣押、拘禁他人的，定非法拘禁罪，而不是绑架罪。此处的他人不限于债务人，还包括与债务人有利害关系的人，如债务人的近亲属。

索债型的非法拘禁与索财型的绑架的区别主要体现在是否存在债务关系。前者存在特定的债务关系，被害人有过错，属于"事出有因"。后者一般没有债务关系，被害人一般无过错。如果债务只是一个幌子，而以此为名绑架他人，仍以绑架罪论处。

索债拘禁的债务可以是合法的债务，也可以是非法的债务。既可以是赌债，也可以是高利贷，因为这都不认为构成有非法占有的目的，不能够认定为财物犯罪。但是它的手段行为是不合法的，手段行为直接可以认定为非法拘禁罪。

换言之，这个债必须是有缘由的债，"债"字本身就体现了人的一种责任，这种责任可以是法定责任，也可以是道德责任，甚至可以是自然责任，愿赌服输，赌债也是要还的。高利贷者主张债权，把人关了起来，只能够认定为非法拘禁，而不能够认定为绑架，因为没有非法债务的目的。

但如果没有任何缘由的"债"，当然不用还。张三早上在晨练，李四走了过来，问张三欠钱什么时候还。张三说"都不认识你，什么时候欠你钱了"。李四掏出刀在张三头上拍了一拍，要他想想清楚。张三只好说有印象。李四让张三写了一张5万的欠条。过了几天，李四拿这个欠条把张三绑了索赔。这个债就跟赌债、高利贷都不一样，是没有任何缘由的债，李四构成索财型绑架罪。

想一想

精神病人和能够行动的幼儿可以成为非法拘禁罪的对象吗？

071 绑架罪

绑架罪是指以勒索财物以及其他非法要求为目的，采取暴力、胁迫或其他方法，绑架他人为人质的行为。处10年以上有期徒刑或者无期徒刑，并处罚金或者没收财产；情节较轻的，处5年以上10年以下有期徒刑，并处罚金；杀害被绑架人的，或者故意伤害被绑架人，致人重伤、死亡的，处无期徒刑或者死刑，并处没收财产。

索财型绑架和人质型绑架

索财型绑架，就是中国古代的绑肉票，即行为人利用被绑架者的近亲属等人对被绑架者的安危担忧，迫使其在一定时间内交付赎金。这种绑架具有索财的目的。该行为的基本步骤是：第一步，绑架被害人；第二步，向被绑架人的近亲属等人要求其支付财物；第三步，被绑架人的近亲属等人因被害人被绑架而被动交付财物。

因此，如果行为人直接向被绑架人索取财物，应该以抢劫罪，而非绑架罪定性。

人质型绑架，通过绑架人质要求某种非法利益或者提出非法要求，非法利益是财物以外的其他利益。例如，恐怖组织要求释放同伙。这种绑架不需要以索财为目的，行为人可能具有财物以外的其他目的，比如政治目的等。行为人既可以向被绑架人，也可以向其他组织或个人提出这种非法利益或要求。

事出有因，一般都非绑架

绑架是一种非常严重的犯罪，刑罚很重，在适用的时候应当非常慎重。在司法实践中，如果事出有因，一般都不宜认定为绑架罪。

陈某经老乡大洪介绍加入传销组织，大洪是他的上线，大洪的上线是其姐夫郑某，传销都是靠熟人拉熟人。陈某在传销过程中投入7万余元，后来妻子患病无钱医治，于是产生绑架郑某儿子的念头，以逼郑某退回他投入传销的钱。某日，陈某骑摩托车来到小学，以带孩子去玩为由，将其带走，并打电话给郑某逼其退回他投入传销的钱。

在这个案件中，检察机关是以绑架罪提起公诉的，如果罪名成立，刑罚至少在5年以上。但法院认为，虽然在非法传销活动中形成的债务是非法的，不受法律保护，但是不能以此否定陈某挟持被害人的目的还是为了索要债务，所以最后以非法拘禁罪对陈某判处3年有期徒刑，缓刑4年执行。

另外一起案件和感情纠纷有关。

张三和李四同居生活。张三旧爱王五非常生气，遂购得刀具三把，跑到张三朋友王六的出租房。出租房里有王六和另外两个男子，王五用左手箍住女子王六的脖子，要王六在一小时内将李四找来，并将刀戳在桌面上。其实出租房的两个男子之一就是李四，但王五不认识李四，李四见势头不对拨打110报警，民警赶到现场后，通过劝说，王五将王六释放。表面上看，这很像是人质型绑架，但本案的起因是为了解决"三角恋爱"纠纷，事出有因。王五也没有实施伤害王六的暴力行为，和索债型的非法拘禁具有等价值性，认定为非法拘禁罪会更加合适。

实际控制即绑架既遂

绑架罪是一种故意犯罪，都具备"勒索"的目的，或者是勒索财物，或者是勒索财物以外的其他非法利益。目的是否实现不影响本罪的成立，只要实际控制了被绑架人，就构成绑架既遂。张三绑架了李四，结果发现李四爹不疼妈不爱，穷得叮当响。张三郁闷万分，只能把李四放了，还倒贴了李四回家的车票。这个案件就构成绑架罪的既遂，因为已经实际控制了被绑架人。

绑架罪是典型的继续犯，在绑架既遂之后，不法行为与不法状态还在继续中，行为人中途加入的，属于共同犯罪。例如，甲实施绑架行为，将被绑架人置于自己控制之下，乙发现有利可图，于是提出加入，并帮助甲向被害人家属打电话索要财物，甲、乙就成立绑架罪的共同犯罪，部分行为之整体责任，刑罚肯定不轻。

绑架中的情节加重犯

绑架罪的刑罚非常严厉，最早是有绝对死刑条款的，"致使被绑架人死亡或故意杀害被绑架人，处死刑"，同时绑架罪的起点刑就是10年以上。后来发现，严厉的刑罚不一定会遏制犯罪，有时反而会造成更严重的犯罪，如果一旦实施绑架，就判10年以上，有可能会逼得绑架人铤而走险，直接撕票灭口。而且也没有考虑到有些特殊的情况，比如主动放人等。所以，2009年《刑法修正案（七）》增加了一种情节较轻的条款，"情节较轻的，处5年以上10年以下有期徒刑，并处罚金"，试图降低本罪的刑罚。

多年以前，四个小伙子实施绑架，将被绑架人架上面包车，被绑架人坐在后排，旁边分别坐着两个小伙子，结果在路上被绑架人乘人不备从车上跳了下去，当场摔死。法院认定为在绑架过程中"致使被绑架人死亡"，四个小伙子都属于主犯，都被判处死刑。

你会不会觉得这个判决太严厉了？但是从法律来看，司法机关的判决也挑不出太大的问题。2015年，《刑法修正案（九）》取消了这种绝对性的死刑条款，试图与罪刑相当原则相匹配，绑架的情节加重犯不再包括"致使被绑架人死亡"这种结果加重犯，只限于"杀害被绑架人的，或者故意伤害被绑架人，致人重伤、死亡的"这种情况。

想一想

绑架和非法拘禁有什么区别？

072 拐卖妇女、儿童罪

司法实践和社会新闻中非常常见的犯罪，就是拐卖妇女、儿童罪了。

拐卖妇女、儿童罪是以出卖为目的，拐骗、绑架、收买、贩卖、接送、中转妇女、儿童的行为。行为人只要具有上述行为之一，就构成此罪。儿童，是指不满14周岁的人。其中，不满1周岁的为婴儿，1周岁以上不满6周岁的为幼儿。

基本刑是5至10年有期徒刑，加重刑10年以上有期徒刑、无期徒刑，甚至可以判处死刑。

拐卖男性构成犯罪吗

拐卖成年男子当然构成犯罪，只是不构成拐卖妇女、儿童罪，可能构成其他犯罪，比如非法拘禁罪，再如强迫劳动罪。

一般来说，犯罪人拐卖成年男子都是把他们当作劳工去强迫劳动，比如2007年的山西黑砖窑事件中，该案的主犯衡某就拐卖多名已满14周岁的男子到山西黑砖窑做苦力。

1997年刑法当时规定了"强迫职工劳动罪"，用人单位违反规定采取限制人身自由的方式强迫他人劳动，最高可以处3年有期徒刑。但随着黑砖窑这类案件的发生，很多人觉得刑罚太低，所以在2011年《刑法修正案（八）》增加了一种情节严重的情况，可以处3年以上10年以下有期徒刑。同时，犯罪主体也不限于用人单位，任何人以限制人身自由的方法来强迫他人劳动都可以构成犯罪，所以罪名也就变成了强迫劳动罪。

强迫劳动罪采取的是限制人身自由的方式，如果采取剥夺人身自由的方式来强迫劳动，那就既构成非法拘禁罪，又构成强迫劳动罪，应当从一重罪论处。

拐卖罪不必完成卖出

本罪主观上具有出卖的目的，如果没有出卖目的，只是拐骗儿童脱离家庭的，是拐骗儿童罪，比如张三看到一个孩子觉得很可爱，带回家做童养媳，这就构成拐骗儿童罪。后来张三又觉得养着太贵，不如卖掉，就构成拐卖儿童罪。

只要以出卖为目的，实施了拐骗、绑架、收买、贩卖、接送、中转妇女、儿童行为之一的，就属于拐卖妇女、儿童罪的既遂。例如，李某以出卖为目的偷盗一名男童，得手后因未找到买主，就产生了自己抚养的想法。在抚养过程中，因男童日夜啼哭，李某便将男童送回家中。由于李某偷盗儿童已经得手，犯罪行为已经完成，构成犯罪既遂，其将男童送回家的行为不能再成立犯罪中止。

八大加重情节

拐卖妇女、儿童罪有八种加重情节，其刑罚从10年以上有期徒刑、无期徒刑，直至死刑。

1.拐卖妇女、儿童集团的首要分子。

2.拐卖妇女、儿童3人以上的。

3.奸淫被拐卖妇女的，此种情况无须再定强奸罪，此处的奸淫不包括猥亵行为，因为奸淫是小概念，猥亵是大概念，在拐卖过程中猥亵妇女应该数罪并罚。

这里的妇女应该包括幼女，否则会导致严重的不公平。如果认为此处的妇女不包括幼女，那在拐卖过程中奸淫幼女，就构成拐卖和奸淫幼女型强奸两个罪。奸淫幼女型强奸罪，一般是3至10年的量刑幅度，拐卖儿童罪是5到10年量刑幅度，假定各判6年，数罪并罚，在6至12年中酌定，比如最后判处8年。但如果强奸的是成年妇女的话，起点刑就是10年。所以这里的妇女肯定是包括幼女的，否则就会在判刑上显失公平。

4.诱骗、强迫被拐卖的妇女卖淫或者将被拐卖的妇女卖给他人迫使其卖淫的，此种情况无须再定强迫卖淫罪，同理此处的妇女显然也包括幼女。

5.以出卖为目的，使用暴力、胁迫或者麻醉方法绑架妇女、儿童的，比如给小孩吃安眠药。

6.以出卖为目的，偷盗婴幼儿的。这是指秘密偷盗不满1周岁的婴儿或不满6岁的幼儿。法律之所以规定这个条款，是因为偷盗婴幼儿是秘密的，监护人都不知道从哪去寻找线索，所以如果从孩子家长手上把孩子骗走，或者直接把孩子抢走，都不能适用这个条款。当然，如果抢走孩子其实可以解释为第5款中的绑架。

7.造成被拐卖的妇女、儿童或者其亲属重伤、死亡或者其他严重后果的。这是指拐卖行为直接或间接地造成严重后果。例如，采取捆绑、虐待手段导致严重结果，比如说把小孩放在后备厢致其窒息死亡，或者给小孩注射安眠药，剂量太大致其死亡；拐卖行为导致被害人或亲属自杀或精神失常。

8.将妇女、儿童卖往境外的。

自产自销

出卖自己子女或亲属，俗称自产自销。四川资中，一位付姓老者先后卖掉四个亲女，还自诩"生娃儿卖比养猪强多了"[1]。

这种行为是否构成拐卖妇女、儿童罪，关键看是否有营利的目的。这一般可以根据生活经验进行综合判断。比如通过审查将子女"送"人的背景和原因、有无收取钱财及收取钱财的多少、对方是否具有抚养目的及有无抚养能力等事实，综合判断行为人是否具有非法获利的目的。如果直接把孩子卖给人贩子，或者像付老头那样即生即卖，或者收取高昂的营养费，这都是典型的以营利为目的，应该以拐卖儿童罪论处。

但是，如果不是出于非法获利目的，而是迫于生活困难，或者受重男轻女思想影响，私自将没有独立生活能力的子女送给他人抚养，包括收取少量"营养费""感谢费"的，属于民间送养行为，不能以拐卖妇女、儿童罪论处。对私自送养导致子女身心健康受到严重损害，或者具有其他恶劣情节，符合遗弃罪特征的，可以遗弃罪论处；情节显著轻微危害不大的，可由公安机关依法予以行政处罚。

想一想

为什么没有拐卖男人罪呢？

1　《父亲为钱卖掉四个亲生子女，称卖孩子比养猪强》，《华西都市报》2009年8月30日。

073 收买被拐卖的妇女、儿童罪

本罪是指明知是被拐卖的妇女、儿童而予以收买的行为。基本刑处3年以下有期徒刑、拘役或者管制，如果有强奸、非法拘禁、故意伤害等行为的，可以数罪并罚。

对向犯

拐卖与收买属于刑法理论中的"对向犯"，是一种广义上的共同犯罪。

所谓"对向犯"，指存在两人以上相互对向的行为为要件的犯罪，如受贿罪与行贿罪。没有受贿就没有行贿，没有行贿也不可能有受贿。对向犯有两种：一是共同对向犯，二是片面对向犯。前者所对向的双方都被刑法规定为犯罪，而后者是只有一方被规定为犯罪。

拐卖妇女、儿童罪与收买被拐卖的妇女、儿童罪就属于共同对向犯，因为所对向的双方都被规定为犯罪。但销售伪劣产品罪则是片面对向犯，只有销售者一方构成犯罪，而购买者不构成犯罪。一般认为，购买伪劣产品者并非销售假药方的共犯。

从刑事政策的角度来看，立法者对共同对向犯的处罚要明显重于片面对向犯。比如增值税专用发票，无论是卖方还是买方都构成犯罪；但是对于普通发票，刑法只惩罚卖方，不惩罚买方。这主要是考虑到买方的社会危害性较小，毕竟购买增值税专用发票的人不多，但购买普通发票的人却大有人在，法不责众。

在刑法中，共同对向犯的刑罚基本相当。罪名相同的共同对向犯，如非法买卖枪支罪，买卖双方自然同罪同罚。罪名不同的共同对向犯，刑罚也相差无几，比如购买假币罪和出售假币罪，刑罚完全一样。受贿罪与行贿罪的刑罚也相差不大，受贿罪最高可以判处死刑，行贿罪最高刑也可达无期徒刑。

不甚匹配的对向犯刑罚

只有拐卖妇女、儿童罪与收买妇女、儿童罪这一对共同对向犯很特殊,对向双方的刑罚相差悬殊,买方和卖方刑罚明显不匹配——刑法对前者的打击力度要弱得多。

如果不考虑强奸、非法拘禁等暴行,单纯的收买妇女、儿童罪的最高刑只3年有期徒刑。但是卖方的基本刑却是5年以上10年以下,有八种加重情节可以判处10年以上、无期徒刑甚至死刑。

有人大代表曾经提出,要把拐卖的法定刑一律提升为死刑。这个提议可能不符合罪刑相当原则,如果拐卖一律提升到死刑,那人贩子可能就不会在乎被害妇女、儿童的安危了,对被害人反而不利。但是收买方的刑罚仍有提高的空间。

法律的修缮

立法者或许是考虑到人口买卖的历史问题,才如此确立收买妇女、儿童罪的法定刑。但法律的要义在于保护人的基本权利,而非其偏见和陋俗。

当然,相关法律一直在改进。《刑法修正案(九)》的一个重要举措,就是取消刑法中的免责条款。

原法条规定,"收买被拐卖的妇女、儿童,对被买儿童没有虐待行为,不阻碍对其进行解救的,按照被买妇女的意愿,不阻碍其返回原居住地的,可以不追究刑事责任"。最高人民法院的司法解释则将其解释为,如果收买被拐卖的妇女,业已形成稳定的婚姻家庭关系,解救时被买妇女自愿继续留在当地共同生活的,可以视为"按照被买妇女的意愿,不阻碍其返回原居住地"。

这样一来,拐卖犯罪几乎成了片面对向犯,买方可以不用承担任何刑事责任。由于过于迁就陈腐陋习,漠视妇女、儿童的基本权利,这一法条及解释在法学界一直备受诟病。

2015年,《刑法修正案(九)》试图提高对买方打击力度,将免责条款修改成"从宽条款"——"收买被拐卖的妇女、儿童,对被买儿童没有虐待行为,不阻碍对其进行解救的,可以从轻处罚;按照被买妇女的意愿,不阻碍其返回原居住地的，可以从轻或者减轻处罚。"

法律的微光

2007年，有部叫做《盲山》的电影，讲述女大学生白雪梅被拐卖到山区，给老光棍黄德贵做老婆的故事。其间，白雪梅被虐待、被强暴、被殴打，多次逃跑，却终于走投无路。电影有两个结尾：一个是基于真实案例（郑秀丽被拐案）的，女主角拿刀砍向"买"她的人，丈夫黄德贵；另一个是虚构的，白雪梅在司法者、警察的帮助下，逃出深山。

十多年过去，真实和虚构之间是否发生了转换？影片的导演李杨是这样解释"盲山"两个字的——大山深处，人心已盲，黑暗得无法穿透。

也许，要求法律来改变人心，是不现实也不恰当的。但法律至少要有所作为，如果不能成为照进黑暗的灯塔，那起码也要发出守护人权的微光，给白雪梅们一个公正的盼望。

想一想

你觉得收买被拐卖的妇女、儿童，应该受到怎样的刑罚？

婚姻家庭类

074 婚姻自由

暴力干涉婚姻自由

婚姻自由既包括结婚自由，也包括离婚自由。

暴力干涉婚姻自由罪是指以暴力干涉他人婚姻自由的行为，处2年以下有期徒刑或者拘役；致使被害人死亡的，处2年以上7年以下有期徒刑。

如果妻子想跟丈夫离婚，丈夫就是不肯。每次妻子提离婚，丈夫就对妻子实施家暴，那请问丈夫构不构成暴力干涉婚姻自由罪？这是不构成的，因为想保持婚姻的稳定是社会规范所鼓励的，当然丈夫的家暴行为可以构成虐待罪或故意伤害罪。

暴力干涉婚姻自由罪主体一般是夫妻以外的其他人，比如长辈家属。本罪是亲告罪，不告不理。但是，本罪的结果加重犯是致使被害人死亡，出现了这种加重结果就不再是亲告罪了。结果加重犯包括致使被害人自杀。父亲长期暴力干涉女儿的恋爱，结果女儿和男朋友一起跳楼殉情。父亲对于女儿的死是有因果关系的，但对其男友的死是没有因果关系的。

重婚

重婚罪包括两类人，一类是重婚者，一类是相婚者。所谓重婚者就是有配偶，依然和别人结婚的；所谓相婚者就是自己没有配偶，但明知他人有配偶而与之结婚的。所以，重婚罪是典型的对向犯，双方都构成重婚罪。犯本罪，处2年以下有期徒刑或者拘役。

根据司法解释，在法律婚之后又有法律婚或事实婚的，应以重婚罪处罚。从这个意义上讲，包二奶有可能就构成重婚罪，前提是形成了事实婚姻关系。事实婚姻就是公开以夫妻名义长期生活在一起，而且周边群众都认为属于夫妻关系。

张三结婚没办证，但是办了一场酒，老婆给他生了两个孩子，一直没领证。后来张三到北京打工，公司的董事长看上他了，把女儿嫁给张三。张三为了前途和董事长的女儿结婚，抛弃了糟糠之妻，成为现代版的陈世美。结果原来的老婆带着两个孩子来找他，要求他再跟自己领结婚证。张三于是又跟原配领了一个证。

在这个现代版陈世美的案件中，董事长的女儿不构成重婚罪，因为她可能都不知道张三结过婚，自己也是被害人；张三构成重婚罪，因为他跟董事长的女儿先有法律婚，又跟原来的妻子有了法律婚。

但是张三的原配构成重婚罪吗？从形式上看，她知道张三和他人领了结婚证，还要和张三领证，就似乎构成重婚罪。但请注意，法益作为入罪的基础，伦理作为出罪的依据，毕竟他们之间的事实婚姻在前，在道德生活上，原配的行为不值得谴责，可以不构成犯罪。

破坏军婚罪

破坏军婚罪是一种特殊的重婚，被独立成罪，它指明知是现役军人的配偶而与之同居或者结婚的行为。这个打击面比重婚罪要更宽，因为只要与现役军人的配偶同居就可以构成本罪。同居不是事实婚姻，它以两性关系为基础，同时还有经济上或其他生活上的特殊关系，包括公开同居与秘密同居两种。

破坏军婚与重婚罪是法条竞合关系，如果与现役军人配偶重婚，应以特别法破坏军婚罪论处。如果利用职权、从属关系，以胁迫手段奸淫现役军人的妻子的，应以强奸罪定罪处罚。

重婚罪的追诉时效

重婚罪的追诉时效是5年，但由于重婚是典型的继续犯，所以追诉时效从行为终了之日起计算。但哪个时间点是行为终了之日呢？

北京曾有一个非常经典的案件。张三在2000年结婚，2005年找了小三，跟小三买房生活在一起，还生了个孩子。2010年，他觉得太烦，又想一个人过，只身去了大连。小三一直在找他，他不想回去。2013年，张三觉得一个人太孤独，又回原配处。2014年，张三一不做二不休把和小三的房子给卖了。2018年，小三把张三给告了，请问张三的重婚还在不在追诉时效之内呢？[1]

这里面有几个时间点，2005年是他的重婚时间点，2010年他离开小三，2013年回到原配处，2014年卖房子，哪个时间点叫做重婚行为终了之日？人的感情是很难说的，藕断丝连是人之常情，除非你做出毅然决然的举动才能认为重婚结束，所以法院最后以2014年卖房子作为重婚行为终了之日，认定张三构成重婚罪，其实你会发现，小三虽然是在告状，但其实也相当于自首，因为她自己也构成重婚罪。

想一想

刑法为什么特别规定了破坏军婚罪？

1　田某某重婚案，《刑事审判参考》第1062号。

075 虐待和遗弃

虐待罪

虐待罪是对共同生活的家庭成员经常以打骂、捆绑、冻饿、强迫过度劳动、有病不给治病或者其他方法进行摧残折磨，情节恶劣的行为。基本刑处2年以下有期徒刑、拘役或者管制；致使被害人重伤、死亡的，处2年以上7年以下有期徒刑。

虐待行为必须具有经常性，而且情节恶劣。"致人重伤"是指因经常受虐待或有病得不到及时有效的治疗而逐渐形成的重伤。"致人死亡"是指因被害人经常受虐待逐渐导致不正常死亡或引起被害人自杀死亡。如果行为人在虐待过程中，出于故意，一次暴力行为而造成被害人重伤或死亡的，应当区别情况，分别以故意伤害罪或故意杀人罪论处，如果前面的虐待行为已经构成犯罪，还应数罪并罚。

本罪的犯罪对象是共同生活的家庭成员，是典型的亲告罪，但是有两个例外，一是造成重伤、死亡的除外；二是被害人没有能力告诉，或者因为受到强制、威吓无法告诉的除外。

曾经有一个非常可怕的虐童案叫苏丽案。苏丽的妈妈燕某，非常重男轻女，就觉得生了一个赔钱货。小苏丽3岁时因抓吃鸡食，被她母亲用针和膨体纱线将嘴缝住，并罚跪搓板，后来这个线还是邻居给拆下来的。有一次，燕某给宝贝儿子做红烧肉吃，苏丽也想吃红烧肉，燕某把女儿揪到厨房，直接把一勺滚烫的油从苏丽的嘴巴里面浇了下去。七天之后，小苏丽痛苦地死去。在这个案件中，燕某的行为就不是单纯的虐待，而是构成故意伤害致人死亡，应当和虐待罪数罪并罚。

幼儿园虐童

发生大量幼儿园老师的虐童事件后，刑法学界面临的突出问题就是能不能把老师和学生的关系解释为"共同生活的家庭成员"，有人开玩笑说整个中国是一个大家庭,老师虐童构成虐待罪也没有问题。但是,我们在解释法律的时候必须遵照语言通常的理解,这种玩笑式的解释显然是一种不合适类推。

所以,《刑法修正案(九)》增加了虐待被监护、看护人罪。它是指对未成年人、老年人、患病的人、残疾人等负有监护、看护职责的人虐待被监护、看护的人,情节恶劣的行为,处3年以下有期徒刑或者拘役。这个新罪名就把漏洞给补上了。

《刑法修正案(九)》对此罪还特别规定了单位犯罪条款:"单位犯前款罪的,对单位判处罚金,并对其直接负责的主管人员和其他直接责任人员,依照前款的规定处罚"。

当然,根据刑法规定,单位犯罪体现的是一种单位意志,它是经由单位决策机构决定,由直接责任人员实施的犯罪。在绝大多数虐童案件中,似乎很难证明虐童行为出于单位意志。涉案单位可以很容易地将相关行为说成是个别员工的行为,从而撇清单位的责任。

然而,如果学校领导知道有员工曾虐待儿童,但却对该员工不做任何处理,听任其在工作岗位上继续对儿童施暴,这种不作为的行为与学校领导积极指示员工虐待儿童的作为行为,在社会危害性上并无本质的不同。

因此,如果学校负责人知道幼师的虐童行为,但却害怕学校声誉受损或者出于其他动机,没有及时处理老师的不当行为,反而大事化小,小事化了,导致虐童行为愈演愈烈,那么这种行为就不再只是个人行为,而可以视为体现单位意志的单位不作为犯罪,追究相应的刑事责任。

对于单位犯罪,可以既处罚单位罚金,又对直接负责的主管人员和其他直接责任人员追究刑责。值得注意的是,对于虐待被监护人、看护人罪的单位犯罪,刑法规定的是无限额罚金制,也即罚金没有上限。

前埃塞俄比亚皇帝海尔·塞拉西说:"纵观人类历史,有能力行动者却袖手旁观;知情者却无动于衷;正义之声在最迫切需要时保持沉默;于是邪恶方能伺机横行。"

相比于积极的施暴者,那些本有责任、有能力去制止罪恶之人的姑息放任,与邪恶并无本质的不同。

遗弃罪

遗弃罪是指对于年老、年幼、患病或者其他没有独立生活能力的人，负有扶养义务而拒绝扶养，情节恶劣的，处5年以下有期徒刑、拘役或者管制。

所以，这显然是纯正的不作为犯，其行为主体是有扶养义务且有扶养能力的人，比如老师对学生只有教育义务，没有扶养义务，不会构成遗弃罪。单位不构成本罪，但孤儿院、养老院、精神病医院的管理人员，由于对所收留的孤儿、老人、患者等具有法定的扶养义务，故可以自然人身份构成本罪。

如果行为人对被遗弃对象有放任或希望其死亡的心态，则属于与遗弃罪的想象竞合，一般应以故意杀人罪论处。

行为人的主观心态可以根据遗弃行为是否盖然性导致被遗弃人死亡进行判断，如果遗弃行为在经验法则上极易导致他人死亡，一般属于故意杀人罪，否则为遗弃罪。前者如将幼儿遗弃在荒野，后者如遗弃在民政局门口。

2013年南京的女童饿死案就是一个经典案例。一对小姐妹被人发现饿死在家中，一个1岁，一个2岁。而她们的妈妈乐某已经2个多月下落不明。经查其母乐某1991年生，有吸毒史，明知将两名年幼的孩子留置在封闭房间内，在缺乏食物和饮水且无外援的情况下会饿死，仍离家1个多月，不回家照料女儿。在案件审理时乐某本人，已经怀孕3个多月。最后法院认为乐燕故意杀人罪名成立，鉴于其已再次怀孕，判处无期徒刑，剥夺政治权利终身。[1]

组织残疾人、儿童乞讨罪

组织残疾人、儿童乞讨罪是指以暴力、胁迫手段组织残疾人或者不满14周岁的未成年人乞讨的行为。这是《刑法修正案（六）》规定的新罪。

有些犯罪分子非常残忍，通常都是把孩子拐来，断其四肢，弄瞎眼睛，致儿童残疾之后再组织行乞，这种行为就应该以拐骗儿童罪、故意伤害罪与此罪数罪并罚。

1　乐燕故意杀人案，《刑事审判参考》第990号。

有时我们会很纠结，在路上看到小孩乞讨给钱不给钱。假如不给钱，孩子可能会挨打，但如果给钱，也可能"鼓励"了这种犯罪行为。

我一般碰到了还是会给钱，因为我觉得自己能做的事情很少。我非常欣赏特蕾莎修女曾经说过的一段话：我们无法成为伟大的人，只能心怀伟大的爱做细微的事情。

这个世界有太多让人感到寒冷的事情，但如果你能够成为一场光，你就能照亮周边的人，而周边的人被照亮，你自己也能被照亮。很多时候，大家不必强迫自己去做出伟大的事业，我们只要心怀伟大的爱，在每天的小事中让这个世界感到温暖。

如果你确定这个乞讨的孩子是被控制的，我建议大家要智慧地报警，不一定要在当时就报警，可以拍下证据再去报警。

想一想
你在路上遇到乞丐，会给钱吗？

076 家庭暴力

据全国妇联及国家统计局发布的"第三次妇女地位社会调查"，我国有24.7%的女性曾遭受家庭暴力，相当于全国约有1亿女性曾遭受家暴。每年有9.4万女性因家暴自杀，家暴致死占妇女他杀原因的40%以上。家暴与年龄、财富、知识水平无关，不少高级知识分子也是家暴的施害方。

"家"本应是最安全的栖所，但对许多女性来说，却成了最危险的地方。尽管所有人都可能成为家暴的对象，但多数家暴是丈夫针对妻子的虐待，登记离婚的案件中60%和家庭暴力有关。

如何防止家暴，拿什么来拯救"家"？对此，社会学和心理学上的探讨已经不少，那么法律能做什么呢？

法律的保护伞

简单说，家庭暴力可能涉及民事、行政和刑事三方面的责任。

家庭暴力是离婚的法定理由，无过错方有权请求损害赔偿。同时，如果当事人因遭受家庭暴力或者面临家庭暴力的现实危险，可以向人民法院申请人身安全保护令。另外，根据《治安管理处罚法》的规定，殴打他人的，或者故意伤害他人身体的，可以进行行政拘留。

家庭暴力最为严重的法律后果是刑罚处罚，也就是虐待罪。

虐待既包括肉体折磨，又包括精神摧残。鉴于刑罚是最严厉的惩罚措施，因此仅当虐待达到情节恶劣的程度才构成犯罪。而情节恶劣，一般可以从持续时间、虐待手段、对象、结果等综合考虑。

从行为结果看，虐待只要造成被害人轻微伤，即可能符合犯罪标准。许多人认为只有造成"轻伤结果"才构成虐待，这是一种误解。如果造成轻伤的结果，那就已经构成故意伤害罪。换句话说，如果只是轻微伤，那不构成故意伤害，但可能构成虐待罪。

调查显示，面对家暴，女性平均被虐待35次才选择报警。如果存在如此频繁的虐待情节，那么认定为虐待罪应无障碍。

如果虐待造成了重伤、死亡的严重后果，这属于结果加重犯，最高可以处7年有期徒刑。死亡可以包括被害人自杀、自残，因为在经验法则上，虐待导致妇女自杀、自残具有极高的概率联系，因此具备法律上的因果关系。

需要说明的是，结果加重犯中的重伤、死亡结果在主观心态上必须限定为过失，如果故意导致妇女重伤、死亡，那自然应该以故意伤害罪、故意杀人罪追究刑事责任，最高可以判处死刑。

2009年，董珊珊家暴案中，受害人持续遭受家暴，最后一次肾脏都被打裂了，数日后逃出就医，最终不治，死因为"被他人打伤后继发感染，致多脏器功能衰竭死亡"。2010年7月，法院对此案一审宣判，丈夫王某以虐待罪被判处有期徒刑6年6个月。

家暴中的正当防卫

在家暴案件中,最大的争议点在于家暴中的防卫问题。司法实践中存在大量因家暴而引发的杀夫案件。

妇女在极度痛苦折磨的情况下将丈夫杀害,是否属于正当防卫?

这种现象在理论上一般被称为受虐妇女症候群。此类症候由家庭暴力所致,妇女长期受到伴侣恐吓、虐待,倍感绝望,认为除非通过暴力无法摆脱困境,故铤而走险将伴侣杀害。

司法实践中,此类案件与正当防卫的关系,必须慎重对待。

受虐妇女症候群导致的杀人行为可分为三类:其一,对抗性杀人,受虐妇女在争吵中将伴侣杀害,这在实践中最为常见;其二,非对抗性杀人,受虐妇女在伴侣熟睡等平和场合将其杀害;其三,雇凶杀人,受虐妇女雇佣他人杀害伴侣。

在这些案件中,受虐妇女通常会以正当防卫为由进行辩护。对于第三类案件没有争论,法官不会采纳正当防卫的辩解,而在前两类案件中,则存在很大争议。

按照美国学者沃克的解释,伴侣对妇女的虐待是循序渐进的。最初是因一些很小的事情而导致轻微的虐待,随后会慢慢升级为真正的身体虐待,在此期间会伴随着施虐者反复向女方忏悔,表达爱意,请求原谅。而原谅对方的女性不久又会再次遭受殴打。沃克认为,因为无力制止虐待行为,女方会完全丧失自信,陷入对伴侣的依赖(获得性依赖,Learned helplessness),因此她们往往选择保持与伴侣的关系,而不是离开。[1]

在对抗性杀人案件中,受虐妇女症候群可以说明,先前的虐待行为会让被告人感到自己受到致命的紧迫威胁。在与伴侣的争吵过程中,与此妇女地位相同的一般人都会因受虐历史而如此联想,因此将对方杀死的行为符合一般人的常情常感,可以解释为正当防卫。如果男方在施暴过程中还强行与女

---

[1] [美]约书亚·杜丝勒:《理解刑法》(第四版),律商联讯2006年版,第181页。
Joshua Dressler, *Understanding Criminal Law* (4th edition), LexisNexis(2006), P181.

方发生性关系，亦即构成强奸，在此情况下，女方当然可以进行正当防卫，造成男方死亡的，属于特殊正当防卫，不负刑事责任。

非对抗性杀人

但是在非对抗性杀人案件中，情况则比较复杂。

不少观点主张此类杀人也不应成立犯罪。比如有人从功利主义论证，认为施虐者长期虐待，既给被告带来危险，也可能给其他人带来危险，其死亡对社会是有利的。而社会应当为妇女提供一个庇护所，让她们免遭虐待。

还有人从报应主义出发，认为施虐者因为长期施虐，即便暂时不具有紧迫的危险性，但在道德上他已放弃了生命权利。如果不赋予妇女防卫的权利，那就是让公民成为强者的奴隶。

然而，在非对抗性杀人案件中，行为人在施虐者昏睡的时候将其杀害，按一般人常理来推断，施虐者此时并不构成紧急的危险，因而将行为人的行为视为正当防卫，并不妥当。

当然，正当防卫不成立，也并不意味着此类案件中的被告必须要承担刑事责任。如果医学上承认受虐妇女症候群的存在，那么把它看成一种导致责任能力减弱或缺失的精神疾病可能更为合理。正如科孚林（Anne Coughlin）教授所言，罹患此症之人缺乏心理能力进行理性选择，因此患有此病的证据可以证明被告人因精神疾病而行为异常。

想一想

董珊珊家暴案曾引发巨大争议，认为判刑过轻，你觉得呢？

077 侵犯名誉和民主权的犯罪

侮辱罪与诽谤罪

侮辱罪与诽谤罪，是指以暴力或者其他方法公然侮辱他人或者捏造事实诽谤他人，情节严重的，处3年以下有期徒刑、拘役、管制或者剥夺政治权利。

侮辱罪是指使用暴力或者其他方法公然贬低、损害他人人格、名誉的行为。诽谤罪是指捏造并散布虚构的事实，以损害他人人格、名誉的行为。这两项罪都是告诉才处理，但是严重危害社会秩序和国家利益的除外。

诽谤罪只能采取口头或者文字的方法，不可能是暴力；而侮辱罪既可以采取口头、文字的方法，也可以采用暴力方法。比如张三牵着李四，让李四在人多的地方学狗叫，这就可以构成侮辱罪。

诽谤罪必须有捏造并散布有损他人名誉的虚假事实的行为；而侮辱罪既可以不用具体事实，也可以用真实事实损害他人名誉，只要公然侮辱即可。比如张三是性工作者，李四在朋友圈把张三的隐私泄露，这虽然没有捏造事实，但是也损害了张三的名誉，情节严重也可以构成侮辱罪。

当前司法实践中最常见的行为是发他人的裸照，属于典型的侮辱罪。如果张三发李四裸照，加了一段文字描述"电话×××，包夜500"，结果李四的电话被打爆。张三的行为就触犯了多个罪名：首先散布裸照本身是侮辱；然后又造谣说李四是性工作者，构成诽谤；公布李四的电话，还侵犯了公民个人信息，一行为触犯三个罪名，想象竞合从一重罪。

名誉与社会评价

侮辱、诽谤所侵害的是名誉权，导致他人社会评价降低。社会评价降低显然是一种具有价值性的规范判断，它可以理解为一种具有道德评价的信息。对他人名誉的侵犯，也就是在减损社会一般人对他人的道德评价。为了避免法律传达出错误的信息，应该根据社会主流价值观念对"名誉"进行规范评价，排除那些与主流道德无关的信息，避免法律的泛道德化。

比如李四在网上发帖，说张三是一个穷人，别看张三现在天天开着豪车跟 8 个网红谈恋爱，但其实张三是个穷人，他的车是在网上租的，他许许多多炫富的图片全都是 PS 的。张三非常生气，到法院去告李四，还出具了足够的证据证明他是一个有钱人。但是李四却虚构事实说他是一个穷人，而且李四其实也知道张三蛮有钱的，所以主观上李四是有恶意的。那么这种情况是否构成诽谤罪呢？这显然就要去思考，李四有没有侵犯他的名誉权。

问题来了，你觉得身为一个穷人，算不算降低了张三的社会评价呢？有的人说，现在的这个社会是笑贫不笑娼的社会吗？身为穷人，社会评价会降低吗？但是无论如何，法律一定要倡导良善的价值观，所以在法律上，我们认为贫穷跟人的社会评价没有关系。

网络诽谤

在著名的"艾滋女事件"中，被告人杨某猛因与女友闫某分手，对其怀恨在心，遂将两人同居期间给闫某拍摄的裸照和性爱视频，传至网络上，并编造闫某被其继父强奸、在北京当"小姐"卖淫、患有艾滋病等内容在互联网上进行散布。杨某猛同时还公布了多个手机号码，捏造其号码持有人为闫某的嫖客等信息，在互联网上进行传播，此事极大地吸引了公众的眼球。

后杨某猛被河北省容城县人民法院以侮辱罪判处有期徒刑 2 年，以诽谤罪判处有期徒刑 2 年，数罪并罚决定执行有期徒刑 3 年。法院在判决中认为，被告人杨某猛利用散发、传播他人裸照、性爱视频照片等方式公然泄漏他人隐私，故意捏造被害人被强奸、当"小姐"和患有艾滋病等虚假事实，在互联网上迅速传播，引发了网民的广泛关注，各类新闻媒体争相报道，各大门户网站纷纷转载，严重损毁了闫的人格和名誉，严重危害了社会秩序，其行为已构成侮辱罪、诽谤罪[1]。

在此判决中，杨某猛编造被害人当"小姐"卖淫的行为贬损了被害人

---

1 《河北"艾滋女事件"制造者因侮辱诽谤一审获刑 3 年》，《京华时报》2010 年 4 月 10 日。

的名誉，但捏造的被害人被强奸和患有艾滋病的虚假事实与道德无关，不宜看成是对名誉权的侵犯。在某种意义上，法院的判决理由正是在强化社会对强奸受害人以及艾滋病患者的歧视。事实上，在此事曝光不久，闫某的家乡河北容城的县委县政府为了不"损害容城的形象"，让警方和疾控部门多次联系闫某，希望她回家接受检测并配合调查。政府和公众舆论要求闫某"自证清白"，无奈之下，闫某在不同的地方连续检测三次，以证实自己的"清白"，这才让政府长舒一口气，决定追查幕后的黑手。有关部门要求被害人"自证清白"的要求虽然荒谬，但却反映出社会对艾滋病患者的偏见。

侮辱、诽谤必须达到情节严重才构成犯罪，那么什么才是情节严重呢？2013年9月9日，最高人民法院、最高人民检察院公布《关于办理信息网络实施诽谤等刑事案件的司法解释》。司法解释规定，利用信息网络诽谤他人，同一诽谤信息实际被点击、浏览次数达到5000次以上，或者被转发次数达到500次以上的，或者造成被害人或者其近亲属精神失常、自残、自杀等严重后果的，都应当认定为"情节严重"。

侵犯公民个人信息罪

侵犯公民个人信息罪，是指违反国家有关规定，向他人出售或者提供公民个人信息，情节严重的行为；窃取或者以其他方法非法获取公民个人信息的行为。一般处3年以下有期徒刑或者拘役，并处或者单处罚金；情节特别严重的，处3年以上7年以下有期徒刑，并处罚金。

这个罪名在1997年刑法中是没有的，2009年《刑法修正案（七）》才增加了"出售、非法提供公民个人信息罪"，但其主体限定为从事特定职业的人士，如国家机关或者金融、电信、交通、教育、医疗等单位的工作人员。2015年，《刑法修正案（九）》对此罪再次修改扩张，主体不再限定为特定职业，所有的人都有可能构成侵犯公民个人信息罪。

2017年6月1日实施的《关于办理侵犯公民个人信息刑事案件适用法律若干问题的解释》（以下简称《信息解释》）认为此处的"公民"可以解释为自然人，包括外国人和无国籍人，但不包括单位和死者。

"公民个人信息"不是单纯的隐私信息，而是与特定自然人相关联的可识别性信息。司法解释规定，包括身份识别信息和活动情况信息，即以电子或者其他方式记录的，能够单独或者与其他信息结合识别特定自然人身份，或者反映特定自然人活动情况的各种信息，包括姓名、身份证件号码、通信通讯联系方式、住址、账号密码、财产状况、行踪轨迹等。

一个男同学拿着个高倍望远镜偷窥对面的女生宿舍，结果发现对面有个女同学也拿着高倍望远镜在看他。你正在看风景，看风景的也在看你。这侵犯了对方的隐私权，但这不属于可识别的信息，不构成侵犯公民个人信息罪。

人肉搜索和购买个人信息

向特定人提供公民个人信息的行为属于"提供"，而人肉搜索是通过信息网络或者其他途径发布信息，实际是向不特定多数人提供公民个人信息。基于"举轻以明重"的法理，人肉搜索更应当认定为"提供"。

对于"购买公民个人信息"是否属于"以其他方法非法获取公民个人信息"，以前存在不同认识。有意见认为，法条中所述的"其他方法"应当限于与"窃取"危害性相当的方式（如抢夺），不宜将"购买"包括在内。但《信息解释》没有过分拘泥于逻辑，而采取了经验主义的做法，认为从实践来看，当前非法获取公民个人信息的方式主要表现为非法购买，如排除此种方式，则会大幅限缩侵犯公民个人信息罪的适用范围，而且不少侵犯公民个人信息犯罪案件，购买往往是后续出售、提供的前端环节，没有购买就没有后续的出售、提供。所以，司法解释认为购买公民个人信息，也可能构成此罪。

想一想

网上经常有原配人肉"小三"，原配构成犯罪吗？

第七章
侵犯财产罪

强制占有型的财产犯罪

078 财产及侵犯财产罪

侵犯财产罪是司法实践中最多发的犯罪，占全国法院立案数40%以上。侵犯财产罪所侵犯的法益是财产权利，财产权既包括所有权，也包括占有权。如甲将摩托车借给乙，晚上甲又潜入乙家将摩托车偷回，甲侵犯了乙的占有权，故也成立盗窃罪。

财产的概念

刑法中所有的概念，都不仅是纯粹的事实概念，且有价值内涵，侵犯财产中的财产就必须按照法律倡导的价值观进行理解。

张三有一袋毒品，李四把这袋毒品偷了过来，毒品是不是财产，李四是否构成盗窃？

你会发现，对于任何一个法律问题，至少都会有三种观点：正说、反说、折中说。正说认为只有法律保护的才叫财产，而毒品不受法律保护，所以不叫财产，如果给这种观点贴上一个学术标签的话，可以称之为法律财产说，按照这种观点李四不构成盗窃罪。

与此针锋相对的观点，也即反说认为只要有经济价值的东西就属于财产，毒品自然是有价值的，这个观点可以称之为经济财产说，按照这种观点，李四构成盗窃罪。

正说和反说，你觉得哪种观点更合理呢？

似乎经济财产说更合理吧，如果认为李四不构成盗窃罪，那就一定会出现黑吃黑的现象，滋生更多的犯罪。

但是也不要急着下结论，再来思考一个案例——嫖娼使用冥币案。

张三嫖娼，约好一次3000元，完事之后性工作者发现张三坏透了，居然用的是冥币。张三真够坏的，你想到了哪几个罪名治他，强奸罪、使用假币罪、诈骗罪？

在强奸罪中，我们提到过骗奸，如冒充女方丈夫和女方发生关系。骗奸如果构成强奸的话，其中的欺骗必须是实质性欺骗，张三用冥币嫖娼案相当于装成有钱人和女方发生关系的案件，有钱和发生性行为在法律中不能认为是高概率事件，所以女方对性行为是同意的，张三不构成强奸罪。

那么张三构成使用假币罪吗？使用假币罪必须要侵犯货币的公共信用，也就是说这种钱会导致人们对人民币的交易信心产生动摇，但是冥币会动摇人民币的交易信心吗？不可能，用这种钱就相当于用面额250元的钱一样，除了让人感到可笑，不可能侵犯货币的公共信用。

于是就必须思考张三是否构成诈骗罪呢？按照法律财产说，法律不保护性交易，所以这不构成诈骗；按照经济财产说，性交易也具有经济属性，所以张三构成诈骗罪。

在我国，多数学者认为性交易虽然有经济属性，但是无论在法律中还是在伦理规范中这种利益都不应该受保护，否则就是在纵容不道德的性产业，所以认为这不应该算是财产。

你会发现这种立场就是一种折中的态度，财产犯罪中的"财产"并不限于法律所保护的财产，但也不能包括所有具有经济价值的"财产"，而应该是一种伦理规范所认可的"财产"，我们把这称为规范财产说。

在盗窃毒品案中，毒品当然是有价值的，而且最终要收归国家，李四相当于在偷国家的东西，所以构成盗窃罪。但是张三使用冥币嫖娼，总不能认为性工作者要收归国有吧，而且性交易不受规范认可，所以这种经济价值不受规范保护，张三不构成诈骗罪。

法律永远是一种平衡的艺术，规范财产说相当于折中说。

财产包括动产与不动产。盗窃、抢劫等夺取型犯罪，显然其对象不包括不动产，但不动产上可分离的附着物，比如房子上的窗户，可以成为这些犯罪的对象。有体物和无体物，水、电、煤都可以成为侵犯财产罪的对象。债权凭证如果一旦丧失，就会失去凭证所记载的财产，这也可属于财产犯罪的对象。例如，将自己的借条强行抢回，可成立抢劫罪。

占有型和破坏型财产犯罪

按照行为人是否在乎财物的使用价值，财产犯罪可以分为占有型和破坏型。占有型行为人尊重财物的使用价值，破坏型则不尊重财物的使用价值。比如盗窃、诈骗、抢夺，这些都是标准的占有型的犯罪，而破坏型的犯罪主要是故意毁坏财物和破坏生产经营。在财产犯罪中，主要都是一些占有型的犯罪。

财产犯罪中占有，包括两重含义：一是排除意识，二是利用意识。

所谓排除意识，就是永久性地排除权利人的占有。这就可以把盗窃和盗用，诈骗和诈用区分开来。李四把张三的摩托车骑走了，三天后又骑回来还给他，这就是盗用而不是盗窃，因为没有永久性地排除张三对摩托车的占有；但是如果李四看到张三的车不错，骑了一圈扔到了沙漠，这就直接构成盗窃罪。

所谓利用意识，就必须要遵循财物的使用价值进行利用，即便非常规的使用价值也可能是利用。比如恋物癖，有人专门偷别人的内衣、内裤，就可能构成盗窃；张三是个乞丐，冬天很冷，跑到李四家偷了一把红木椅，劈柴烤火，这也是一种利用，构成盗窃；曾经发生一个更为奇葩的神偷案，张三在仓库里发现价值27万的罐装饮料，把饮料给倒掉了，饮料罐当废品卖，卖了200块钱，这也是一种利用，构成盗窃，同时还可能构成故意毁坏财物罪，从一重罪论。

王五看到邻居王六有条名犬，把狗抓走吃掉了，这显然是一种利用，当然构成盗窃罪，但如果他讨厌狗，以杀狗为乐，杀完即扔，那就构成故意毁坏财物。

数额认识错误

在刚才的吃狗打狗案中，如果狗是名犬，价值百万，但王五却认为狗不值钱，王五构成犯罪吗？

我们知道，大部分财产犯罪都必须达到一定的数额才构成犯罪，比如一般的盗窃，要数额较大才构成犯罪，司法解释规定达到1000元至3000元以上才叫数额较大，故意毁坏财物一般要造成公私财物损失5000元以上的，才可立案侦查。

财产性犯罪中的"数额较大"并非单纯的事实，它要根据社会价值观进行判断，不同的人对一个物品的价值看法并不一致，因此它属于具有社会评价的规范性构成要件要素，要根据一般人的标准来看行为人是否存在这种认识。比如天价兰花案：两个酒店服务员收拾客房时，发现墙角有几棵小草，就拿回家种在了花盆里。岂知这几棵"小草"是被称为"西光蜀道"的名贵兰花，市值4000到6000元。显然，按照"行为人所属一般人立场"来判断，作为宾馆服务员，不具备专业知识，无法断定兰花的价值，因此这种认识错误可以否定盗窃的故意。

另外一个经典的案件是韩某盗窃案。韩某在给客户送家具时，偷拿了客户放在桌子上的一块手表，经鉴定该手表价值人民币50万余元。韩某后以盗窃罪被起诉，检察机关认为其属于盗窃数额特别巨大，起刑点为10年以上有期徒刑。韩某虽然承认了盗窃行为，但却辩称自己误认为手表价值不过千元左右，存在重大认识错误，不能完全按照被盗物品的实际价值对其量刑，只应当认定为盗窃数额较大。在本案中，韩某虽然知道或应当知道财物达到数额较大，但实际上，该手表已达"数额特别巨大"，对于韩某能否认定为盗窃罪的结果加重犯，从而判处10年以上有期徒刑呢？

无论是数额较大，还是数额特别巨大，都是具有价值判断的内容，都应该按照行为人所属群体进行一般化的判断，如果和行为人身份、地位、学识相似的一般人没有对加重数额的认识可能性，对于行为人也就不得追究其结果加重犯的责任。在韩某案中，由于韩某出生于农村，只读过初中，年龄也不大，从老家到北京来也才不到两年的时间，在一家普通家具公司当搬运工，没有机会接触到此类名贵手表。他所接触到的人，一般都是普通农民、工人。从社会一般观念来看，他并不具备对加重数额的认识可能性，因此只能按照盗窃数额较大追究其刑事责任。

想一想
在吃狗打狗案中，如果你是王五，你能认识到邻居家的狗居然值百万吗？

079 抢劫罪

抢劫罪是指以非法占有为目的，当场使用暴力、胁迫或者其他方法，强行劫取财物的行为。基本刑处3年以上10年以下有期徒刑，有8种加重情节可以处10年以上有期徒刑、无期徒刑，直至死刑，并处罚金或者没收财产。

抢劫的对象

抢劫罪侵害的法益是复杂法益，既有人身权利又有财产权利。通说采取或然说而不是并合说，抢劫行为只要出现劫取财物或造成轻伤结果之一的，就可成立抢劫罪的既遂。张三抢劫李四，一分钱都没抢着，但是把李四打成了轻伤，依然成立抢劫罪的既遂。

抢劫罪的犯罪对象是他人所有的、保管的或占有的财物。不管他人对财物的拥有是否合法，也不论这种财物是否是违禁物品，都可以成为抢劫罪的对象。

以毒品、假币、淫秽物品等违禁品为对象，实施抢劫的，以抢劫罪定罪；抢劫的违禁品数量作为量刑情节予以考虑。抢劫违禁品后又以违禁品实施其他犯罪的，由于又侵害了新的法益，应以抢劫罪与具体实施的其他犯罪实行数罪并罚。抢劫毒品构成抢劫罪，如果抢劫毒品之后又销售的，就侵犯了一个新的严重法益，构成抢劫罪和贩卖毒品罪，数罪并罚。

非法占有

抢劫罪是故意犯罪，并且具有非法占有的目的。如果是为了索取合法债务而使用暴力的，主观没有非法占有的目的，按照司法解释，一般不成立抢劫罪，根据情况可成立故意伤害罪、非法拘禁罪、非法侵入住宅罪。

司法解释还进一步指出，抢劫赌资、犯罪所得的赃款赃物的，以抢劫罪定罪，但行为人仅以其所输赌资或所赢赌债为抢劫对象，一般不以抢劫罪定罪处罚。构成其他犯罪的，依照刑法的相关规定处罚。

为什么自己把所输赌资或所赢赌债抢走，不构成抢劫罪呢？对于所输的钱，在法律上还是归赌徒占有的；对于所赢的钱，在社会规范上也归赌徒占有。所以，一个在法律上，一个在规范上，都没有非法占有的目的，不构成抢劫罪。

但是，手段和目的要统一，为达目的不择手段是错误的。没有非法占有目的，虽然不构成财产犯罪，但如果手段违法，比如采取了非法拘禁、故意伤害等行为，手段行为还是可能单独构成非法拘禁罪、故意伤害罪的。

抢劫罪的行为方式

抢劫罪必须当场使用暴力等强制手段，当场获得财物，强制手段与获得财产必须存在因果关系，而且处于同一个时空场合。

1.强制手段。即暴力、胁迫或者其他方法，这些方法都足以压制一般人反抗，使被害人不能反抗、不知反抗或不敢反抗。

"胁迫方法"是指以当场立即使用暴力相威胁，足以使被害人产生恐惧心理而不敢反抗。这种胁迫必须具有当场可实施性，如果胁迫在当场无法实施，例如，"不给钱，3天之后杀你全家"，就不属于抢劫，而是敲诈勒索。

张三到李四店里去吃饭，结果发现李四店里没其他店员了，只有他在。张三让李四给来个蛋炒饭，李四说自己做的不好吃，张三再三要求，李四无奈地到厨房去做菜。张三立刻关上厨房门，李四只能从递菜窗口眼看着他打开柜台抽屉拿走1000余元离去。这其实是相当于非法拘禁的方式获取财物，还是构成抢劫罪。

再思考一个疑难案件。某乡村，一名13岁的女孩在偏僻的半山腰放羊，张三走过去，对着小姑娘把裤子脱了，女孩吓坏了，跑走了。张三顺手把羊牵走了。

在顺手牵羊案中，张三对女孩脱裤子可以构成猥亵儿童罪，他把羊牵走的行为构成抢劫罪吗？

有人说，如果我是这个女孩，就飞起一脚，非得把那个人渣踢成残疾。但是，请你代入到这个小姑娘的情境，你觉得她的害怕逃跑是一般人的正常反应吗？如果是的话，那么张三的行为就足以压制一般人反抗，从而构成抢劫罪。

当我们说足以压制一般人反抗，这里的一般人一定是和被害人境遇相似的一般人，在顺手牵羊案中，一定是和乡下女孩一样的一般人，而不是生活在大城市练过泰拳的一般人。

2.获得财产。强制手段是获得财产的原因，强制手段压制被害人的反抗，被害人于是交付财物，强制手段与获得财产必须存在因果关系。获得财产包括积极财产的增加，也包括消极财产的减少。例如，勒住出租车驾驶员的脖子而免交车费，也成立抢劫罪。

甲暴力威胁乙，让乙交出财物，乙并不害怕，但出于对甲的怜悯，把钱给了甲。在此案中，强制手段与获得财产并无因果关系，只能以抢劫罪的未遂论处。又如甲为抢劫而殴打章某，章某逃跑，甲随后追赶。章某在逃跑时钱包不慎从身上掉下，甲拾得钱包后离开。显然，甲获得财物并非出于对方的反抗能力被压制，因此甲的行为成立抢劫罪的未遂[1]。

3.时间和空间。抢劫罪必须当场施加强制行为，同时还要当场获得财物，强制手段与获得财物都必须发生在同一个时空场合。如果是事后取财，则不成立抢劫。

这里需要注意的是对于"当场"的理解不能过于狭窄，即使强制行为

---

[1] [日]西田典之：《日本刑法各论》刘明祥、王昭武译，中国人民大学出版社2007年版，第134页。

与取得财物的行为之间虽然不属于同一场所，但只要从整体上看行为并无间断，也属于当场取财。例如，甲、乙二人于某日晚将私营业主丙从工厂绑架至市郊的一空房内，将丙的双手铐在窗户铁栏杆上，强迫丙答应交付3万元的要求。约2小时后，甲、乙强行将丙带回工厂，丙从保险柜取出仅有的1.7万元交给甲、乙。在这个案件中，取财行为与强制行为并未割裂，在整体上没有间断，因此属于抢劫罪。

想一想

一男一女系网友，见面后，男方邀请女方去开房，女方欣然前往。开好房后，男方让女方去洗澡，乘女方洗澡之机，把女方的钱包、手机，包括内衣内裤在内的所有的衣服都拿走了。男方是盗窃，还是抢劫？

080 加重型抢劫

抢劫有8种加重情节，有以下情节之一的，应处10年以上有期徒刑、无期徒刑或者死刑，并处罚金或者没收财产。

1.入户抢劫的；

2.在公共交通工具上抢劫的；

3.抢劫银行或者其他金融机构的；

4.多次抢劫或者抢劫数额巨大的；

5.抢劫致人重伤、死亡的；

6.冒充军警人员抢劫的；

7.持枪抢劫的；

8.抢劫军用物资或者抢险、救灾、救济物资的。

入户抢劫

入户抢劫侵害的是他人的住宅安宁权。

在主观上,"入户"目的具有非法性,要与"在户内抢劫"区别开来。以侵害户内人员的人身、财产为目的,入户后实施抢劫,包括入户实施盗窃、诈骗等犯罪而转化为抢劫的,应当认定为"入户抢劫"。因访友办事等原因经户内人员允许入户后,临时起意实施抢劫或者临时起意实施盗窃、诈骗等犯罪而转化为抢劫的,不应认定为"入户抢劫"。

在客观上,要同时具备形式特征和实质特征。

首先,在形式上"户"是指住所,其特征表现为供他人家庭生活和与外界相对隔离两个方面,前者为功能特征,后者为场所特征。一般情况下,集体宿舍、旅店宾馆、临时搭建工棚等不应认定为"户",因为在集体生活中,人的隐私权受限,所以没有住宅安宁权,但在特定情况下,如果确实具有上述两个特征的,也可以认定为"户"。

其次,入户抢劫实质上侵犯了住宅安宁权,金窝银窝比不上自己的狗窝,住宅安宁是一种高度的隐私感。故"户"还包括封闭的院落、牧民的帐篷、渔民作为家庭生活场所的渔船、为生活租用的房屋等,即便这些人没有固定的住宅,但"风能进,雨能进,国王不能进",房子再简陋,也是他人的居所,私人住宅神圣不可侵犯,进入上述场所抢劫显然也侵犯了他人的住宅安宁权。

现在,最容易成为抢劫对象的就是性工作者,他们一旦被抢也不敢报案。

那在性工作者家里抢劫是不是入户抢劫呢?

这至少包括以下两种情况。

第一种情况,张三跟性工作者李四谈好价格,约在李四家发生关系,之后张三不想给钱,还把李四给抢了。

第二种情况,张三从一开始就想抢劫,假意跟李四讲好价格,在李四家发生关系之后,不仅不给钱还把李四的财物给抢了。

案件的关键就在于张三是否侵犯了性工作者的住宅安宁权。在第一个案件,张三被允许进李四家,张三嫖完之后才产生抢劫的意图,没有侵犯住宅安宁权，所以只能认定为普通型抢劫。但在第二个案件中，张三进入李四家的目的就是想抢劫，李四是被欺骗了才同意张三进屋，欺骗下的同意是无效的，因此侵犯了李四的住宅安宁权，可以认定为入户抢劫。

有人也许会说，如果张三懂法，一律都说自己是嫖完后再产生抢劫之意，这样不就可以规避法律了吗？你会发现，刑法只是一种实体法，它的很多要素都是要靠证据来证明的，毕竟一方面有疑问时要做有利于行为人的推定，打击不足总比打击过度强；另一方面，证据并不只有口供一种，如果有其他证据，比如张三有过多次类似嫖完后抢劫的现象，那自然可以推定抢劫的意图产生在白嫖之前。

公共交通工具上抢劫

公共交通工具乘载的旅客具有不特定多数人的特点，在公共交通工具上抢劫，显然行为人在主观上具有公然性，在客观上也影响了公众的出行安全，自然要受到更为严厉的惩罚。

司法解释规定，"在公共交通工具上抢劫"主要是指在从事旅客运输的各种公共汽车、大中型出租车、火车、船只、飞机等正在运营中的机动公共交通工具上对旅客、司售、乘务人员实施的抢劫。

在未运营中的公共交通工具上抢劫，或者在小型出租车上抢劫的，由于不具备公然性，所以不属于"在公共交通工具上抢劫"。

张三乘坐火车，凌晨1点一位女士到火车的车厢连接处去上厕所。张三尾随进去，对这位女士实施了性侵，还把她的手表给摘走了，这是强奸，但不属在公共场所当众强奸，因为他还是害怕被人看到；同时也不属于在公共交通工具上抢劫，因为没有公然性，所以只能理解为一般型抢劫。

大部分刑法学的知识，其实都是解释学的问题，如何用有限的法律条文去适应无限丰富的社会生活，条文是有限的，而案例是无限的，正确地解释法律，是最重要的法律思维。

试想这两个案例：一个是在公共交通工具下抢劫。张三学了法律，知道在公共交通工具上抢劫要判10年以上，所以他不上车，而是拦车抢劫，让乘客全部下车，每人交100元才让车通行。这是在车下抢劫，而非在车上抢劫，属于"在公共交通工具上"抢劫吗？

所谓在公共交通工具上抢劫可以理解为针对公共交通工具上的人进行抢劫。那么无论在车上，还是车下，自然都属于在公共交通工具上抢劫。在实质上，这种行为不仅具有公然性，也影响了民众出行，所以可以将其解释为在公共交通工具上抢劫。事实上，司法解释也是如此理解的，拦截运行途中的机动公共交通工具，对公共交通工具上的人员实施的抢劫也属于"在公共交通工具上抢劫"。

另一个案件是在假公车上抢劫案，张三弄了一辆大巴，弄成公交车的样式，拉了一车人到偏僻处，然后进行抢劫，这算"在公共交通工具上抢劫"吗？

问题的关键能否把假公交车解释为"公共交通工具"。

公共交通工具就是公众出行的交通工具，比如没有营业执照的"黑大巴"，也可以算是公共交通工具。张三把车装扮成公交车的样式，在一个特定的时候充当了民众的出行工具，而且这种行为具备公然性，也会严重影响民众的出行安全，毕竟这类案件一旦出现，会导致人心惶惶，以至大家以后坐公交车，上车前都会问司机："师傅，这车是真的还是假的啊？"

想一想

若行为人想去某女家实施性侵，但进入户内，发现某女非常富有，遂放弃性侵，实施了抢劫，对此也可认定为入户抢劫吗？

081 抢夺罪

抢夺罪是以非法占有为目的，公然夺取数额较大的公私财物或者多次抢夺的行为。基本刑处3年以下有期徒刑；数额巨大或者情节严重的，处3年以上10年以下有期徒刑；数额特别巨大或者情节特别严重的，处10年以上有期徒刑或者无期徒刑，并处罚金或者没收财产。

抢夺与抢劫

抢夺罪的本质是"公然夺取"。张三尾随一个女生，这个女生感觉有人尾随很害怕，包越攥越紧，张三越跟越紧。最后，张三助跑冲过去把包抢走了，这属于趁人有备，公然夺取，还是应该定抢夺罪。

抢夺是一种对物的暴力，在间接上有可能造成他人的伤亡；而抢劫是一种对人的暴力，本身就一定有致人伤亡的危险。抢夺行为只是直接对物使用强制，并不是直接对被害人行使强制，而抢劫罪必须是实施了足以压制对方反抗的强制手段。行为人实施抢夺行为时，被害人来不及抗拒，而不是被强制压制不能抗拒，也不是受胁迫不敢抗拒。

一男一女在天桥上散步，张三冲过去把男的举了起来，直接从天桥上扔了下去，男生当场被摔死，他的女朋友吓坏了，张三一把扯走她的包，这是对人的暴力，定抢劫罪；但如果一个女生戴着耳环，张三冲过去把耳环给扯下来，这主要是对物的暴力，定抢夺罪。有人会纳闷，耳朵被扯烂不也是对人的暴力吗？但你会发现，抢劫罪中的对人之暴力一定要达到足以压制一般人反抗的程度，耳朵被扯烂会导致反抗能力减弱吗？没有，可能还强化了反抗力，所以只能认定为抢夺。但是，如果为了取走耳环把女方的耳朵直接用刀割下来，自然构成抢劫罪。

抢夺在性质上是要轻于抢劫的，这就是为什么抢夺一般要达到数额较大才构成犯罪，而抢劫罪是无须数额较大即可构成犯罪，根据司法解释，抢夺公私财物价值1000至3000元以上才属于数额较大。当然如果有特别恶劣的情节，比如抢夺老人、儿童、孕妇的财物，数额较大的标准可以减半。

2015年《刑法修正案（九）》还增加了一种抢夺行为，就是多次抢夺，这种抢夺无须数额较大即可入罪，多次即3次以上。

抢夺与盗窃

传统的观点认为盗窃罪与抢夺罪的区别在于，前者是秘密窃取，后者是公然夺取。因此，当张三见李四摔伤在地，当其面将财物取走，此行为构成抢夺罪，而非盗窃罪。但现在有一种有力的见解认为，盗窃罪与抢夺罪的区别并非秘密性对公然性，而是平和性对暴力性，盗窃罪是平和性犯罪，但抢夺罪是一种对物的暴力性犯罪，在间接上有致人伤亡的危险，按照这种观点，前案则应以盗窃罪论处。

在绝大多数案件中，两者的处理结论是一样的。张三看到李四的耳环掉在地上，立刻拿脚踩住，李四走后，张三把耳环捡起来放进口袋。这个案件既秘密又平和，两种观点都认为是盗窃罪。

但是有些案件可能引起分歧：张三到李四家去偷东西。李四是个老太太，瘫痪在床，看到张三在偷，说："小伙子别偷了。"张三听到了，置之不理，说："我听不见，我戴着耳机听不见。"最后张三偷了250块钱。

你觉得张三的行为构成犯罪吗？

如果认为抢夺和盗窃的区别是公然对秘密，那就属于抢夺行为。但250块钱没有达到抢夺罪的入罪标准，所以无法以犯罪论处。

但是采取平和暴力说，那就是盗窃，刑法规定了入户盗窃，无须数额较大即可入罪，该案可以盗窃罪定罪量刑。

在这个案件中，似乎平和暴力说的观点更合理，你觉得呢？

每种理论都有合理之处，千万不要在自己看重的观点上，附着不加边界的价值。你可以坚持你的观点，但一定要接受对立观点也有其合理之处。以赛亚·伯林说"人类有两类思想家，一类是一元论，像刺猬，非此即彼，非黑即白；还有一类是狐狸式的，圆滑，坚持自己的观点，但也承认对立观点具有一定的合理性"。在人类历史上，给人类带来浩劫的往往是一元论的刺猬型思想家，学习法律，很多时候我们要像狐狸，要有承认对立观点有合理的成分。当然人需要有原则，你可以坚持原则，但也一定要注意原则有模糊地带，很多时候妥协不是牺牲原则，很多时候妥协正是为了坚持原则而有所让步。

有些人觉得折中说没有鲜明的特点，但是法律不是智力游戏，也不是逻辑推导。法律要考虑到我们丰富的社会生活的实际需要。刚接触一种学说，你可能觉得很厉害，结果又出现几个现实变量，让你觉得这个学说好像有问题，观点总在不断地变化。正说、反说、折中说、折中说的修正说、折中折中说，理论就是这样不断前进。

人类所有的天才都是在前一个天才基础上稍微迈了一步，从这个角度而言，我们几乎没有原创性的观点，所有的原创性观点都是在前人的基础上往前面迈了一步。这就是为什么我们一定要阅读，阅读人类伟大的经典，你可能会发现现在绝大多数观点都是"剽窃"，剽窃的是人类伟大的观点，我们只不过在品尝人类伟大观点的残羹冷炙。我们的时间是如此的有限，在某种意义上，我们每分每秒都在接近我们生命的终点。爱惜光阴，在有限的时间要做有意义的事情，要去阅读人类伟大的经典，用阅读去延长有限的时间。

想一想
关于盗窃罪与抢夺罪的区别，你支持公然秘密说，还是平和暴力说？

082 敲诈勒索

敲诈勒索罪是以非法占有为目的，对被害人实施威胁或者要挟的方法，强行索取财物，数额较大或者多次敲诈勒索的行为。数额较大或者多次敲诈勒索的，处3年以下有期徒刑，并处罚金；数额巨大、特别巨大，或者有其他严重情节的，处3至10年或10年以上有期徒刑，并处罚金。

根据《刑法修正案（八）》的修改，本罪不再是单纯的数额犯。有两种情况可以构成本罪，一种是敲诈勒索，数额较大，按照司法解释的规定，其标准是2000到5000元以上。另一种是多次敲诈勒索，多次是指2年内敲诈3次以上。

让人产生恐惧
敲诈勒索罪中的"威胁"，一般是以施加杀害、伤害等暴力相威胁使对方产生恐惧而交付财物。不过与抢劫罪不同的是，这里的威胁内容如果是暴力的话，它不具有当场的可实施性。

"要挟"是指以揭发隐私、告发犯罪、毁坏名誉等非暴力方法使对方产生恐惧而交付财物。被害人交付财物可以在威胁或要挟的当场交付，也可在事后交付。

例如，张三将裸女和某领导PS在一起，并给领导寄去，告知领导若不支付5000元，就要把照片交给纪委。领导一看，记不清了，遂给张三如数付款，这就构成敲诈勒索罪（和诈骗罪的想象竞合）。

敲诈政府

政府能否成为敲诈的对象？有不少上访户以越级上访相要挟，向地方政府索要经济补偿。这类案件如何处理，各地法院判决不一，有罪判决和无罪判决并存。无罪判决有的认为以上访进行"威胁或者要挟"，不足以使政府因恐惧而被迫交出财物，检方指控访民犯敲诈勒索罪的证据不足或不充分。更有判决明确指出，"政府不能成为被要挟、被勒索财物的对象"。

需要说明的是，这类案件一般又可分为两类，一是针对官员个人，一是针对地方政府。对于前者，可以认定为敲诈勒索罪，官员也是公民，他也有自己的合法权利。如果上访户对某乡长说，不给钱就去上访，抹黑乡长。官员无奈，自掏腰包花钱买平安。这当然构成敲诈勒索罪。

但是对于第二种情况，行为人所针对的是地方政府。所要"敲诈勒索"的是集体而非个人。如果成立敲诈勒索罪，那么政府就将成为"被害人"，这会导致整个法秩序的错乱。

公共权力是法律所赋予的，凡是法律没有授权的，公共权力就不得妄为。公权力没有讨价还价的空间，如果上访者的要求合法合理，就应当按照法律规定满足，如果不合理，就应当按照法律法规予以拒绝——如果超越法律规定，碍于上访压力予以同意，那这种行权方式本身就是滥用职权，涉嫌渎职犯罪。

而如果政府也能"被要挟"，公权力也能拿出来"做交易"，那么公权和私权的界限就不复存在了。试想行为人向政府索要补偿，不是直接依法处理，而是先"私了"，如果谈不拢，则行为人可构成敲诈勒索的未遂；如果谈拢了，而政府又觉得受到了要挟，那么行为人构成敲诈勒索的既遂，政府相关主管人员则构成滥用职权罪，总之结局不是抓人就是被抓。

可见，政府不能成为敲诈勒索罪的对象，否则公权沦为私权，私权不复存在。公私不明，国之大忌。

正当维权不应沦为犯罪，刑法应当考虑伦理道德的需要。愿这句法治的启蒙信条依然能够为所有的法律人所牢记：对公权力而言，凡是没有允许的，都是不可为的；对私权力而言，凡是没有禁止的，都是可以做的。

捡到东西的感谢费

张三在地上捡了一个钱包，钱包里有李四的身份证和驾照。张三打电话给李四，让他给3000元才还身份证。张三的行为构成敲诈勒索吗？

这里关键问题还是，张三有无权利向李四主张报酬。从法律上来看，没有这种权利，拾得他人遗失物应当归还原主。但在道德上呢？捡到他人的东西，要点钱合理吗？

张三的主张在道德生活中虽说不值得鼓励，但至少是可以容忍的，因此张三的行为不构成犯罪。

孔子有两个学生，子路和子贡。子贡特别有钱，子路以前"混黑社会"的。有一次，子贡对孔子说了一件事，当时鲁国跟齐国属于交战状态，很多鲁国人被齐国抓去做了奴隶。鲁国就出台了一个政策，只要有人从齐国赎出奴隶，国家会给补偿和奖励。结果，子贡到齐国出差，赎了好几个人，他不差钱，没拿国家的奖励。孔子训斥子贡虚伪，因为国家如果因此取消了奖赏制度，以后大家可能就不想做好事了。

子路也跟老师说了一件事情，他救了一个落水的人，那个人用一头牛来答谢他，子路接受了。孔子说："鲁人以后都会勇于搭救落水者了。"孔子认为子路要钱很合适。

法律的一个重要目的，不是强迫人行善，而是鼓励人行善，私人之间的协商和自治，法律没有必要过多干涉，相反对于公权力，却始终要保持警惕与限制。

我非常欣赏英国作家切斯特顿的一句话："一个开放的社会像一张张开的嘴，在合下来的时候，一定要咬住某种坚实的东西。"一个社会一定要有核心价值，天变地变，道义不变。人类不是财富的聚集体，人类是精神的聚集体，能够把人聚合在一起的永远是精神。

想一想
你捡到别人的东西，会怎么处理？

083 索赔是正当权利

敲诈勒索罪一定是以非法占有为目的。如果行为人索取债权有正当的权利基础，或者行使权利并不违背社会的通常观念，就不属于敲诈勒索，反之，如果没有正当的权利基础而借故要挟，或者行使权利明显违背社会通常观念，则为敲诈勒索。

郭利案

一个典型的案件是"结石宝宝"父亲郭利案。郭利，一名同声传译的自由职业者，38岁那年迎来了他的宝贝女儿。2006年9月，经过慎重的选择，他将"美国施恩婴幼儿奶粉"作为女儿唯一的奶粉食品。

三聚氰胺"毒奶粉"事件曝光后，2008年9月23日，郭利带着两岁半的女儿去医院检查，结果显示孩子的肾脏功能已受损。2009年4月，郭利将女儿吃剩的奶粉送检，发现其中部分奶粉的三聚氰胺含量严重超标。郭利后向施恩公司提出索赔，索赔金额为300万人民币。2009年7月，郭利因涉嫌敲诈勒索罪被广东省潮安县警方刑拘。2010年1月8日，潮安县人民法院做出一审判决，认定郭利构成敲诈勒索罪，处有期徒刑5年。二审法院潮州中院随即维持原判。

郭利一案被媒体广泛报道。2010年7月，广东高院做出再审决定，认为案件"在程序上存在不符合刑事诉讼法规定的情形，确有错误"，指令二审法院再审。2010年底，潮州中院再审认为原审裁判"审判程序合法，量刑并无不当"，裁定维持原判。郭利服刑期间拒不认罪，无法减刑，2014年刑满释放。郭利继续申诉，2015年3月，广东高院对案件做出再审决定，认为"原判事实不清、证据不足"，并同时决定提审此案。2017年4月7日，广东省高级人民法院对郭利敲诈勒索一案进行公开宣判，再审改判郭利无罪。

值得一提的是，最高人民法院2016年9月19日通过、2018年1月1日实施的《关于办理减刑、假释案件具体应用法律若干问题的规定》对减刑的条件"认罪悔改"有一个非常特别的规定，"罪犯在刑罚执行期间的申诉权利应当依法保护，对其正当申诉不能不加分析地认为是不认罪悔罪"。也许郭利案对这个条款有着重要的贡献。

索赔的界限

在与郭利案同类的案件中，一个突出的问题是：如果索赔金额超越了法律的规定，那就应以敲诈勒索罪论处吗？

在敲诈勒索罪中，最重要的辩护理由就是权利行使。如果行为人拥有正当的权利基础，那么行使权利的行为就不成立敲诈勒索罪。当然，如果行权方式不合理，用不正当的手段去追逐正当的目的，手段行为可以评价为其他犯罪。比如以非法拘禁或故意伤害的手段去行使权利，无论是否有正当的权利基础，这些不正当的手段都可能单独构成非法拘禁或故意伤害罪。

对于有些司法人员而言，只有法律规定的权利才是权利。因此，索赔必须严格根据法律规定来确定数额，如果肾脏功能受损，那就应该按照医疗单据上所显示的花费来进行赔偿。至于食品存在安全问题，根据《食品安全法》的规定，最多也只能赔偿食品价格的十倍。如果超出了这些数额，就没有法律依据，强行索赔就有可能以敲诈勒索罪论处。

295

这种见解忽视了起码的法治观。法治的基本原理告诉我们：对公权力而言，凡是没有允许的，都是不可为的；对私权力而言，凡是没有禁止的，都是可以做的。

私人权利不是法律所赋予的，只要法律没有禁止，就是民众的权利之所在。相反，公共权力才是法律所赋予的，只要法律没有授权，公共权力就不能轻举妄动。

因此，权利的行使是一种私人自治的行为，法律没有必要太多干涉。只要一种权利具有道德上的正当性，即便在法律上没有明确的规定，这种行使权利的行为也不应该以敲诈勒索罪论处。

超法规的排除违法性事由

如果按照法定权利说，只要法律没有规定的行权行为就一律不能视为正当，那么大量的正当化行为都会以犯罪论处。

我国刑法只规定了两种法定的排除违法性的正当化事由，一是正当防卫，二是紧急避险。但是，除此以外还有大量的超法规的排除违法性事由，如义务冲突、推定承诺、医疗行为、自救行为等。比如，某人发现自己被偷的摩托车，于是将其骑回，表面上符合盗窃罪的犯罪构成，但是违法吗？当然不违法，这种自救行为是道德生活所许可的。

"超法规的排除违法性事由"这个概念是德国刑法学家汉斯·韦尔策尔（Hans Welzel）对刑法理论的重要补充。韦尔策尔认为，只要行为符合历史所形成的社会伦理秩序，就具有社会相当性，而非违法行为。他将道德规范作为排除违法的实质根据，以限制刑罚权的过分扩张，"让刑法学从死气沉沉的博物馆回到富有活力的社会生活中来"。将道德规范作为违法排除事由的实质根据，必然会使司法机关考虑社会生活的实际需要，顾念普罗大众的常情常感，走出法律人自以为是的傲慢，避免司法的机械与僵化。

一段时间以来，人们过分地强调法律与道德的区分，害怕以模糊的道德作为发动刑罚的根据会与罪刑法定原则严重抵触。这种认识只具有片面的合理性，因为它忽视了消极的道德主义。道德主义可以区分为作为入罪的积极道德主义和作为出罪的消极道德主义，积极道德主义是应当反对的，但消极道德主义在世界各国都被普遍接受。总之，一种违反道德的行为不一定是犯罪，但一种道德所许可甚或鼓励的行为一定不是犯罪。

因此，只要行为人的权利请求是道德上所认可的，这种行为就属于违法排除事由，不构成敲诈勒索罪。

想一想

食品安全事件屡见不鲜，你觉得天价索赔，对社会是有积极作用，还是消极作用？

平和占有型的财产犯罪

084 盗窃罪

盗窃罪是以非法占有为目的，窃取数额较大的公私财物或者多次盗窃、入户盗窃、携带凶器盗窃、扒窃公私财物的行为。数额较大的，或者多次盗窃、入户盗窃、携带凶器盗窃、扒窃的，处3年以下有期徒刑、拘役或者管制，并处或者单处罚金；数额巨大或者有其他严重情节的，处3年以上10年以下有期徒刑，并处罚金；数额特别巨大或者有其他特别严重情节的，处10年以上有期徒刑或者无期徒刑，并处罚金或者没收财产。

梁丽案与"占有"

2008年12月9日上午8时许，在深圳宝安机场王某在19号柜台前办理行李托运手续时，因贵重物品不能托运，于是向不远处的机场工作人员咨询。他将装有14公斤黄金首饰的封闭纸箱放在行李车上，10分钟返回后不见纸箱便急忙报警。当时，清洁女工梁丽正在打扫卫生。现场监控视频显示，王某离开33秒后，机场清洁工梁丽出现在手推车旁。大约半分钟后，梁丽将纸箱搬进机场一间厕所。王某约4分钟后返回，发现纸箱不见了，随即向公安机关报警。当天9时40分许，梁丽吃早餐时告诉同事，捡到一个比较重的纸箱。随后，两位同事经梁丽同意，将纸箱打开并取走其中两小包。梁丽从同事那里得知纸箱内是黄金首饰后,将纸箱放到自己的清洁手推车底层后离开。经评估首饰价值约300万元。

此案是偷还是捡?如果是前者,属于盗窃数额特别巨大,其量刑幅度为10年以上有期徒刑、无期徒刑,并处罚金或者没收财产;如果是后者,行为构成侵占,最高刑是5年,由于此罪为亲告罪,不告不理,如果首饰所有人没有主动向人民法院提出控告,梁丽就不构成任何犯罪。

盗窃是以非法占有为目的窃取他人财物的行为,侵占则是将代为保管的他人财物占为己有的行为。盗窃是一种最古老的犯罪,而侵占罪在刑法中出现的历史很晚。直到18世纪,普通法国家才增设侵占罪以弥补盗窃罪的不足。我国1979年刑法也没有规定侵占罪,1997年刑法才规定此罪。

盗窃必须是窃取他人占有的财物,如果行为人替人保管财物,后生贪欲,将此物占为己有,将占有权变为所有权,这不可能构成盗窃。随着商品经济的发展,所有权与占有权经常处于分离之中,单纯的盗窃罪很难适应对财产权的全面保护,于是侵占罪应运而生。

成立侵占的一个重要前提是已经占有财产,进而产生了侵夺意图。如果在占有财产之前,产生侵夺意图,取财行为就不可能构成侵占,只能以盗窃等罪论处。可见,盗窃与侵占的核心区别就在于正确理解"占有"这个概念,盗窃所窃取的是他人占有的财产,而侵占是在占有他人财物的前提下,将"占有"变成"所有"。

事实占有与推定占有

占有包括事实上的占有和推定性的占有。前者即他人物理支配范围内的财物,如他人住宅内的财物。后者即按社会一般人观念上可以推知他人对财物有支配状态,如停留在公共场所他人没有锁的自行车。

事实上的占有比较好理解,复杂的是推定性占有。一般认为,下列情况可推定具有占有。

1.处于他人的事实性支配领域之内的财物,即便并未被持有或守护,也属于该人占有。例如,张三的奶奶埋在他家院子里的财物,即使张三不知道该财物的存在，也仍然归房主张三所有。

2.主人在场，他人对财物只是暂时有限的使用，财物归主人占有。比如在商店购买珠宝，客人试戴珠宝，但占有权仍归商店。再如下火车时，甲雇乙提包，而乙却乘主人不备，将包夺走。

3.即便处于某人的支配领域之外，但在社会观念上可以推定他人的事实性支配，也可以认定存在占有。如在家门口马路上未锁的汽车。再如张三上厕所，让厕所外的李四帮着保管一下手机，结果李四把手机拿走了，就构成盗窃罪。

4.无因保管的占有。他人即便失去对财物的占有，但如该财物转移至管理者或第三人无因保管，可认为属于管理者或第三人占有，也存在占有。如旅客遗忘在宾馆房间的钱包，此时如有人将包拿走，由于侵犯了宾馆的占有权，故也可构成盗窃。但是，如果遗忘在流动性强的公共场所，如地铁、公车上，由于这种遗忘发生在一般人可以自由出入的地方，管理者的事实性支配在社会观念上难以延伸至此，则可以否定占有。

5.包装物的区分占有。一般认为，行为人受委托保管包装物，并不同时占有包装物内的财物。如果将包装物打开，将里面的财物占为己有，成立盗窃。这种区分起源于英国15世纪的搬运工判例。当时正值英国从农业社会向工业社会转变，国际贸易盛行，运输业空前发展，欧洲的商人不得不信任运输工人，将货物打包委托他们远距离运输。不少运输者往往打开包装，将里面的东西部分或全部取走，然后再将包装封好运给收货人。类似案件遭遇法律难题，因为英国早期法律没有侵占罪的规定。而成立盗窃必须要侵犯他人的占有权，但运输工人实际上却占有着货物。1473年，王座法庭在著名的安隆案件（也称搬运工案，*Anon. v. The Sheriff of London*）创造了一个包装物区分占有理论（Breaking bulk），从而扩张了盗窃罪的适用。根据这种理论，当委托人将包装物委托给他人运输，运输者只对包装物整体具有占有权，但对其内容没有占有权，因此，如果他将包装拆开，取走内在物，就侵犯了占有权，故构成盗窃。[1]

推定性占有由于涉及社会评价，存在一定的模糊地带，梁丽案就是典型。此案争议的焦点在于对首饰权属的认定，它是遗忘物还是王某占有之物，如果是前者，梁丽的行为就是侵占，不告不理；如果是后者，那梁丽就构成盗窃，系公诉案件，刑罚远重于侵占。

梁丽的行为属于盗窃，而非侵占。首先，纸箱放置在行李车上，而行李车就在登机柜台旁，从社会一般观念来看，纸箱应该是办理登机手续的乘客的财物。作为机场的清洁工，梁丽应该知道行李车是客人使用的，封闭的箱子不可能作为垃圾抛弃。在发现纸箱旁无人时，机场的工作人员首先应该呼喊客人，若无人应对，才可上交或报告。事实上，王某当时就在不远处的咨询柜台。这些事实都足以推定王某仍然拥有"占有权"，纸箱不属于遗忘物。其次，即便将王某的纸箱理解为遗忘物，那么梁丽在保管纸箱之后，也无权任意拆开封闭的纸箱。根据包装物的区分占有学说，梁丽的行为同样要以盗窃罪论处。当然，考虑到此案的特殊情况，梁丽的行为在刑罚上可以从宽处理。[2]

盗窃罪的修改

在 2011 年之前，盗窃罪只有两种行为方式，一是盗窃数额较大，二是多次盗窃。同时，有两类盗窃行为可以判处死刑：盗窃金融机构，数额特别巨大的；盗窃珍贵文物，情节严重的。

法律如此规定可能导致打击不足，也可能导致打击过度。

一方面，很多小偷小摸行为不构成犯罪，比如公交车上的扒手，扒了几百几十元，没有达到数额较大的标准。另一方面，对盗窃罪判处死刑，也违

---

[1] [美]约书亚·杜丝勒：《理解刑法》（第四版），律商联讯 2006 年版，第 181 页。
Joshua Dressler, *Understanding Criminal Law* (4th edition), LexisNexis(2006), P181.

[2] 2009 年 9 月，深圳市检察院 25 日案检察终结，将此案定性为"侵占罪"，因侵占罪不是公诉案件，检察机关遂不予起诉。

背了"人的生命神圣"这个起码的道理。

所以，2011年《刑法修正案（八）》取消了盗窃罪的死刑条款，同时增加了3种无须数额较大即可构成犯罪的盗窃：入户盗窃、携带凶器盗窃、扒窃。

2013年的司法解释对数额较大也不再采取单纯的唯数额论，而是采取数额加情节的做法，比如"数额较大"的标准是人民币1000至3000元以上，各省、市、自治区在这个幅度内确定一个具体标准，如北京是2000元，但数额并不是唯一根据，如果情节特别严重的话，可以减半认定，比如在医院盗窃别人救命的钱，或者盗窃孤寡老人、残障人士等。以北京为例，只要偷1000元，就构成盗窃。另外，"多次盗窃"的标准也有所降低，以前的司法解释规定的是1年内盗窃3次叫做多次盗窃，但2013年的司法解释调整为2年内盗窃3次以上的行为属于多次盗窃。可见，如果在2013年前，每年偷两次，每次50块，总共偷了3年6次，这是不构成犯罪的。但在2013年之后，这属于2年偷了4次，自然就达到了多次盗窃的入罪标准。

现在有些人为了贪小便宜，经常小偷小摸，在超市盗窃大米、饮料、面包等食品，窃取的物品总价值不过数十元，但因多次盗窃，经常被论以犯罪。随着超市自助结账的推广，这类盗窃行为更为常见。

扒窃是指在公共场所或者公共交通工具上盗窃他人随身携带的财物的行为。扒窃需具备两个特征：公然性和随身性。一般认为，"随身携带"应该理解为一种实际的支配或者控制的占有状态，不必处于贴身状态，只要置于被害人身边，随时可支配的财物即可。如餐厅顾客放在座位上的包袋内财物，放置在火车车厢连接处的行李，或是挂在座位椅背上的衣服口袋内的财物。

想一想

甲坐出租车回家，下车拿行李时，手机无意中从口袋中滑落，司机乙从反光镜中看见甲的手机掉在汽车后座上，但并未声张。甲取下行李后关上车门，刚往前走了1米，突然想起手机可能忘在车上了，转身回去找，发现司机乙飞快地开着汽车驶离现场。司机乙成立盗窃罪吗？

085 诈骗罪

司法实践中最常遇见的案件就是诈骗。诈骗罪是以非法占有为目的，使用虚构事实或者隐瞒真相的方法，骗取数额较大的公私财物的行为。诈骗公私财物，数额较大的，处3年以下有期徒刑、拘役或者管制，并处或者单处罚金；数额巨大或者有其他严重情节的，处3年以上10年以下有期徒刑，并处罚金；数额特别巨大或者有其他特别严重情节的，处10年以上有期徒刑或者无期徒刑，并处罚金或者没收财产。

司法实践中，个人诈骗3000至10000元以上，属于数额较大（北京市的立案标准是5000元），数额特别巨大的标准为50万元以上，也就是说只要诈骗50万以上，就可以判处10年以上甚至无期徒刑。

一个完整的诈骗行为有五个阶段：欺骗行为、陷入认识错误、做出处分、取得财产和造成财产损失。上述五个阶段都有因果关系。如果缺乏任何一个环节，都可能导致不构成诈骗罪或诈骗既遂。

1. 欺骗行为

这也就是所谓的虚构事实，隐瞒真相。如果交易方知道真实情况便不会做出处分行为。虚构事实是一种作为，比如说抠脚大汉冒充妙龄女郎，在网上以恋爱为名让网友打钱，就是典型的虚构事实；隐瞒真相是一种不作为，比如说张三是开书画店卖画的，三岁的儿子画了一幅涂鸦，张三也挂在店里。结果李四兴冲冲地走过来，看到这幅涂鸦，以为是毕加索早期作品，开价50万要买。张三说也行啊，交个朋友。这也构成诈骗，因为张三明知道对方上当，有告知义务，但隐瞒真相没有告知。

不过需要注意的是，欺骗应当是一种实质性欺骗，即欺骗行为会高概率地导致处分财产。如果欺骗是社会生活所允许的，比如在一般的商品交易中一定程度的夸张和讨价还价，这不成立诈骗，很多广告都有吹嘘的成分，但不构成诈骗。

欺骗包括以现在发生的事实相欺骗，也包括以将来发生的事实相欺骗，算命诈骗就是一种典型的以将来事实进行的欺骗。

张三和丈夫不睦，找来大师一算，大师认为其夫被"狐狸精"勾引了，需要造一座塔把"狐狸精"镇压，大概需要200万。张三说能够用钱解决的都不是问题。大师造好塔后，请张三参观，对张三保证他们夫妻一定恩恩爱爱，白头偕老，这个塔多坚固，"狐狸精"一定没法勾引她老公了。正说此话时，塔身剧烈摇动，大师说不好，此"狐"系千年"白狐"，还要追加250万，要建得比雷峰塔还坚固，张三又给大师250万。不幸的是，张三的丈夫最后还是被"狐狸精"勾引了。这个案件就是一个典型的诈骗。

2. 陷入认识错误

欺骗行为必须使被害人陷入认识错误。机器不能被骗，无处分能力之人也不能被骗。因此在自动售货机中投入铁片获得财物，以及用糖果诱惑孩子把家里的戒指拿来都应以盗窃定罪。但是，在信用卡诈骗罪中，由于司法解释有特别规定，则有时不适用机器不能被骗这个原理。

3. 做出处分

首先，这里的处分必须和认识错误有因果关系，如果不存在这种因果关系，则不构成诈骗罪的既遂。例如，张三装乞丐行骗，路人明知是谎言，但并未揭穿，出于同情交付财物，这就只能以诈骗罪的未遂论处。

其次，处分必须是有处分权人的行为，所有权人和占有权人都有处分权。张三把摩托车借给李四，王五从李四那里把摩托车给骗走了，李四作为占有权人也有处分权，王五依然构成诈骗罪。

最后，被骗人在主观上应当有交付占有的意思，如果没有这种意思也不成立诈骗。比如常见的调包案，由于被害人并没有交付占有的意思，因此不构成诈骗，而是成立盗窃。

交付占有必须是占有权的彻底转移，而不是单纯的控制。乙听说甲能将10元变成100元，便将家里的2000元现金交给甲，让甲当场将2000元变成2万元，甲用红纸包着2000元钱，随后"变"来"变"去，趁机调换了红纸包，然后将调换过的红纸包交给乙，让乙2小时后再打开看，乙2小时后打开，发现红纸包的是餐巾纸。乙并没有转移占有的意图，毕竟主人在场，必须推定归主人占有，在乙将2000元交给甲时，甲不过是单纯地控制了财物，而在社会观念上，这2000元仍然归乙所占有，故甲构成盗窃罪。但如果乙听说甲能将10元变成100元，便将家里的2000元现金交给甲，让甲变成2万元，甲说着急回家，乙同意甲拿回家去变，次日去取钱时，甲不知所踪。在这个案件中，乙具有转移占有的意图，当甲将钱拿回家，在社会观念上，钱已经归甲占有，故甲成立诈骗罪。

4. 取得财产

取得财物的主体可以是行为人或行为人指派的第三人，如果没有取得财物，就不能成立诈骗既遂。例如，甲冒充警察，骗乙说文物是赃物，要没收。乙信以为真。甲对乙说次日安排他人去取。次日，甲指示不知情的丙从乙处获得了文物。虽然丙不知情，但他其实属于甲实施诈骗的工具，因此从丙获得财物起，甲就成立犯罪既遂。

取得的财物不仅有积极财产的增加，还有消极财产的减少，例如伪造军牌，骗免养路费、通行费等数额较大的。

5. 造成财产损失

诈骗罪是一种财产犯罪，如果被害人没有遭受财产损失，自然也就不构成诈骗罪。但是，财产损失应该是社会规范所认可的损失。

张三店里卖的羊毛衫是混纺的，市场价格300元。但张三谎称其羊毛衫由纯羊毛制造，仍以每件300元的价格销售，不构成诈骗罪。

某市几家医院的几名医生打着肝病专家免费义诊的旗号，私自到某乡为肝病患者义诊，在不到2天的时间里该乡先后有100名群众接受了义诊。结果有80人被查出患有乙肝。其中绝大多数人根据医生的意见购买了医生带来的价值 500 多元一盒的"肝得治"。后经调查，只有 3 人患有肝病，构成诈骗罪。

想一想
张三将房屋卖给李四后，收受购房款 200 万元，办理过户手续后，又将该房卖给王五，收取首付款 50 万元。张三对王五构成诈骗罪吗？

086 特殊的诈骗

三角诈骗

一般的诈骗只有行为人与被害人，但如果被害人与被骗人不一致，则可能出现三角诈骗的情况。

某人谎称是洗衣店的员工，敲开甲家门，对其保姆说来取要洗的西装，保姆信以为真，将西装交给某人。被骗人是保姆，但被害人却是西装的所有者。行为人也可构成诈骗罪。这里需要说明的是，在诈骗罪中，虽然被骗人与被害人可以不同，但是被骗人与处分权人必须是同一人，当然这里的处分权人只要是在社会观念上具有处分权即可，不要求一定是所有权人，如保姆在社会观念上就可以将西装交付给洗衣店员工。

但在让人取衣案中，甲欺骗乙，称院子里晒的衣服是自己的，让乙帮忙取来。在此案中，乙在社会观念上并不具有衣服的处分权，因此该案件只能成立盗窃罪，甲是间接正犯。

再如，甲用乙购物网站的账号和密码购物，用自己的银行卡付款，填上自己的地址，但是购物网站为确认地址把电话打给了乙，乙改成了自己的地址。在本案中，乙在获得财物之前并没有占有该财物，购物网站被骗，甲遭受财物损失，乙因此成立诈骗罪。

徐玉玉电信诈骗案

2016年8月19日,徐玉玉的母亲接到了骗子的电话,对方声称有2600元助学金,并说这是发放助学金的最后一天,但需要将其原有的9900元通过ATM机取出,以此来激活银行卡,再将原有的钱汇入一个指定账号,到时候将助学金和原有的钱一起取出。徐玉玉照做了,骗子随后关机,9900元学费被全部骗走。当晚,徐玉玉报警后在派出所回来的路上,心脏骤停,最终于2016年8月21日晚上9点30分左右抢救无效去世。

警方后来查实,六名犯罪嫌疑人从2016年8月开始的一个月时间内,以助学金为名累计诈骗3万多元,最大的一笔就是徐玉玉案中的9900元。2017年7月19日,山东临沂中级人民法院一审宣判,主犯陈文辉一审因诈骗罪、非法获取公民个人信息罪被判无期徒刑,没收个人全部财产,其他被告人被判3年到15年不等的有期徒刑并处罚金。

为依法惩治电信网络诈骗等犯罪活动,2016年12月19日,最高人民法院、最高人民检察院、公安部通过了《关于办理电信网络诈骗等刑事案件适用法律若干问题的意见》。

这个司法解释对电信诈骗的入罪标准采取全国统一数额标准和数额幅度,只要诈骗3000元就构成犯罪,这主要考虑到电信诈骗属于跨区域犯罪,没有必要由各地自行确定具体数额标准。很多时候,诈骗数额难以查证,但如果查明发送诈骗信息5000条以上、拨打诈骗电话500人次以上的,司法解释认为可以诈骗罪(未遂)定罪处罚。

同时,司法解释还规定了一些从重处罚的情节,诸如徐玉玉类似的案件,诈骗致人自杀、死亡或者精神失常都可以从重处罚。

二维码案

当前,使用二维码进行电子支付已经成为一种新的交易习惯,于是大量的案件也应运而生。

张三在食堂吃饭,他发现只要出示付款截图,老板就以为付过钱了。所以他每天都用这个截图来吃一碗30元的红烧肉盖饭,其实老板根本不会仔细看付款截图，因为人太多了。总共吃了30顿，共值900元。

这个案件如何定性？

如果属于诈骗行为，则没有达到数额标准，不构成犯罪；如果属于盗窃，则系多次盗窃，构成犯罪。

盗窃和诈骗的区别，主要体现在被害人有无处分财产的能力和意图，如果有则成立诈骗，否则可能成立盗窃。在这个案件中显然是老板遭受财物损失，他看了截图，自愿给了张三红烧肉盖饭，所以这是一种自愿处分，因此属于诈骗行为，但由于没有达到数额标准，所以不构成犯罪。

另外一种与二维码有关的是退款案。张三到某网站购物，结果被骗子盯上了。骗子冒充店家的客服，跟他说没货了，要他申请退款。骗子还说店家正好推出秒退服务，扫描二维码秒速退款。张三扫码后，开始填各种信息：用户名、银行卡号、密码。其实扫码后手机就中了病毒，骗子可以看到张三输入的一切信息。骗子有了账号和密码后就开始取钱，张三的手机收到银行取款的验证码。但骗子让张三提供退款验证码，张三于是把银行的交易验证码给了骗子，导致卡上的钱全被取光。

在这个案件中，一共有三方当事人：张三、银行、骗子，这相当于骗取他人信用卡信息在网上消费，按照司法解释构成信用卡诈骗罪。

想一想

生活中常见的二维码案还有超市调包案。张三把超市的收款二维码给调包了，顾客以为在向超市付款，其实是在向骗子付款。

这种案件一直有争议，有人认为是顾客遭受财物损失，定诈骗；有人认为是超市遭受财物损失，定盗窃或者三角诈骗。你觉得这种行为属于盗窃，还是诈骗呢？

087 侵占罪

侵占罪指将代为保管的他人财物或他人的遗忘物、埋藏物非法占为己有，拒不交还，数额较大的行为。本罪是亲告罪。数额较大，拒不退还的，处2年以下有期徒刑、拘役或者罚金；数额巨大或者有其他严重情节的，处2年以上5年以下有期徒刑，并处罚金。

"拒不退还"只是"占为己有"的证明要件，并非实体条件，它只是说明"占为己有"的客观存在，因此，只要行为人非法将他人财物占为己有，就可以成立侵占。

保管物的侵占

侵占罪可以分为两种，一种是保管物侵占，一种是脱离物侵占。

保管物侵占是指将代为保管的物品占为己有的行为。需要注意以下几点。

第一，包装物区分说。一般认为，行为人受委托保管包装物，并不同时占有包装物内的财物。如果将包装物打开，将里面的财物占为己有，成立盗窃。

例如，李四让张三帮忙保管一个箱子，张三是不能把箱子打开的。结果他好奇，打开箱子，发现里面有个箱子上了锁，张三又把锁撬开了，结果发现里面还有个箱子上了锁，他又撬开了，结果里面还有个箱子上了锁，他又撬开了，里面最后有条蛇，把张三咬死了，真是好奇害死猫。本案中，如果张三把包作为整体物占为己有，构成侵占罪；但把包内的财物占为己有，应该直接定盗窃罪，就像邮政工作人员私拆他人邮包，定盗窃罪。

第二，辅助占有人将财物据为己有，不成立侵占。辅助占有人即表面上控制财物，但在社会观念上并不具备财物的占有权，当占有人将财物交由辅助占有人"占有"，在社会观念上，财物并非为辅助占有人占有，因此辅助占有人将财物占为己有的行为应该成立盗窃。

例如，甲下火车时，雇佣乙提包，而乙乘甲不注意，将财物拿走。在此案中，虽然乙辅助占有财物，但在社会观念上，财物仍然是甲所占有，因此不能成立侵占，而应以盗窃罪处罚；甲与乙骑乙的摩托车出去玩，路不好，乙说推过去，甲说自己来骑，然后甲骑着车跑了。甲是辅助占有权人，构成盗窃罪。

脱离物的侵占

脱离物包括遗忘物和埋藏物。在刑法中，遗忘物还包括遗失物。这里需要注意的是，如果某物在社会观念上仍然为他人所占有，就不能属于遗忘物，对这种物品的非法占有，就不能成立侵占。也就是说，只有掉在流动性很强的领域才叫做遗忘物，如果掉在流动性不强的领域，其实都属于他人占有之物。

例如，甲在宾馆掉的钱包，对于甲而言，似乎是遗忘物，但对于宾馆而言，该物已经属于无因保管之物，归其占有，因此将此物窃走，成立盗窃；如将此物骗走，则成立诈骗，而不能构成侵占罪。

埋藏物是指埋藏于地下，所有人不明或应由国家所有的财物，如果是他人有意埋藏于某地的财物，或者在社会观念上推定归他人占有之物，都属于他人占有之物，非埋藏物。

例如，甲家墙内藏有祖上遗留的3根金条，但甲毫不知情，后甲雇乙为其装空调时，乙穿墙打洞时发现金条并将其秘密拿走。甲家墙内的财物在社会观念中属于甲占有，故乙的行为属于盗窃。

侵占罪的构成要件之一是数额较大，但是司法解释对于数额较大的标准没有规定，有些地方做出了规定，但只在当地具有一定的约束力，比如2008年上海市高院、市检察院、公安局、司法局《关于本市办理部分刑事犯罪案件标准的意见》就认为，侵占罪侵占数额2万元以上属于"数额较大"的起点标准。侵占数额20万元以上，属于"数额巨大"的起点标准。

职务侵占罪

职务侵占罪，是指行为人利用职务上的便利，侵占本单位财物，数额较大的行为。公司、企业或者其他单位的工作人员，利用职务上的便利，将本单位财物非法占为己有，数额较大的，处3年以下有期徒刑或者拘役，并处罚金；数额巨大的，处3年以上10年以下有期徒刑，并处罚金；数额特别巨大的，处10年以上有期徒刑或者无期徒刑，并处罚金。

职务侵占罪，在当前的适用非常广泛，有许许多多的人因为本罪被抓，而且他们还不知道自己的行为构成犯罪。很多企业家认为自己的企业就是自己的钱袋子，混淆个人财产和公司财产的界限，很容易锒铛入狱。按照司法解释的规定，一般6万元以上就可以认定为数额较大，从而构成犯罪。《刑法修正案（十一）》将此罪的最高刑提高到无期徒刑。其中用意就是公私产权的平等保护。还记得之前的邓宝驹案吧，按照当时的法律，由于他不是国家工作人员，无论侵占单位多少财物，最高只能判15年有期徒刑，但是在2021年3月1日之后，这个罪最高就可以判处无期徒刑。

在某种意义上，职务侵占罪的本质就是利用职务之便的盗窃、诈骗和侵占，将本公司的财务占为己有。

利用职务便利是利用自己主管、经手、负责单位财物的便利条件，将财物据为己有。职务便利通常是具有对财物的管理权限，如厂长、经理、会计、出纳、保管员等，不包括"纯劳务性"工作便利。例如，邮政快递员把传送带上不属于自己配送范围的快递件从快递站点取走后，打开该快递，拿走里面的东西，这构成盗窃罪，而不是职务侵占罪。

职务侵占罪必须是单位有财物损失。如果单位并没有财物损失，也不能构成此罪，如银行工作人员在检查ATM机时发现他人没有取出的信用卡，然后从中取钱，由于银行的财产并未受损，故不能认定为职务侵占罪，侵害的只是储户的财产，构成盗窃罪。

想一想

甲进入地铁车厢后，发现自己的座位边上有一个钱包（价值3万元），于是问身边的乙："这是您的钱包吗？"尽管钱包不是乙的，但乙却说："是的，谢谢！"于是甲将钱包递给乙。乙的行为如何定性？

第八章

妨害社会管理秩序罪

扰乱公共秩序罪

088 妨害公务罪

妨害公务罪是指以暴力、威胁方法阻碍国家机关工作人员依法执行职务的,处3年以下有期徒刑、拘役、管制或者罚金。

除了国家机关工作人员,有两类人员也按照国家机关工作人员对待,一个是阻碍全国人民代表大会和地方各级人民代表大会代表依法执行代表职务的,一个是在自然灾害和突发事件中,以暴力、威胁方法阻碍红十字会工作人员依法履行职责的。

暴力袭警

在中国裁判文书网中,妨害公务罪的案例有八万多个,属于最高频多发的犯罪之一。最值得研究的问题就是如何理解妨害公务罪中的暴力与威胁,比如警察推搡行为,比如把警犬踢死,再如把警车砸毁。

针对警察的暴力袭警案件常有发生,有人建议在刑法中增设袭警罪,2015年《刑法修正案(九)》部分采纳了这种观点,在妨害公务罪中增加了一款,暴力袭击正在依法执行职务的人民警察的,依照妨害公务罪从重处罚。

为了加大对暴力袭警的打击力度,《刑法修正案(十一)》增加了独立的暴力袭警罪,不再把暴力袭警视为妨害公务罪的从重情节,暴力袭击正在依法执行职务的人民警察的，构成暴力袭警罪，其刑罚和妨害公务罪一样，都是3年以下有期徒刑、拘役或者管制。但是在暴力袭警过程中，使用枪支、管制刀具，或者以驾驶机动车撞击等手段，严重危及其人身安全的，则属于暴力袭警罪的加重情节，可以处3年以上7年以下有期徒刑。法治社会，对于执法人员依法行使的正当职务行为，应当保持足够的尊重。

暴力与威胁

"暴力、威胁"的程度和对象应当如何把握？至今仍无统一的司法解释，各地的处理意见也不尽相同。对于"暴力、威胁"的程度，学界一直存在行为说、危险说和实害说三种观点。

"行为说"认为只要实施了暴力威胁行为，就可构成妨害公务罪，不需要达到足以妨害公务执行的程度；与此对立的是"实害说"，认为暴力、威胁需达到使公务人员无法执行公务或放弃执行公务；介于两者之间的是"危险说"，这种立场认为要根据暴力、威胁的具体手段、程度、对象、性质以及职务执行的样态等进行具体判断，看是否足以妨害公务人员的职务执行，比如向警察投掷粪便阻碍执法。

三种立场对于证据的要求显然不同，按照"行为说"，只要有暴力威胁行为就一律推定为扰乱公共秩序，可以妨害公务罪论处；按"危险说"，除了有暴力威胁行为，还需证明此行为可能危及正当公务执行，方才构成犯罪；但按照"实害说"，除非可以证明实际阻止了正当的公务行使，否则就不能以犯罪论处。

"行为说"打击面太大，而且导致治安处罚和犯罪的界限无法区分，比如拍打警车、诅咒、辱骂警察、拉扯警服等，有些地方都认为属于犯罪，这种处理忽视了刑法只是补充性的最后惩罚手段，也很容易导致选择性执法。"实害说"的范围又过于逼仄，无法体现对公务行为有效保障。

因此，"危险说"可能更合乎中道。2019年12月27日《最高人民法院、最高人民检察、公安部关于依法惩治袭警违法犯罪行为的指导意见》规定，对正在依法执行职务的民警实施下列行为的，属于"暴力袭击正在依法执行职务的人民警察",应当以妨害公务罪定罪从重处罚:(1)实施撕咬、踢打、抱摔、投掷等,对民警人身进行攻击的;(2)实施打砸、毁坏、抢夺民警正在使用的警用车辆、警械等警用装备,对民警人身进行攻击的。这可以看成是"危险说"的一种体现。虽然暴力袭警罪已经独立成罪,但这个指导意见仍然对认定妨害公务罪有重要的参考作用。

暴力、威胁的对象

至于暴力、威胁的对象,也存在三种观点:"限制说"认为对象仅限于公务人员;"扩张说"则认为可以包括任何人,甚至可以包括行为人本人。比如行为人以自杀、自残相威胁阻止公务,或者躺在警车前不让车辆经过。但"折中说"认为可以包括公务人员和有关的第三人,但不包括行为人本人。

"扩张说"咄咄逼人,太过强调国家本位,不仅忽略了刑法对暴力、威胁的限制,也无视刑法的人权保障机能。与很多犯罪不同,刑法有关妨害公务罪的规定并未使用"其他方法"作为兜底,这就意味着立法机关对暴力、威胁的限制,防止权力的过度扩张。法律从未将自杀、自残、自伤作为一种违法行为,自然也不宜将其理解为妨害公务罪的手段行为。

妨害公务罪的本质是通过对公务人员的利益损害来阻止公务,不应扩张至以损害自身权益来阻止公务。许多的自杀、自残、自伤只是一种言语的过激表示,不一定有实际行动。即便有实际行动,民不畏死又奈何以刑惧之。更何况,公务行为的本意是为了保障民众的人身财产安全,而将他人逼至绝路,甚至还用刑法武器予以打击,这也与公务行为的正当目的相去甚远。

"折中说"依然是比较恰当的做法,无论是对公务人员,还是公务辅助人员,或者相关第三人实施暴力、威胁,都可能妨害公务行为的合理开展。

合法的职务行为

当然,对于妨害公务罪,另外一个更为重要的限制就是妨害的必须是依法进行的职务行为,阻止非法的职务行为不能构成本罪。非法的职务行为既包括实体非法,也包括程序违法。在推进法治建设的今天,程序合法的理念也许更为重要。在江苏常州三圣寺僧人妨害公务案中，辩论的焦点正是警察的传唤行为是否符合程序。如果有证据证明警察没有按照正当程序传唤，那么就不宜追究僧人妨害公务罪的罪责。

法治社会当然要尊重执法机关的权威，但更要对执法机关的权力进行合理的限制。当执法机关尊重规则，民众自然也会对执法机关保持足够的敬意。如果执法机关无视规则擅权专断，那么民众也很难遵规守法，敬重权力。不当执法与执法受阻就会形成一个死循环。

打破死循环的主动权在强势的执法机关，而非弱势的普通百姓。几年以前，我入住酒店，正好遇到警察查房。出于职业习惯，我让警察出示工作证。他十分诧异，说未带证件，但警服警号就等同于证件。我说，根据《居民身份证法》第十五条的规定，出示执法证件是查验居民身份证的必要条件。警察愣了一下，还是下楼去取证件了，半小时后，再次查房。警察出示证件后，我自然非常配合地让其查验身份证件，而这位警察的"克制"也让我对"法治"二字多了一分信心。

想一想

在警察执行公务期间，张三一气之下，踹了好几脚警车，属于暴力袭警的范围吗？

089 招摇撞骗罪

本罪是指冒充国家机关工作人员进行招摇撞骗活动，损害国家机关的形象、威信和正常活动，扰乱社会公共秩序的行为，处3年以下有期徒刑、拘役、管制或者剥夺政治权利；情节严重的，处3年以上10年以下有期徒刑。

冒充人民警察招摇撞骗的，从重处罚；冒充军人招摇撞骗的，定冒充军人招摇撞骗罪，刑罚同本罪。

一定是国家机关

成立本罪必须是冒充国家机关工作人员进行招摇撞骗的行为，包括冒充立法机关、司法机关、行政机关、中国共产党的各级机关、中国人民政治协商会议各级机关中从事公务的人员。"冒充"可以是非国家机关工作人员冒充国家机关工作人员，也可以是下级国家机关工作人员冒充上级国家机关工作人员，如果冒充的不是国家机关工作人员，比如冒充省长的儿子，不构成此罪。

有人冒充根本不存在的国家机关，比如张三冒充内务府总管行骗，估计他清宫戏看多了，内务府是清朝专门处理皇帝的家事部门，这种冒充行为不可能损害国家机关的形象。但是大千世界，无奇不有，如果张三真的骗到了财物，那就直接以诈骗罪论处，但如果骗取的是财物以外的其他利益，比如骗色不骗财，那自然不构成犯罪。

如果冒充的国家机关是存在的，但是内设机构不存在，这不影响招摇撞骗罪的成立，比如有人冒充中纪委第888号巡视组，经查中纪委没有这个巡视组，但对一般老百姓而言，很难知道某个国家机构的内设机构组成，所以这种冒充行为还是损害了国家机关的形象，自然构成犯罪。曾经还有人冒充中央某部门的调研局局长，但是该机构没有调研局这个机构，行为人平常都用自行印制的该部门的信笺纸，很是唬人，到了各地都被奉为上宾，很多地方领导都相信他的关系很厉害，但后来才发现上当。法院就认为行为人的行为属于典型的招摇撞骗罪。

本罪的目的在于获取各种非法利益，不限于财产，比如冒充省长骗色。如果冒充省长的儿子骗色那就不构成犯罪。由于本罪刑罚可能低于诈骗罪，因此当冒充国家机关工作人员的身份骗取数额较大财物时，就以诈骗罪从一重罪处罚。

想一想

冒充人民警察招摇撞骗的，为什么要从重处罚？

090 考试舞弊犯罪

为了打击考试作弊现象，2015年《刑法修正案（九）》增设了三个考试舞弊犯罪，分别是组织考试作弊罪，非法出售、提供试题、答案罪和代替考试罪。

组织考试作弊罪和非法出售、提供试题、答案罪的刑罚一样，处3年以下有期徒刑或者拘役，并处或者单处罚金；情节严重的，处3年以上7年以下有期徒刑，并处罚金。代替考试罪包括枪手和雇佣枪手者，它的刑罚较轻，处拘役或者管制，并处或者单处罚金。

法律规定的国家考试

当然，并非所有的考试作弊行为都构成犯罪，毕竟刑法是最严厉的部门法，不到万不得已，不应轻易使用。

首先，考试舞弊犯罪必须限定为"法律规定的国家考试"，许多领域都存在国家考试，且分属不同部门主管，大致可分为教育类考试、资格类考试、职称类考试、录用任用考试四大类，共计200多种，比如高考、研究生招生考试、高等教育自学考试、成人高等学校招生考试等国家教育考试；再如中央和地方公务员录用考试；又如国家统一法律职业资格考试、国家教师资格考试。

现在高考的体育特长生加分考试，如果在上述考试中，教练组织他人替考，这可以构成组织考试作弊罪吗？司法解释给出了答案，认为在高考涉及的特殊类型招生、特殊技能测试、面试等考试，属于"法律规定的国家考试"。

四、六级英语考试中作弊

当前，大学四、六级英语考试中的组织作弊经常见诸报端，那么这种考试是否属于"法律规定的国家考试"呢？

《教育法》规定："国家实行国家教育考试制度"，"国家教育考试由国务院教育行政部门确定种类，并由国家批准的实施教育考试的机构承办。"

但是这个规定太过于笼统，不能认为只要是教育部组织的考试都属于"法律规定的国家考试"，而必须有法律明确的具体的规定。大学四、六级英语考试虽然由教育部组织实施，但是并没有明确的法律规定，类似的情况还有中考。

教育部《国家教育考试违规处理办法》第2条规定：本办法所称国家教育考试是指普通和成人高等学校招生考试、全国硕士研究生招生考试、高等教育自学考试等，由国务院教育行政部门确定实施，由经批准的实施教育考试的机构承办，面向社会公开，统一举行，其结果作为招收学历教育学生或者取得国家承认学历、学位证书依据的测试活动。

可见，在这个规定中，并不认为大学四、六级英语考试和中考属于国家教育考试。有人也许会问，那自考呢？上述办法不也没有规定自考吗？难道自考也不属于国家教育考试吗？其实《高等教育法》第21条给出了结论，该条文规定："国家实行高等教育自学考试制度，经考试合格的，发给相应的学历证书或者其他学业证书"，可见高等教育自学考试属于"法律规定的国家考试"。

考生和枪手同罪

另外，在考试舞弊中，只有组织者、非法出售、提供试题、答案以及代替考试者构成犯罪，单纯的抄袭等考试违纪行为是不构成犯罪的。

这里要特别提醒大家注意代替考试罪，它既惩罚替考者，又惩罚雇佣替考者，换言之枪手和雇佣枪手者同罪。

所以现在很多大学，在高考期间禁止大一的学生请假，就是害怕这些学生为了蝇头小利为他人替考，从而断送自己的大好前途。如果在高考中做枪手，那是构成犯罪的，虽然刑罚不重，最高是拘役，但一旦有了犯罪记录，以后的路就很难走了。所以为了防止这些人犯罪，干脆一律禁止请假。至于大二的学生，估计是没有人请去替考的，高中的知识可能都忘光了。

冒名顶替罪

2020年，一个重要的公共事件是苟晶案。

2020年6月22日，苟晶向山东省教育厅进行了实名举报，表示自己曾在1997年和1998年山东高考中连续两年被冒名顶替，其中1997年顶替者竟然还是自己高三班主任的女儿，该班主任曾给苟晶写过忏悔书。

7月3日，山东省教育厅发布了《关于苟晶反映被冒名顶替上学等问题调查处理情况的通报》称，苟晶1997年高考成绩达到济宁市中专（理科）委培录取分数线，但本人未填报志愿，选择在原就读高中复读，其个人身份、高考成绩等被邱小慧冒用。消息一出，有网友开始质疑苟晶当初怀疑自己"两次高考都被顶替"时存在夸大成分，认为其利用了舆论。但支持者认为，此事的关注点应是高考公平，苟晶身份被冒用是事实。虽然苟晶所反映的情况有夸大的成分，但是她所揭示的冒名顶替的黑幕确实令人震惊。

按照当时的刑法规定，冒名顶替的行为可以按照刑法第二百八十一条之一规定的使用虚假身份证件罪论处，但其刑罚偏低，最高刑是拘役。对于社会热点事件，刑法很快做出了回应。2021年的《刑法修正案（十一）》在刑法第二百八十一条之一后又增加了一款，规定了一个新罪，也即冒名顶替罪，"盗用、冒用他人身份，顶替他人取得的高等学历教育入学资格、公务员录用资格、就业安置待遇的，处3年以下有期徒刑、拘役或者管制，并处罚金。"

想一想

驾照考试中的作弊行为，属于犯罪行为吗？

091 虚假信息和虚假恐怖信息

广州白云机场客服热线接到一男子电话举报，称其女友为新冠肺炎确诊患者，准备搭航班飞外地。警方迅速在酒店内找到该女子，并对该女子及酒店内相关人员采取了隔离观察与新冠病毒取样全套检测措施。经检测，该女子及酒店内相关人员新冠病毒检测结果均为阴性。

经审查，男子刘某供述因女友闹分手要回老家，其为了拖延时间挽留女友，便编造虚假举报信息。警方已依法对涉嫌编造、故意传播恐怖信息的嫌疑人刘某采取刑事拘留强制措施。

无独有偶，内蒙古也有类似案件，靳某某因咳嗽就诊时谎称新冠疫情暴发初期从武汉归来，致多名就医人员及家属因害怕而离开。在医护人员带其前往发热门诊的路上，靳某某逃离医院，最终确认其未感染新冠肺炎。后靳某某也以涉嫌编造虚假恐怖信息罪提起公诉。

上述案件的关键在于编造自己或他人感染新冠肺炎是否属于刑法上的恐怖信息。

编造虚假恐怖信息罪

编造虚假恐怖信息罪，是2001年美国9·11事件后《刑法修正案（三）》所规定的罪名。"编造爆炸威胁、生化威胁、放射威胁等恐怖信息，或者明知是编造的恐怖信息而故意传播，严重扰乱社会秩序的，处5年以下有期徒刑、拘役或者管制；造成严重后果的，处5年以上有期徒刑。"

何谓恐怖信息，最高人民法院2013年出台过司法解释（《关于审理编造、故意传播虚假恐怖信息刑事案件适用法律若干问题的解释》），该解释认为"虚假恐怖信息"，是指以发生爆炸威胁、生化威胁、放射威胁、劫持航空器威胁、重大灾情、重大疫情等严重威胁公共安全的事件为内容，可能引起社会恐慌或者公共安全危机的不真实信息。

按照这个司法解释，如果把感染新冠肺炎理解为重大疫情，上述案件构成编造虚假恐怖信息罪似乎没有问题。

编造虚假信息罪

然而，2015年《刑法修正案（九）》在编造虚假恐怖信息罪的条款后增加了编造、故意传播虚假信息罪这个新罪——"编造虚假的险情、疫情、灾情、警情,在信息网络或者其他媒体上传播,或者明知是上述虚假信息,故意在信息网络或者其他媒体上传播,严重扰乱社会秩序的,处3年以下有期徒刑、拘役或者管制;造成严重后果的,处3年以上7年以下有期徒刑。"将险情、疫情、灾情、警情这四类虚假信息从虚假恐怖信息中单列出来。编造虚假信息罪无论是基本刑还是加重刑,都比编造虚假的恐怖信息罪要轻。

那么,2013年司法解释的相关规定是否就因为立法机关所增设的罪名而自动失效呢?

在这个问题上,理论界和实务界存在一定的分歧。仔细审读这两个罪名,你会发现编造虚假恐怖信息罪对于传播途径没有限定,编造的恐怖信息也在"爆炸威胁、生化威胁、放射威胁"之后用了一个"等"来进行兜底,但是编造虚假信息罪的传播途径仅限于信息网络或者其他媒体,所编造的信息也严格限定为险情、疫情、灾情、警情四类,其后无兜底条款。

因此,不少司法机关认为,如果在信息网络或者其他媒体上传播虚假疫情自然按照《刑法修正案(九)》的规定,以编造虚假信息罪论处,但是如果采取在信息网络或者其他媒体上以外的其他方式,比如直接致电机场客服电话或采取口耳相传的方式来传递信息,则依然要适用司法解释的规定,以编造虚假恐怖信息罪论处。广东与内蒙古两地的司法机关显然也采取了这种立场。

你觉得上述司法机关的处理合理吗?

刑法中的恐怖信息

在刑法中,恐怖信息并非单纯让人感到恐怖的信息,否则它的范围就没有边界,学校传闻有厉鬼出没,宿舍风闻满是蟑螂,双黄连传说脱销,这些事情似乎都会让人感到恐怖,但这能属于刑法中的恐怖信息吗?

人类唯一应该恐惧的是恐惧本身。疾病让人恐惧,但司法不能迎合民意的偏狭,必须有所超越,有所引导,否则司法就会成为一种情绪化的表达,不仅无法帮助人们摆脱恐慌,反而会放大这种恐慌。

因此,刑法中的恐怖信息并不等同于日常生活用语中的恐怖信息。司法虽然要尊重民意的表达，但又需要超越民众的偏见。感染新冠肺炎不是一种罪恶，也并非人群中的异类，不能在病患或疑似病患身上任意贴上恐怖信息的标志，否则也是对病患的污名化。这其实也是《刑法修正案（九）》之所以将虚假疫情从虚假恐怖信息中单列出来的一个重要理由。

法治的一个不变命题在于对权力的限制，越是紧要关头，越是要坚守法治精神，避免权力因着对民意恐慌的迁就任意而为，从而酿成更大的恐慌。在建设法治社会的过程中，充满着各种诱惑和试探，无数条岔路、小径和交叉路口，每一个小的动摇都可能误入歧途。人生充满着突如其来的变故，这本是人生常态。法治建设也是一样，不可能一帆风顺。不能因为一场突发的疫病就偏离法治的轨道，让权力打着紧急状态的名义便宜行事，率性而为。当疫病蔓延，民众身处恐慌之中，人与人的疏离与敌意达到前所未有的程度，有权机关不能任由这种恐慌情绪泛滥成灾，必须严格按照法治的精神节制权力，超越恐慌。这样才能避免医学上的瘟疫转变为社会性瘟疫的巨大劫难。

想一想
你有没有在网络上不小心传播了虚假信息呢？

092 寻衅滋事罪

寻衅滋事罪估计大家经常听说，这是一个非常模糊的犯罪，几乎无所不包。

不得不说的流氓罪
寻衅滋事的前身是1979年《刑法》的流氓罪，最高刑是死刑。流氓罪的入罪标准非常模糊，所以在司法实践中经常被扩大化，司法实务部门在执法过程中极大发挥了流氓罪的"口袋"功能,大量的道德违规行为被贴上了流氓罪的标签。20世纪80年代严打期间,有的地方提出"凡与三人以上搞两性关系的即是流氓犯罪";有的因请妇女当"模特"进行绘画、雕塑等艺术创作,并无淫乱活动而被定为流氓行为;还有人看不惯青年男女在一起跳舞,把跳交谊舞、迪斯科舞与跳两步舞混为一谈,把跳两步舞和跳舞中的淫乱活动混为一谈,称之为"两步流氓贴面舞",几乎将青年男女跳两步舞都看成流氓行为;也有不少地方对男女数人偶尔因故同宿,不问有无淫乱活动,一律加以"同宿同好"或"同宿鬼混"之罪状定为流氓集团予以打击,等等。[1]

由于流氓罪包含了太多具有道德色彩的词汇,所以无论最高司法机关的司法解释多么详细,都很难区分它与一般违反道德行为的界限,加上"其他流氓活动"这个包容性极大的"口袋",导致流氓罪的打击面过宽。当时有种说法"流氓罪是个筐,什么都可以往里装",在某种程度上,它成为"欲加之罪,何患无辞"的代名词。

流氓罪的取消

1997年3月14日,新刑法通过,流氓罪这个曾经无所不包的"口袋"被取消。原来司法解释中某些仅属道德范畴的生活作风行为被除罪化。相关刑法规定及司法解释有关流氓罪的内容被分解为聚众斗殴罪、寻衅滋事罪、聚众淫乱罪和引诱未成年人参加聚众淫乱罪、盗窃、侮辱尸体罪、强制猥亵、侮辱妇女罪以及猥亵儿童罪等,新分解出的罪名全部废除了死刑和无期徒刑。

寻衅滋事罪正是从流氓罪中分解而来,1997年《刑法》规定,有下列寻衅滋事行为之一,破坏社会秩序的,处5年以下有期徒刑、拘役或者管制:

1.随意殴打他人,情节恶劣的;

2.追逐、拦截、辱骂他人,情节恶劣的;

3.强拿硬要或者任意损毁、占用公私财物,情节严重的;

---

[1] 徐汉亭:《关于流氓罪定性的几个问题》,《西北政法学院学报》1985年第1期。

4.在公共场所起哄闹事,造成公共场所秩序严重混乱的。

这四种罪状基本源于1984年11月2日"两高"有关流氓罪的司法解释。以往流氓罪的缺陷,改头换面转移到寻衅滋事罪中来。

此罪内容比较宽泛且大量使用了诸如"随意""任意""情节恶劣""情节严重""严重混乱"等模糊性词语,司法机关对本罪的认定产生了许多困难,成为司法实践中一个新的口袋罪。与流氓罪这个大"口袋罪"相比,很多人将寻衅滋事罪戏称为"小口袋罪"。

本罪后在立法上又被扩张。2011年2月25日通过的《刑法修正案(八)》提高了此罪的法定刑,最高刑由5年提高到10年,"纠集他人多次实施寻衅滋事行为,严重破坏社会秩序的,处5年以上10年以下有期徒刑,可以并处罚金"。

三种立场

一种观点认为应该废除寻衅滋事罪,将其适当地分解到其他犯罪中。有学者指出,寻衅滋事罪欠缺必要性和正当性,其构成要件不具有独特性,司法适用也缺乏可操作性。要消除这些矛盾须从立法上废止寻衅滋事罪。[1]

另一种观点则认为应该保留寻衅滋事罪,这也是学界的多数见解。有学者指出,刑法中寻衅滋事的规定具有明显的补充性质,其所补充的不是某一个罪,而是相关的多个罪。没有必要过分注重寻衅滋事罪与其他犯罪的区别,而应善于运用想象竞合犯的原理,从一重罪处理即可。[2]

在这两种观点之间,还有一种保留但限制的折中立场。这种立场主要是从历史解释的角度,希望用流氓动机来限制寻衅滋事罪的适用,认为构成此罪必须事出无因,出于"精神空虚、内心无聊、好恶斗勇"的动机实施寻衅滋事行为。这种立场在客观上部分限制了寻衅滋事罪的扩张适用。

---

[1] 王良顺:《寻衅滋事罪废止论》,《法商研究》2005年第4期。
[2] 张明楷:《寻衅滋事罪探究》,《政治与法律》2008年第1、2期。

一点思考

寻衅滋事罪作为补充性罪名，可以最大效率地实现刑法的惩罚功能，但是由于其模糊性与罪刑法定原则存在冲突，需要避免在司法实践中被滥用。

口袋罪很容易成为学界研究的焦点，主要是因为它与法治所追求的对公权力的约束有冲突。对民众而言，"法无禁止即自由"；对公权力来说，"法无授权即禁止"。如果法律规定模糊不清，那么公权力就会成为脱缰的野马。

人们很容易在自己所看重的事情上附加不着边际的价值，将自己幻化为正义的代表。但正如尼采所说：与恶龙缠斗过久，自身亦成为恶龙；凝视深渊过久，深渊将回以凝视。所以法治从不对权力抱有良善的假设，因为权力导致腐败，绝对权力倾向于绝对腐败。相比于犯罪，不受约束的公权力可能会带来更大的危害。

想一想

张三到西湖旅游，在景区刻有"杭州西湖"四个字的石碑上刻字留念，是否构成寻衅滋事罪？

妨害司法罪及卖淫罪

093 律师伪证罪

在刑事诉讼中，辩护人、诉讼代理人毁灭、伪造证据，帮助当事人毁灭、伪造证据，威胁、引诱证人违背事实改变证言或者作伪证的，处3年以下有期徒刑或者拘役；情节严重的，处3年以上7年以下有期徒刑。

律师伪证罪

这个罪名的全称是辩护人、诉讼代理人毁灭证据、伪造证据、妨害作证罪，但由于刑事辩护大多由律师介入，故实务界俗称此罪为律师伪证罪。

律师伪证罪是1997年刑法修改时增加的罪名，它来源于1996年《刑事诉讼法》第38条的规定，"辩护律师和其他辩护人，不得帮助犯罪嫌疑人、被告人隐匿、毁灭、伪造证据或者串供，不得威胁、引诱证人改变证言或者作伪证以及进行其他干扰司法机关诉讼活动的行为"。

为避免本罪给刑事辩护带来不利影响，在律师伪证罪法条中增加了提示性条款——辩护人、诉讼代理人提供、出示、引用的证人证言或者其他证据失实，不是有意伪造的，不属于伪造证据——试图弱化此罪的严厉程度。

鉴于这个罪名有扩大化的趋势，立法部门在2012年通过刑事诉讼法的修改限制了此罪的适用，主要是删除了《刑事诉讼法》原条文中的"改变证言"一词。以前的"引诱证人违背事实改变证言"的规定，在司法实践中给律师办理刑事案件带来很大的执业风险，很容易成为司法机关打击报复律师的私器。有些犯罪嫌疑人、被告人、证人在办案机关的强大压力下说了些与事实不符的违心之言，但辩护律师向其调查取证时才将真相和盘托出，某些办案机关和办案人员却以此作为追究律师伪证罪的有力证据。证言的改变是否属于"违背事实"则又取决于办案机关或办案人员的主观认定，这极易引发对律师的职业报复行为[1]。

据统计，我国刑事辩护率偏低，尽管最近几年律师辩护率有所上升，但仍然只有30%的被告人能够获得律师辩护。其中一个重要原因是，从事刑事辩护的律师害怕在职业生涯中难以预料的风险。在这样一个大背景下，对于律师伪证罪进行合理的限缩解释应该成为法律界的共识。

引诱

在律师伪证罪中，存在最大的问题就是"引诱"。

刑法中的引诱型犯罪有很多，如引诱卖淫罪、引诱吸毒罪等。多数学者认为，引诱必须利用物质利益或非物质利益进行诱惑，诱使他人从事某种违法行为。这种解释从文理上无懈可击，但置于律师调查取证的特殊背景下却会带来灾难性的后果。运用纯粹技术性的解释方法，引诱可以包括明示引诱，也可以包括默示引诱；可以包括物质引诱，也可以包括精神引诱；可以包括作为引诱，也可以包括不作为引诱；可以包括直接引诱，也可以包括间接引诱（引诱他人引诱证人）；可以包括庭前引诱，还可以包括庭审引诱……引诱一词几乎可以将律师调查取证方方面面收入囊中。

就如李庄案中荒唐的"眨眼引诱说"与"欲加之罪，何患无辞"几乎就是同义语。李庄案证人吴家友的证言证明，"2009年11月24日晚，辩护律师李庄说在会见龚刚模时示意龚刚模翻供，说被刑讯逼供，龚刚模看了李庄的

---

[1] 黄太云：《刑事诉讼法修改释义》，《人民检察》2012年第8期。

眼神和动作后明白了,龚刚模就说在警察讯问时遭到了刑讯逼供。"[1]

在律师的调查取证中,引诱的正当性与非正当性很难区分。比如辩护律师找被害人做工作,希望他能宽恕被告人,于是被害人出具相应的情况说明,这是否属于引诱?如果属于伪证,不仅律师要锒铛入狱,被害人也将身陷囹圄。

不应有的偏见

宽恕本是一种美德,如果法律将其视之为犯罪,这是在鼓励良善,还是在制造罪恶呢?如果司法机关能够晓之以理,动之以情,让不愿意作证的证人改变心态,作证指控罪犯,那为什么律师的同样行为就应该被视之为犯罪?可能唯一的区别就是司法机关的目的是打击犯罪,而律师的目的则是在为"坏人"说话。长期以来,有一定根深蒂固的偏见,那就是打击犯罪好过保护罪犯。但是,如果没有辩护权对司法权的质疑,谁能保证司法权不会腐败变质。

如果偏见不改变,无论法律如何解释与修改,都不可能真正保证辩护律师的合法权利。司法机关与律师同属法律职业,任何一个法律人都应该清楚地意识到,辩护律师与司法机关的目标是一致的,他们都是为了维护法律的尊严,辩护不仅是为保护无辜公民,也是为确保司法的公正。

哈佛大学教授德肖微茨曾说:"一个国家是否有真正的自由,试金石之一是它对那些为有罪之人、为世人不耻之徒辩护的人的态度"。

律师制度是法治建设的重要一环,在电影《阿凡达》中,潘多拉星球上不同生命体之间的相互依存,形成了一个非常完美的统一体,任何一个生命体的损毁都会导致整个星球受到亏损。同样,律师制度和其他司法制度共同构建了法治的有机整体,任何一个环节的亏缺都会伤及法治的根本。

想一想

律师为什么为"坏人"做辩护?

---

[1] 重庆市江北区人民法院刑事判决书(2009)江法刑初字第711号。

094 组织卖淫罪

组织、强迫他人卖淫的,处5年以上10年以下有期徒刑,并处罚金;情节严重的,处10年以上有期徒刑或者无期徒刑,并处罚金或者没收财产。组织、强迫未成年人卖淫的,依照前款的规定从重处罚。

犯前两款罪,并有杀害、伤害、强奸、绑架等犯罪行为的,依照数罪并罚的规定处罚。

为组织卖淫的人招募、运送人员或者有其他协助组织他人卖淫行为的,处5年以下有期徒刑,并处罚金;情节严重的,处5年以上10年以下有期徒刑,并处罚金。

这个罪名以前有死刑条款,但2015年《刑法修正案(九)》本着限制死刑的精神,取消了这个罪的死刑。

自愿也是剥削

如果说强迫卖淫是对他人的强迫,但组织卖淫很少有强迫,性工作者很多是自愿的。如果完全从功利主义,是很难解释这个罪名的。对性工作者而言,在组织中比"单打独斗"不仅获利会更多,而且也能获得更多的保护。似乎无论是卖淫者、组织者、嫖娼者甚至卫生防疫等各方面,都能实现多方共赢。

但是,对组织卖淫的惩罚主要还是基于道德主义的禁止剥削原则。人虽然生而自由,但其实无处不在枷锁之中,自由如果不受限制,一定会导致强者对弱者的剥削。组织卖淫就是一种赤裸裸的对卖淫者和道德不良者的双重剥削,对其进行惩罚在道德上具有正当性。

何谓卖淫

我国《刑法》在第358条到362条分别规定了组织卖淫罪,强迫卖淫罪,协助组织卖淫罪,引诱、容留、介绍卖淫罪,引诱幼女卖淫罪,传播性病罪等,其刑罚从管制到无期徒刑不等。

然而，何为"卖淫"，这个关键性的概念并没有明确的法律定义。刑法和司法解释对此都没有规定，只是公安部对卖淫嫖娼有过行政答复。公安部1995年8月10日《关于对以营利为目的的手淫、口淫等行为定性处理问题的批复》规定：卖淫嫖娼是指不特定的男女之间以金钱、财物为媒介发生不正当性关系的行为。卖淫嫖娼行为指的是一个过程，在这一过程中卖淫妇女与嫖客之间的相互勾引、结识、讲价、支付、发生手淫、口淫、性交行为及与此有关的行为都是卖淫嫖娼行为的组成部分，应按卖淫嫖娼查处，处罚轻重可根据情节不同而有所区别。对在歌舞等娱乐场所、桑拿按摩等服务场所查获的，以营利为目的发生手淫、口淫行为，应按卖淫嫖娼对行为人双方予以处罚。

这个批复为2001年2月18日公安部《关于对同性之间以钱财为媒介的性行为定性处理问题的批复》所废止，后一批复认为"不特定的异性之间或者同性之间以金钱、财物为媒介发生不正当性关系的行为，包括口淫、手淫、鸡奸等行为，都属于卖淫嫖娼行为，对行为人应当依法处理"。两个批复最大的不同在于，后一个批复认可了同性之间可以成立卖淫。

虽然行政答复对司法机关没有法律上的约束力，但是在现实中却有重要的参考作用。司法实践中，提供手淫是否属于刑法中的卖淫也长期存在争论。组织他人手淫、容留他人手淫、介绍他人手淫等是否构成犯罪，都取决于对卖淫这个关键性概念的认识。2017年，最高人民法院、最高人民检察院颁布了《关于办理组织、强迫、引诱、容留、介绍卖淫刑事案件适用法律若干问题的解释》，但是对卖淫这个概念依然没有界定。从当前司法实践的经验出发，一般认为，所有的进入式性活动属于卖淫，但是非进入式的则不宜认定为卖淫，以避免刑法打击过度。

想一想

你觉得，组织卖淫罪为何取消死刑？

第九章
贪污贿赂罪

贪污犯罪

095 贪污犯罪

贪污贿赂罪是一种与公务活动有密切关系的犯罪，这类犯罪侵犯了公务活动的廉洁性，还危害了国有单位的正常活动，它主要包括贪污和贿赂两类犯罪，贪污贿赂罪都是故意犯罪，犯罪主体一般具有国家工作人员的身份，离退休的国家工作人员、特定关系人也可构成相应的贿赂犯罪，少数犯罪可以由无国家工作人员身份的一般人构成，如行贿罪。

国家工作人员
具体而言，国家工作人员包括以下四类人。

1.国家机关工作人员，也就是我们熟悉的公务员。

2.国有公司、企业、事业单位、人民团体中从事公务的人员。国有公司、企业是指国家独资的公司、企业，并不包括国有控股公司。

3.国家机关、国有公司、企业、事业单位委派到非国有公司、企业、事业单位、社会团体从事公务的人员。

4.其他依照法律从事公务的人员。

是否属于刑法中的国家工作人员应当看此人在实质上是否从事公务，具备公务活动所赋予的职权。如果具备这种职权，即便在形式上不具备国家工作人员的资格，在实质上也应解释为国家工作人员。例如，村主任表面上不是国家工作人员，但如果代行公务，也可解释为国家工作人员；国家机关非正式在编的人员，比如合同制民警由于可行使公务，他们也属于国家工作人员。最高人民检察院曾经发布过一个关于佛教协会工作人员能否构成受贿罪的批复，认为佛教协会属于社会团体，其工作人员如果符合受委托从事公务的人员，是可以构成受贿罪的。

公务主要表现为与职权相联系的公共事务以及监督、管理国有财产的职务活动。例如，国家机关工作人员依法履行职责，国有公司的董事、经理、监事、会计、出纳人员等管理、监督国有财产等活动，属于从事公务。那些不具备职权内容的劳务活动、技术服务工作，例如，售货员、售票员等所从事的工作，一般不认为是公务。

私分国有资产罪

除了国家工作人员外，国有机构也可能构成"贪污"，这就是私分国有资产罪，是指国家机关、国有公司、企业、事业单位、人民团体，违反国家规定，以单位名义将国有资产集体私分给个人，数额较大的行为。最典型的私分就是国有单位年终违反规定乱发奖金。

所以，私分国有资产罪是一个纯正的单位犯罪，只能由单位构成。其实私分就是贪污，只不过私分是单位的贪污，是经单位集体研究决定，将财物分配给单位的所有成员或者多数人。

当前，私分国有资产经常发生在国有企业改制的过程中。某国有企业要改成管理层持股的新企业，由管理层15人共同占公司100%的股权。在改制过程中，公司领导发现原公司有100万的应收款，于是他们找到会计师事务所核账的会计，想把这100万转到新公司，这样他们就可以按股权分配了。他们还从新单位账上暗中转给会计5万。会计收钱后做了假账，但是在案发时，这笔100万的应收款还没有实际分配，只是躺在新公司的账户上，这个案件怎么处理？

首先，15个管理层人员只是国有企业中很少的一部分人，为特定少数人谋利当然是构成贪污罪，但是贪污的数额不是100万，而是105万，因为拿公款去行贿，既是贪污，又是行贿。

当如果企业改制为全员持股，管理层占一半股份，职工占一半股份，那么上述案件就构成私分国有资产罪。

有人为规避法律红线，虽然让职工参股，但职工仅占很少比例，毕竟贪污最高可以判处死刑，但私分国有资产最高只能判处7年有期徒刑。比如在上述案件中，管理层15个人占99%的股份，但1万名职工只占1%的股份，表面上这也是全员持股，那这该当何罪呢？

司法解释的规定是：国有公司、企业违反国家规定，在改制过程中隐匿公司、企业财产，转为职工集体持股的改制后公司、企业所有的，对其直接负责的主管人员和其他直接责任人员，依照刑法规定，以私分国有资产罪定罪处罚。但在这个案件中是形式上的职工集体持股，实质上的少数领导个别持股，自然是应该以贪污罪追究刑事责任。

想一想
公立小学教师借排座为名收受财物，数额较大，该当何罪？

096 贪污罪

贪污罪，是指国家工作人员利用职务上的便利，侵吞、窃取、骗取或者以其他手段非法占有公共财物的行为。根据情节轻重，分别依照下列规定处罚。

贪污数额较大或者有其他较重情节的，处3年以下有期徒刑或者拘役，并处罚金。贪污数额巨大或者有其他严重情节的，处3年以上10年以下有期徒刑，并处罚金或者没收财产。贪污数额特别巨大或者有其他特别严重情节的，处10年以上有期徒刑或者无期徒刑，并处罚金或者没收财产；数额特别巨大，并使国家和人民利益遭受特别重大损失的，处无期徒刑或者死刑，并处没收财产。

对多次贪污未经处理的，按照累计贪污数额处罚。

司法解释规定，贪污数额在3万元以上不满20万元的，应当认定为"数额较大"；贪污数额在1万元以上不满3万元，具有严重情形，也构成犯罪。

犯本罪，在提起公诉前如实供述自己罪行、真诚悔罪、积极退赃，避免、减少损害结果的发生，可以从轻、减轻或者免除处罚。罪行特别严重，被判处死刑缓期执行的，人民法院根据犯罪情节等情况可以同时决定在其死刑缓期执行2年期满依法减为无期徒刑后，终身监禁，不得减刑、假释。

终身监禁

终身监禁是2015年《刑法修正案（九）》增加的制度，当年讨论刑法修正案的时候，曾有人主张废除贪污罪和受贿罪的死刑条款，毕竟贪污受贿并非凶杀犯罪，保留死刑与尊重生命的理念不相符合，但是考虑到这种观点很难为民众接受，所以意见没有被采纳，但是增加了终身监禁制度，试图减少贪腐犯罪死刑立即执行的适用。

终身监禁不是独立的刑种，它是对罪该处死的贪腐罪犯的一种不执行死刑的刑罚执行措施，是死刑的一种替代性措施。它不同于无期徒刑，因为无期徒刑符合条件是可以减刑和假释的，而终身监禁是不得减刑和假释的。

另外，按照《刑事诉讼法》的规定，死缓犯是不得暂予监外执行的，被判处无期徒刑的犯罪分子，如果是怀孕或者哺乳婴儿的妇女，或者在减刑为有期徒刑后，患有严重疾病或者生活不能自理才可暂予监外执行。因此终身监禁的罪犯，既不得减刑、假释，也不得暂予监外执行，通俗来说，终身监禁就是把牢底坐穿。

公共财产

贪污罪所侵犯的客体是职务行为廉洁性以及公共财产的所有权。

公共财产包括：国有财产；劳动群众集体所有的财产；用于扶贫和其他公益事业的社会捐助或者专项基金的财产。在国家机关、国有公司、企业、集体企业和人民团体管理、使用或者运输中的私人财产，以公共财产论。比如张三醉驾，他的车被警察扣了，这虽然是张三的车，但是在警察扣下管理时的车就属于公共财产。如果警察把这个车卖了，就定贪污罪。

贪污罪还必须致使本单位财物受到损失，如果本单位没有遭受财产损失，那就不构成贪污罪，但可能构成其他财产犯罪。例如，土地管理部门的工作人员乙，为农民多报青苗数，使其从房地产开发商处多领取20万元补偿款，自己分得10万元。由于土地管理部门没有遭受财物损失，乙的行为构成诈骗罪；政府主持拆迁工作时，由镇里的领导负责拆迁事宜，结果有人跟镇里的领导勾结，虚报拆迁面积，多骗政府的补偿款。这就构成贪污罪，因为是政府遭受财物损失，而不是外单位遭受财务损失。

监守自盗

贪污罪必须要利用职权的便利，也就是要利用职务权力与地位形成的主管、管理、经营、经手公共财物的便利条件。它不仅仅是一种职业的便利，还必须是一种管理性的便利。

例如，某国有公司出纳甲意图非法占有本人保管的公共财物，但不使用自己手中的钥匙和所知道的密码，而是使用铁棍将自己保管的保险柜撬开并取走现金3万元。之后，甲伪造作案现场，声称失窃。这是典型的监守自盗，在此案中，甲虽然表面上使用了窃取行为，但出纳对公司财物有占有控制的便利，因此其职务行为与取得财物存在因果关系，故甲的行为构成贪污罪。甲撬保险柜只是一个假象，一定要做实质解释，只要这个钱是甲管，甲通过任何方法把它拿走，不管是侵吞、窃取、骗取或其他方法，都是监守自盗，构成贪污罪。

贪污罪与职务侵占罪

两罪关键区别是主体不同，前罪的主体是国家工作人员和受委托管理国有财产的人员，而后罪的主体是前罪主体以外的公司、企业或者其他单位人员。

例如，保险公司的工作人员利用职务上的便利，故意编造未曾发生的保险事故进行虚假理赔，骗取保险金归自己所有的，以职务侵占罪定罪处罚。但国有保险公司工作人员和国有保险公司委派到非国有保险公司从事公务的人员，利用职务上的便利，故意编造未曾发生的保险事故进行虚假理赔，骗取保险金归自己所有的，以贪污罪论处。

想一想
张三拿了1万元公款送人，构成贪污罪吗？

097 挪用公款罪

挪用公款罪，是指国家工作人员利用职务上的便利，挪用公款归个人使用，进行非法活动的，或者挪用公款数额较大、进行营利活动的，或者挪用公款数额较大、超过3个月未还的行为。基本刑处5年以下有期徒刑或者拘役；情节严重的，处5年以上有期徒刑。挪用公款数额巨大不退还的，处10年以上有期徒刑或者无期徒刑。

挪用用于救灾、抢险、防汛、优抚、扶贫、移民、救济款物归个人使用的，从重处罚。

谋求个人利益
本罪的主体是国家工作人员，必须谋求个人利益。

本罪是自然人犯罪，单位不构成犯罪。单位挪用的，既不追究单位挪用公款罪的责任，也不能对自然人以挪用公款罪论处。比如，张三是国家机关工作人员，以个人名义将公款借给原工作过的国有企业使用，这是在谋求个人利益，自然构成挪用公款罪。又如李四是某国有公司总经理，擅自决定以本公司名义将公款借给某国有事业单位使用，以安排其子在该单位就业，这也是在谋求个人利益，构成挪用公款罪。但王五是某县工商局局长，以单位名义将公款借给某公司使用，在这个案件中，王五并没有追逐个人利益，不构成挪用公款罪。

物美张文中案

2009年，民营企业物美集团的创始人张文中，因为挪用资金罪、行贿罪和诈骗罪，被判处有期徒刑12年。他以物美集团的名义，将单位资金借贷给其他单位的行为，被认定为挪用资金罪。

刑法中有一个挪用资金罪，它指利用职务上的便利，挪用本单位资金归个人使用或借贷给他人使用的行为。这个罪的行为主体不是国家工作人员，而是公司、企业或其他单位的人员。

从形式上看，张文中利用职务之便，挪用物美集团的资金，借贷给他人，完全符合构成要件。但是2019年张文中案在最高人民法院再审，推翻原审判决，认定张文中无罪。

最高人民法院经再审认为，张文中不构成挪用资金罪的重要理由就在于涉案资金均系在单位之间流转，反映的是单位之间的资金往来，没有进入个人账户；无证据证实张文中等人占有了申购新股所得赢利，换言之，张文中挪用资金并没有谋取个人利益。

虽然挪用资金罪的法条规定挪用本单位资金借贷给他人使用就可以构成犯罪，但由于挪用公款罪必须限定为追逐个人利益，换言之，挪用公款罪的出罪事由是谋取单位利益。那作为比挪用公款罪更轻的挪用资金罪，如果将单位款项借给他人只是谋取单位利益更应该属于出罪事由，这叫举重以明轻的当然解释。所以，最高人民法院最后认为张文中不构成挪用资金罪。

这个案件释放出一个明显信号，就是民营企业跟国有企业应该获得同等的保护。总之，从刑法解释学的立场来看，为谋取单位利益，不构成挪用公款罪。根据举重以明轻的解释原理，挪用资金罪也应当做同样理解。也就是说，挪用资金罪中的借贷给他人，一定要受"归个人使用"条款的约束。

行为方式

本罪的行为方式有以下三种不同情况。

1.超期未还型。需要满足挪用公款归个人使用、数额较大、超过3个月未还三个要素。数额较大的起点是5万元。当然，挪用公款所生的利息不能计算在数额之内，但可作为非法所得予以追缴。

2.营利活动型。需满足数额较大、进行营利活动两个要素。进行营利活动是指法律法规允许的牟利活动，例如开公司、炒股、存银行、理财等。

3.非法活动型。只要挪用公款进行非法活动（如贩毒、赌博等），就可构成本罪。从刑法的谦抑性出发，虽然法律并没有数额限制，但在司法实践中，以3万元以上为追究刑事责任的起点。

根据司法解释，挪用资金罪中的"数额较大"以及"进行非法活动"情形的数额起点，按照挪用公款罪"数额较大"以及"进行非法活动"的数额标准规定的两倍执行，也即在非国有企业中，挪用资金10万元归个人使用超过3个月未还就是构成犯罪的。

现在很多人缺乏法律观念，也缺乏道德观念。张三是私企员工，单位的10万元钱临时打进其账户，10天后要给领导用。张三却把钱转到了手机理财账户，想赚取10天的利息。这种行为或许很常见，但也属于挪用资金从事营利活动，数额较大的行为。理财属于营利活动，任何理财都是有风险的，这笔钱属于单位，利息自然也应该归单位所有。张三因为贪图这点小便宜，就可能面临3年以下有期徒刑或者拘役。

想一想

甲以购房自住为由劝乙挪用公款，乙同意，但让甲在3个月内归还，甲并未购房，而是炒股，但在3个月内归还。乙构不构成挪用公款罪？

贿赂犯罪

098 受贿罪

受贿罪，是指国家工作人员利用职务上的便利，索取他人财物，或者非法收受他人财物，为他人谋取利益的行为。

国家工作人员在经济往来中，违反国家规定，收受各种名义的回扣、手续费，归个人所有的，以受贿论处。

国家工作人员利用本人职权或者地位形成的便利条件，通过其他国家工作人员职务上的行为，为请托人谋取不正当利益，索取请托人财物或者收受请托人财物的，以受贿论处。

本罪的处罚和贪污罪相同，索贿的从重处罚。

权力寻租

受贿罪所侵犯的法益一定是职务行为的廉洁性。受贿的本质是权力寻租，就是钱权交易，以权力的作为与不作为获得财物对价，即权钱交易。只要存在职务行为与财物的对价关系，均可认定受贿罪成立。

贿赂犯罪中的"财物"，包括有形的可用金钱计量的财物，也包括无形的可用金钱计量的物质性利益，例如，债权的设立、债务的免除等，但不包括提升职务、迁移户口、升学就业、提供女色等非物质性利益。

性贿赂一般不构成受贿罪。性贿赂一般可以归纳为三种类型，第一种类型是请人嫖娼，因为嫖娼可以直接计算为金钱，所以可以构成受贿罪，例如南方某地的一个领导，法院认定他受贿数额中有一笔是60万，因为别人总共请他嫖娼200次，按每次计3000块，共60万；第二种类型，给领导送会员卡，领导可以持会员卡在会所无限次消费性利益，这也构成受贿罪；第三种最为最常见，直接送人，比如张三把自己老婆"送"给领导，这不构成受贿罪，因为把性解释为贿赂，就把人给物化了，人不是物，人只能是目的，不能是纯粹手段。

索贿和收受贿赂，既可以是自己收也可以是让别人收，还可以是让第三人收，甚至第三人可以不知情。比如张三给我送钱，我让他别给我送钱，把钱给李四。他就直接把钱给李四了，而李四都不知道为什么突然收到一笔意外之财。李四的不知情，并不妨碍受贿罪的成立，因为张三给李四的钱与我的权力已经存在对价关系。

比较典型的如代孕行贿。因受贿1.53亿元被判无期徒刑的国家统计局原局长王某安，被媒体曝出代孕生子的丑闻。山东一老板为感谢其在项目申报过程中提供的帮助，投其所好花340多万元找了两家代孕中介，帮王某安圆了老来得子的梦。

据判决书披露：2013年到2015年期间，时任财政部副部长王某安曾多次到山东潍坊做一件隐秘之事——取精，他想要儿子，有人花了340多万找人帮他人工代孕。

这种案件和请领导嫖娼案类似，都有财物对价关系，相当于王某安利用自己的权力，让商人把钱送给代孕者，而代孕者提供了代孕服务，王某安自然是构成受贿罪的。

收受财物后

受贿罪是故意犯罪，必须存在权钱交易的主观认识，即认识到自己在利用职务上的便利索取他人财物或者收受他人财物为他人谋取利益。

本罪的既未遂标准以收取财物为标准，无论财物是否处分，也无论是否为他人谋利，只要行为人或行为人所指示的第三人收取财物就成立犯罪既遂。有些贿赂行为是赠送购物卡，逢年过节就送卡，一搜领导的办公室，好几箱购物卡，甚至都过期了，这些购物卡的数额都能计算为受贿数额，过期的数额也属于。

很多行贿人摸准了领导的心理，收了钱也不会用，于是就有送假币的，反正只要看着像真钱就可以。这种情况，行贿人依然构成行贿罪，当然还构成使用假币罪，应当从一重罪论处，领导也构成受贿罪，只是受贿的数额如何认定，存在一定的争议。有人认为应该按照票面数额计算，有人认为应该按照黑市价格来认定，还有人认为应该按照票面数额论以受贿的未遂，你觉得呢？

国家工作人员收受请托人财物后及时退还或者上交的，不是受贿。国家工作人员受贿后，因自身或者与其受贿有关联的人、事被查处，为掩饰犯罪而退还或者上交的，不影响认定受贿罪。要遵循主客观相统一原则，只有基于受贿的意思收钱才构成受贿罪。如果碍于情面收受财物，事后马上上交，这不构成犯罪。

比如张三给领导送的钱，领导碍于情面收下了，但8天之后上交给纪委，客观上收了钱，但领导主观上不想收钱，因此就不构成受贿罪；当然还有一种情况，张三给领导送钱，领导收下了。但领导后来发现纪委有风声，又把钱退还给了张三，这是自然是受贿的既遂，而不是中止，因为领导主观上有收钱的故意。

想一想

丙为某税务局局长，刘某因企业漏税被查，找丙疏通关系，并交给丙2万元现金，被丙婉拒。两人寒暄一二，丙问刘某是否能帮其安插情妇王女到企业工作，刘某答应。次日刘某聘任并无会计资格的王女为企业财务副总监，王女从未上班，但刘某按月支付万元工资。丙构成受贿罪吗？

099 五种受贿类型

受贿罪在客观方面表现为利用职务上的便利索贿，或非法收受他人财物为他人谋取利益的行为。

利用职务上的便利，既包括利用本人职务上主管、负责、承办某项公共事务的职权，也包括利用职务上有隶属、制约关系的其他国家工作人员的职权。担任单位领导职务国家工作人员通过不属于自己主管的下级部门国家工作人员的职务为他人谋取利益的，应当认定为"利用职务上的便利"为他人谋取利益。

具体而言，受贿罪有如下五种行为方式。

索贿

索贿是利用职务便利，以明示或暗示的方式主动向他人索取财物的行为。索贿无须为他人谋取利益，就可构成受贿罪，很多时候就是利用职务之便敲竹杠。

张三和李四是老同学，李四想承包一个工程，张三刚好是主管领导。李四找张三"行个方便"，张三说："那当然好了，咱俩同学那么多年，我当然得向着你。但现在有个问题，市委书记的儿子盯上了这个工程，所以我没办法。"李四问有没有回旋余地，张三表示也不是没有，关键看李四愿不愿意出一笔退出费。李四问要多少，张三说可能要500万。李四于是给了张三500万，让其转交给书记的公子。其实根本没有市委书记儿子要工程这回事，张三设了一个套，让李四往里面钻。

这种主动"骗贿"的行为，也是一种索贿，而不是诈骗，因为李四之所以给钱还是因为张三的权力，李四对于张三可能从500万中上下其手是放任的，在本质上这属于权钱交易，所以构成受贿罪。

收受贿赂

收受贿赂是在行贿人主动行贿的情况下，非法收受他人财物。成立此种受贿，必须要"为他人谋取利益"，这种利益可以是正当利益，也可以是不正当利益。

为他人谋取利益包括承诺、实施和实现三个阶段的行为。承诺包括明示承诺和默示承诺。只要具有其中一个阶段的行为，就属于权钱交易。例如，国家工作人员收受他人财物时，根据他人提出的具体请托事项，承诺为他人谋取利益的，就具备了为他人谋取利益的要件。明知他人有具体请托事项而收受其财物的，是一种默示承诺。这些行为都让行贿者感觉职务行为可以收买，侵犯了职务行为的廉洁性。

你会发现为他人谋取利益属于目的要素，是主观超过要素，这就像我们之前讲过的绑架罪，主观上要以勒索为目的，但这个目的并不需要实际实现。因此，国家工作人员只要有为他人谋取利益的承诺即可认定具备这种目的。

司法解释也是这么规定的，《最高人民法院、最高人民检察院关于办理贪污贿赂刑事案件适用法律若干问题的解释》（下简称《贪污贿赂解释》）规定："具有下列情形之一的，应当认定为'为他人谋取利益'，构成犯罪的，应当依照刑法关于受贿犯罪的规定定罪处罚：1.实际或者承诺为他人谋取利益的；2.明知他人有具体请托事项的；3.履职时未被请托，但事后基于该履职事由收受他人财物的。"

张三找领导帮忙，领导在看报纸，理都没理他。张三在领导桌子上放了10万块钱，以为领导会见钱眼开。结果领导还是眼皮都没眨一下。张三都快哭了，领导还是没理他。所以张三又放下了10万块钱，哭着请领导看完报纸想一想他的事。领导还是未置可否。最后张三哭着离开领导办公室。第二天早上，领导发现茶几上放着20万，都不记得哪来的了，就把20万放到保险柜。

这构成受贿罪吗？

当然构成，因为承诺包括明示承诺，还包括默示承诺，既然明知他人有请托事项，没有拒绝行贿，就属于承诺，构成受贿罪。

经常有领导称自己是收钱不办事、贪赃不枉法，领导称别人有请求，钱可拿，但事情绝对不办，这能作为受贿罪的辩护理由吗？这是诈骗还是受贿？

受贿和诈骗的核心区别还是看领导是否有办这个事的职权，国家工作人员以为他人谋利为名获取财物，只要请托人所托办之事在其职权范围内，即便他根本不想为请托人办事，也构成受贿罪，而不得以诈骗论处。仅当行为人知道自己根本无法办成托办之事，但仍然收受财物，才可以诈骗罪论处。比如张三高考离重点线差200分，现在某大学招办工作人员说先上车后补票，先上学，到时可以解决正式学籍，这基本就是一种诈骗。因为招办工作人员不可能有这种权力。

单纯受贿

单纯受贿又被称为经济受贿，刑法规定："国家工作人员在经济往来中，违反国家规定，收受各种名义的回扣、手续费，归个人所有的，以受贿论处。"这是一种法律特别规定的受贿，无须为人谋利，但仅限于经济往来中。

但是，在非经济往来中，如果没有为他人谋利，这种单纯受贿是不构成犯罪的。例如，某商人逢年过节给领导送钱，但从没有谋利请求。不过，《贪污贿赂解释》规定："国家工作人员索取、收受具有上下级关系或者具有行政管理关系的被管理人员的财物价值3万元以上，可能影响职权行使的，视为承诺为他人谋取利益。"因此，只要双方有上下级关系或者具有行政管理关系，即便在客观上没有为人谋利或者没有为人谋利的意思表示，也可以推定为具有谋利的目的，从而构成受贿罪。可见，如果下级单位逢年过节给领导送钱，即使没有任何请求，按照这个司法解释，领导还是构成受贿罪的，而且司法解释是可以溯及既往的。

斡旋受贿

这是刑法规定的特殊受贿，即国家工作人员利用本人职权或者地位形成的便利条件，通过其他国家工作人员职务上的行为，为请托人谋取不正当利益，索取或者收受请托人财物的，以受贿论处。

很明显斡旋受贿有三方当事人，A找B办事，B办不了，于是B找C去办。B和C都是国家工作人员，B收受A的财物。

中间人B一定利用的是本人职权或地位形成的便利联系，这跟索贿和收受贿赂利用的职务便利有所不同。职权包括事实上的职权和法律上的职权，而职务则只是一种法律上的职权。比如张三的儿子想上名校，他找教育局局长帮忙，教育局局长利用的就是法律职权；但如果张三找公安局局长帮忙，公安局局长打电话给教育局局长帮忙，公安局局长利用的则是事实职权，也即职权或地位形成的便利联系。

中国是一个人情社会，法律认为像斡旋受贿这种利用事实职权的行为无论是索贿还是收受财物，都必须谋取不正当利益才构成犯罪，如果谋取的是正当利益，自然不属于斡旋受贿。但是，如果利用的是法律职权，无论谋取正当利益，还是不正当利益，都构成受贿罪。

比如张三承包一个学校的工程，结果学校欠张三100万的工程款，张三找校领导多次，都没有拿到钱。年末，农民工等着张三结算工资。张三无奈，找到某地担任公安局局长的远房亲戚。局长听完非常生气，收了张三5万元钱，同意帮张三讨薪。公安局局长给教育局局长打了个电话，教育局局长找校长把这个事情给解决了。

在这个案件中，公安局局长利用的是事实职权，且谋取的是正当利益，所以不构成受贿罪。但如果张三找的是教育局局长，那收钱的教育局局长构成受贿，因为他利用的是法律职权，而非事实职权。

事后受贿

事后贿赂其实就是先办事后收钱。在职人员只要有权钱交易的事实，即便履行职务时没有收受贿赂的想法，只要办事之后基于该履职行为收受贿赂，一律以受贿罪论处。但是，有一种例外情形，就是离退休人员在职期间为人谋利，等离退休之后才收受财物，司法解释认为必须要在在职期间有事后受贿的约定才能构成犯罪。

想一想

张三对求他在办公楼租售中"行方便"的吴某谎称,自己的外甥准备出国留学。吴某于是将20万元打入张三指定的银行卡账户。张三该当何罪?

100 死刑能遏制贪腐吗

《刑法修正案(九)》废除了多个死刑条款,但依然保留了贪污受贿的死刑条款。究其原因,可能是觉得贪贿与普通的经济、财产犯罪不同,它将使得人们丧失对国家的公信力,腐蚀政权的合法性。

然而,保留死刑就可遏制贪腐吗?现行刑法规定,贪污或者受贿在300万元以上,并使国家和人民利益遭受特别重大损失的,处无期徒刑或者死刑,并处没收财产,可谓绝对重刑模式。刑法只是社会的最后一道防线,严刑峻法不可能完全遏制受贿。试图通过严密法网,提高刑罚来防控受贿,这是刑法的不可承受之重,也是一个不可能完成的任务。

历史上的反腐败

历史上重典治吏,达到登峰造极地步的莫过朱元璋,但最终仍归失败。朱元璋惩治贪腐,发明"剥皮实草"之刑,将活人的皮剥下来,里面塞上草,做成"人皮草袋"以警示贪官。按《明大诰》,贪贿数额在60两银子以上,就可行此刑,为了充分警告继任官员,朱元璋还命令将"人皮草袋"放置在官衙门的办公桌旁。不幸的是,严刑峻法并未遏止官员的腐败,贪墨之官从来就是继往开来,后继有人。仅朱元璋时期的空印、郭桓两案,就有数万官员被连累致死,但贪污腐败之风并未遏止,以至朱元璋都大惑不解,"我效法古人任用官吏,岂料,刚刚提拔他们时,每位官员都忠于职守,奉公守法，但时间一长，一个个全都腐化变质，又奸又贪。我只能严明法纪，予以惩处。结果能够善始善终的很少，大多都家破人亡"。[1]

清朝充分吸取明朝反腐经验，认为明朝官员之所以贪墨成风，很大原因是因为官员薪金太低，不得已才铤而走险，故清朝实施高薪养廉。清朝政府认为，外放之官，权力寻租的可能要高于京官，故外官薪俸，远高于内官。如一品京官每年官俸合银540两，而作为一品外官的总督，虽然俸银只有180两，但养廉银则高达1.5万两，个别甚至高达3万两，高出京官30倍以上。即使是七品知县的年俸也比七品京官高8倍。[2] 但"一年清知府，十万雪花银""千里为官只为财"，地方官吏并未因薪俸优厚而有所收敛。至于京官，虽然薪俸不高，但其位高权重，消息灵通，外放官员一来京城，自然会千方百计"孝敬"京官，当时的贿赂还有各种雅号，如夏天送财叫"冰敬"，冬天送财叫"炭敬"，离京送叫"别敬"，年节送的叫"年敬""节敬"，甚至在时令季节，送些水果，比如西瓜，也要安个名号叫"瓜敬"，雅洁的礼品则称为"笔帕敬"等[3]。高薪养廉，养出和珅这种巨蠹，也算是一个莫大的反讽。

腐败如病菌

反腐败是一个综合工程，无论是重典治吏，还是高薪养廉，历朝历代的反腐都只是注重机体内部的革新，而忽视外部力量的推动。一旦内部革新失败，机体的功能就会紊乱，导致越反越腐。这就如人体一般，抵御疾病，虽然主要依赖人体自身的免疫功能，但免疫功能的发展却离不开外部世界的锤炼，无菌状态下成长起来的免疫功能面对病菌几乎无反击之力。同时，即便拥有强大的免疫功能，有时还得要借助打针输液等治疗措施来对抗病魔。

由于忽视外部力量对权力自下而上的监控，历代的反腐斗争就如人体脆弱的免疫功能，面对腐败这种疾病几乎没有反击之力。虽然，让权力体制

1　李亚平：《帝国政界往事——大明王朝记事》，北京出版社2005年版，第89—90页。
2　颜吾芟、张俊：《古代官俸今鉴》，《中国人大》2009年第17期。
3　李乔：《清代官场如商场》，《决策与信息》2005年11期。

受到社会公众的监督会导致权力运作的诸多不便，但正如人体免疫能力的培育离不开风吹雨打，偶尔的感冒发烧是确保将来能够抵御更为严重疾病，如果害怕接触病菌而拒绝接触外部世界，这种温室的花朵也就无法长成参天大树。因此，要强化权力机制的免疫功能，必须将权力置于阳光之下，接受普罗大众的监督，才有可能从制度上遏制腐败。

反腐败的国际化

反腐的另一种外部推力是国际合作。这类似于打针吃药等外部治疗措施与人体的免疫机能共同对抗疾病。随着经济的全球化，反腐也开始走向国际化。有两股力量促使了反腐的国际化。

一股力量是美国的《反海外贿赂法》（Foreign Corrupt Practices Act）。该法1977年制定，此后又多次修改。其目的在于限制美国公司在跨国贸易中对国外政府官员的贿赂行为，并对在美国上市公司的财会制度做出了相关规定。该法出台的导火索来源于美国证监会的一份报告，该报告称至少有数百家美国公司在国际贸易中给国外的政府官员行贿，其中多家属于世界500强企业。这极大地打击了美国人引以自傲的公平竞争的市场经济理念。

在这种背景下，国会出台了《反海外贿赂法》，违反法案的公司罚款最高可达100万美元，个人罚款的额度为1万美元的罚款，或最高5年的监禁。当时很多人讨论国会的这种做法是否恰当，因为在海外交易中，给当地官员贿赂几乎成为国际惯例，如果出台此法，是否是自缚手脚，导致美国企业在国际贸易中失去竞争力。但实证研究表明，在通过此法案后，美国的出口继续增加，表现好于德国、法国、意大利甚至日本。

《反海外贿赂法》虽然是美国的国内法，只对美国公司和公民使用，但它却极大了影响了我国反腐的司法实践。美国司法机关在查处案件过程中，如果行贿对象涉及中国官员，自然会给我国提供官员受贿的重大线索。事实上，不少大案要案往往是因美国司法程序的启动，腐败问题才浮出水面。

最著名的是中国建设银行原董事长张恩照案，此人曾收受美国某金融公司巨额贿赂，后该公司的合作伙伴起诉此公司，认为它单方面向中国建设银行高管行贿,不仅违反合同约定,也违反美国《反海外贿赂法》。法官遂向张恩照发出传票,要求其到庭接受询问。就这样一起普通的美国民事诉讼,让张恩照受贿案件进入我国司法机关的视野,[1] 张恩照后被北京市第一中级人民法院判处有期徒刑15年。

另一股力量是联合国于2005年12月14日正式生效的《反腐败国际公约》(United Nations Convention against Corruption),标志着反腐在实质意义上的国际化。

想一想

你有印象深刻的贪腐案件吗?

101 行贿罪

行贿罪,是指为谋取不正当利益,给予国家工作人员以财物的行为。

在经济往来中,违反国家规定,给予国家工作人员以财物,数额较大的,或者违反国家规定,给予国家工作人员以各种名义的回扣、手续费的,以行贿论处。

因被勒索给予国家工作人员以财物,没有获得不正当利益的,不是行贿。

对犯行贿罪的,处5年以下有期徒刑或者拘役,并处罚金;因行贿谋取不正当利益,情节严重的,或者使国家利益遭受重大损失的,处5年以上10年以下有期徒刑,并处罚金;情节特别严重的,或者使国家利益遭受特别重大损失的,处10年以上有期徒刑或者无期徒刑,并处罚金或者没收财产。

行贿人在被追诉前主动交待行贿行为的,可以从轻或者减轻处罚。其

1　王丰:《张恩照美国被诉》,《财经》2005年第6期。

中，犯罪较轻的，对侦破重大案件起关键作用的，或者有重大立功表现的，可以减轻或者免除处罚。

根据司法解释，行贿罪和受贿罪一样，入罪标准一般也是行贿数额在3万元以上，当然如果有通过行贿谋取职务提拔、调整的；或者向司法工作人员行贿，影响司法公正等等恶劣情节，行贿1万也可以构成犯罪。

犯罪构成

行贿对象是国家工作人员，如果是非国有的公司、企业、其他单位的人员，则构成对非国家工作人员行贿罪。行为主体是自然人，如果是单位，构成单位行贿罪。成立本罪主观上必须具有谋取不正当利益的目的。

谋取不正当利益包括以下两种情况。

1.利益本身不正当，也即实体不正当，即行贿人谋取违反法律、法规、规章或者政策规定的利益。

2.谋取利益的手段不正当，也即程序不正当，即要求对方违反法律、法规、规章、政策、行业规范的规定提供帮助或者方便条件。在招标投标、政府采购等商业活动中，违背公平原则，给予相关人员财物以谋取竞争优势的，属于"谋取不正当利益"。[1]

总之，只要在法律中有操作空间，请求国家工作人员予以方便，这都属于"谋取不正当利益"，但如果在法律中没有任何操作空间，则不属于"谋取不正当利益"。比如，甲向某国有公司负责人米某送8万元，希望能承包该公司正在发包的一项建筑工程。又如乙向某高校招生人员刘某送8万元，希望刘某在招生时对其已经进入该高校投档线的女儿优先录取。在这两个案件中，按照法律规定，都有存在操作空间的，上线不代表一定会被录取，所以属于不正当利益。但如果丙向某法院国家赔偿委员会委员高某送3万元，希

---

[1] 2008年11月20日最高人民法院、最高人民检察院《关于办理商业贿赂刑事案件适用法律若干问题的意见》。

望高某按照《国家赔偿法》的规定处理自己的赔偿申请，这就没有任何法律上的操作空间，所以属于正当利益。

免责事由和从宽条款

行贿罪的法条表述中有三种行贿情形。第一款是普通行贿罪，为谋取不正当利益；第二款是经济行贿罪，正好对应单纯受贿（经济受贿），在经济往来中给予回扣、手续费；第三款是消极条款，因被勒索给予财物，没有获得不正当利益的，不是行贿。

第三款被认为既是行贿罪的提示性规定，也是例外规定。首先，没有获得不正当利益的行为，本身就不构成普通行贿罪；其次，在经济往来中，给予财物不需要有谋取不正当利益的动机，就可以构成行贿。所以，第三款主要是为了填补经济行贿中的特殊情形，如果在经济往来中被勒索，又没有谋取不正当利益，就不构成行贿罪。

《刑法修正案（九）》对本罪增加了罚金刑。同时对从宽处罚情节规定了严格的标准："行贿人在被追诉前主动交待行贿行为的，可以从轻或者减轻处罚。其中，犯罪较轻的，对侦破重大案件起关键作用的，或者有重大立功表现的，可以减轻或者免除处罚。"

想一想

张三向某高校招生人员刘某送2万元，希望刘某在招生时录取自己的女儿。遭到刘某婉拒后，张三又找到刘某的妻子，其妻子私自把钱收下了。张三是否构成行贿罪？

102 利用影响力受贿罪

利用影响力受贿罪，是指国家工作人员的近亲属或者其他与该国家工作人员关系密切的人，通过该国家工作人员职务上的行为，或者利用该国家工作人员职权或者地位形成的便利条件，通过其他国家工作人员职务上的行为，为请托人谋取不正当利益，索取请托人财物或者收受请托人财物的行为。

数额较大或者有其他较重情节的，处3年以下有期徒刑或者拘役，并处罚金；数额巨大或者有其他严重情节的，处3年以上7年以下有期徒刑，并处罚金；数额特别巨大或者有其他特别严重情节的，处7年以上有期徒刑，并处罚金或者没收财产。

离职的国家工作人员或者其近亲属以及其他与其关系密切的人，也能构成此罪。

利用影响力受贿罪中所说的数额较大和受贿罪一样，一般都是3万元。

利用影响力

利用影响力受贿罪是2009年《刑法修正案（七）》增加的一个新罪，它是针对受贿罪的一种堵截性罪名，即在无法构成受贿罪共犯的情况下，可以本罪论处。

影响力在本质上也是一种事实职权。如果国家工作人员利用法律职权（职务之便）来收钱，无论是正当利益和不正当利益都构成受贿；如果行为人利用事实职权来收钱，必须要谋取不正当利益方才构成犯罪；如果利用的是职权或地位形成的便利联系，构成斡旋受贿型受贿罪；但如果利用其他事实职权来收钱，谋取不正当利益，则构成利用影响力受贿罪。

关系密切的人可以作扩张解释，包括各种对国家工作人员有影响力的人。例如，保姆、秘书、情妇等。2015年《刑法修正案（九）》又增加了一项罪名：对有影响力的人行贿罪，这是把利用影响力受贿罪的对合犯规定为犯罪，这样就把法网编织得更为严密。

比如刘某是教育局局长甲的情人，宋某给刘某20万元，希望自己的孩子可以上名校，刘某向甲提及此事，帮助宋某孩子解决了上学问题。如果甲不知道刘某收钱，那么刘某构成利用影响力受贿罪，宋某构成对有影响力的人行贿罪，但如果甲知情的话，则甲和刘某成立受贿罪的共同犯罪。

受贿罪的兜底罪

一般的受贿都存在权钱交易，行为人在主观上有权钱交易的认识，在客观上有权钱交易的事实。利用影响力受贿罪虽然客观上也存在权钱交易，他人利用其他国家工作人员的权力进行获利，但国家工作人员本人缺乏这种权钱交易的主观认识。如果国家工作人员明知他人利用自己的权力谋利，仍然提供便利，那就应以受贿罪的共犯论处。

利用影响力受贿罪是受贿罪的兜底罪，如果他人利用国家工作人员的职权，谋取不正当利益，收受请托人财物，倘若国家工作人员同谋，这都应该成立受贿罪的共犯，如果没有证据证明国家工作人员同谋，则可以此罪兜底。

本罪的立法动机主要打击的是司法实践中"一家两制"型案件，丈夫当官，妻子收钱。一旦被抓，丈夫一口咬定不知情，如果没有证据证明丈夫知情的话，丈夫无法构成受贿罪，妻子也就不构成受贿共犯，但妻子可以兜底适用这个罪，贿赂款还是可以追缴，让其"赔了夫人又折兵"。当然，如果证明丈夫知情，那就是受贿罪的共同犯罪。对此，司法解释也规定，"特定关系人索取、收受他人财物，国家工作人员知道后未退还或者上交的，应当认定国家工作人员具有受贿故意"。这里的特定关系人指的是国家工作人员的近亲属、情妇（夫），"特定关系人"，是指与国家工作人员有近亲属、情妇（夫）以及其他共同利益关系的人。

想一想

某建筑公司（不具有建设隧道的资质）老板张三是王某的同学，张三找到王某，希望王某向其父（某城建局局长）说说情，把隧道工程发包给自己，并给了王某价值50万元去韩国整容的贵宾卡及往返机票。王某向父亲说了此事，并出示了机票和贵宾卡。其父将工程发包给了张三。王某是否构成利用影响力受贿罪？

写在最后

祝贺你看到了最后，现在你应该知道刑法离每个人的日常生活并不遥远，P2P、性骚扰、交通事故、考试作弊、灰色收入、小偷小摸……我们可能都曾经历过违法事件，却不知道如何处理。

知法才能守法，懂法才能用法。这次重新梳理我在辅导司法考试课程的精华内容，是为了让每个人都能离法律更靠近一点，不管你是不是法律专业，都可以对刑法有基础的认知，可以学法、懂法、用法保护自己。

但更重要的是希望你能够真正地认同法治的理念，追寻法律背后隐藏的智慧。

每个读完这本书的人，希望你都能解决心中的一点点困惑，培育法治的信念，在今后的生活里做到3+3，3件不要做的事和3件坚持做的事。

三件不要做的事。

1.控制自己内心的张三，人心隐藏着整个世界的败坏，你无法避免心动，但千万不要行动。
2.不要有知识的优越感，追逐知识只是让我们承认自己的无知。
3.学习法律不是钻法律的漏洞，而是真正认定法治的信念。

三件坚持做的事。

1.坚持阅读经典，与人类伟大的灵魂对话，走出我们固有的平庸与傲慢。

2.思想与行动并存，我思并不代表我在，我动方能印证我存，在每个个案中坚守法治的精神。

3.从爱抽象的理念转向对具体的人的爱，我们无法做伟大的人，但我们可以心怀伟大的爱，做细微的事情。

最后，我为你准备了"毕业证书"，欢迎扫码分享阅读心得。

罗 翔

湖南耒阳人
中国政法大学教授，厚大法考刑法主讲教师
主要研究领域为刑法学、刑法哲学、经济刑法、性犯罪

1999年 获中国青年政治学院法学学士学位
2002年 获中国政法大学刑法学硕士学位
2005年 获北京大学刑法学博士学位

毕业后，任教于中国政法大学，先后前往美国加州大学伯克利分校、杜克大学交流访问。2008年以来入选法大历届最受本科生欢迎的十位教师，2018年入选法大首届研究生心目中的优秀导师。

2020年初，因其刑法课视频中所举的案例幽默风趣，意外爆红网络，一时形成"千军万马追罗翔法考"之势。其上课视频截图所制作的表情包在网络上疯传，被称为"一米九的法律男神"。3月9日，受邀请正式入驻bilibili视频网站，6个月粉丝破千万，创造最速千万粉传说。

刑法学讲义

作者_罗翔

产品经理_张晨　封面设计_董歆昱　内文排版_吴偲靓
技术编辑_顾逸飞　产品总监_应凡　出品人_吴畏

营销团队_施明喆

果麦
www.guomai.cn

以 微 小 的 力 量 推 动 文 明

图书在版编目（CIP）数据

刑法学讲义 / 罗翔著. -- 昆明：云南人民出版社，2020.7（2024.7 重印）
ISBN 978-7-222-19372-7

Ⅰ.①刑… Ⅱ.①罗… Ⅲ.①刑法–法的理论–中国 Ⅳ.① D924.01

中国版本图书馆 CIP 数据核字 (2020) 第 111797 号

责任编辑：刘　娟
责任校对：和晓玲
责任印制：李寒东

刑法学讲义
XINGFAXUE JIANGYI

罗　翔　著

出　版	云南人民出版社
发　行	云南人民出版社
社　址	昆明市环城西路 609 号
邮　编	650034
网　址	www.ynpph.com.cn
E-mail	ynrms@sina.com
开　本	710mm×1000mm　1/16
印　张	23.5
字　数	360 千字
版　次	2020 年 7 月第 1 版　2024 年 7 月第 34 次印刷
印　刷	北京世纪恒宇印刷有限公司
书　号	ISBN 978-7-222-19372-7
定　价	68.00 元

版权所有 侵权必究
如发现印装质量问题，影响阅读，请联系 021-64386496 调换。